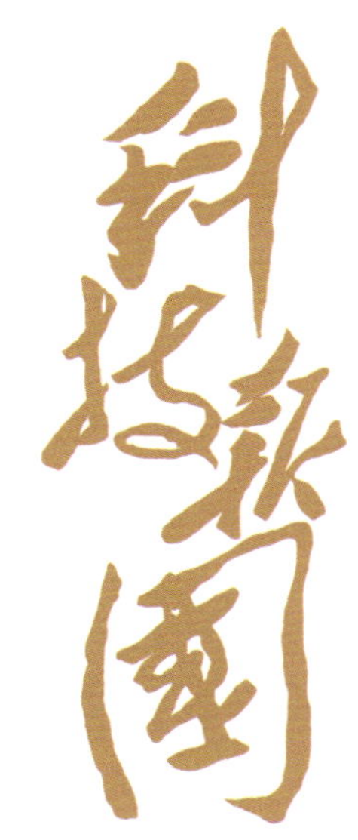

科 技 报 国

对话白春礼院士

庄恩岳——编著

浙江文艺出版社
Zhejiang Literature & Art Publishing House

图书在版编目(CIP)数据

科技报国:对话白春礼院士/庄恩岳编著.—杭州:浙江文艺出版社,2021.6(2021.6重印)

ISBN 978-7-5339-6455-9

Ⅰ.①科… Ⅱ.①庄… Ⅲ.①白春礼—访问记 Ⅳ.①K826.13

中国版本图书馆CIP数据核字(2021)第046822号

策　　划　老庄工作室
责任编辑　陈　园　岳海菁　周琼华
责任校对　罗柯娇　牟杨茜
责任印制　吴春娟
营销编辑　俞姝辰　赵颖萱　周　鑫
封面设计　水玉银文化 syyart@qq.com
版式设计　吴　瑕

科技报国——对话白春礼院士

庄恩岳 编著

出版发行　浙江文艺出版社
地　　址　杭州市体育场路347号
邮　　编　310006
电　　话　0571-85176953(总编办)
　　　　　0571-85152727(市场部)
制　　版　杭州天一图文制作有限公司
印　　刷　浙江新华印刷技术有限公司
开　　本　710毫米×1000毫米　1/16
字　　数　262千字
印　　张　21
插　　页　3
印　　数　23001-33000
版　　次　2021年6月第1版
印　　次　2021年6月第2次印刷
书　　号　ISBN 978-7-5339-6455-9
定　　价　79.00元

作者（右）与白春礼院士合影

前言

科技兴则民族兴，科技强则国家强。中国要强盛，中华民族要实现伟大复兴，就一定要大力发展科学技术。越来越多的人们，意识到科技强国与科技创新的重要性和迫切性，这是祖国强盛的基石。新中国成立七十多年来，包括白春礼院士在内的广大科技工作者与祖国同行，以实现国家富强、民族振兴、人民幸福为己任，坚持走中国特色自主创新道路，着力攻克关键核心技术难关、破解创新发展难题，我国科技事业实现了历史性、整体性、格局性的重大变化，为经济社会发展作出了重大贡献，为加快建设科技强国打下了坚实的基础。

自20世纪90年代初与白春礼院士认识，一晃近三十年。那时候，我在审计署科学研究所工作，他在中国科学院化学研究所工作。因为彼此都在科研系统工作的关系，当时我们联系很多，因此与他近距离交往较多。越交往越感受到他的杰出。在我心中，白院士乃师乃兄乃友。我们之间，更多的是我向他学习：学习他，科技报国的赤子之心；学习他，谦虚谨慎的为人处世之道；学习他，勤奋好学的勇于求索之志。为他写点东西，我早有此心愿。2020年12月，他正式从中国科学院院长岗位退下来的时候，我就决定正式动手编写此书。我的许多青联朋友和其他同仁听说此事，都异口同声地表示，白院士值得写，应该好好宣传他！我曾经也是一名科研工作者，又作为青联老委员，此时此刻充满了创作的热情和激情。但是，写作此书也面临诸多困难和压力。

在写作过程中，作为科技界的外行，我认真阅读了几十万字的各种各样的资料，对白院士更了解，更敬佩，更加下定决心要把此书编写好，为科技强国添砖加瓦，也为激励千百万年轻人加入科技报国的行列，为祖国强盛努力拼搏而鼓劲加油。

我们的国家太需要像白春礼院士这样的科学家！

目录

第一章　求学之路

第二章　回国效力

第三章　扎根基层

第四章　科技创新

第五章　面对荣誉

第六章　带好队伍

第七章　科技强国

第一章　求学之路

从鸭绿江畔，
到茫茫戈壁，
虽岁月坎坷，
却百折不挠。
从喜爱文学到热爱科学，
人生追求之光熠熠闪耀。
心中有目标，
唯有勤奋学。
学海无涯苦作舟，
日月星辰乐相伴。

——题记

01/ 第一个老师是我的父亲

庄恩岳：白院士，我拜读了2019年第20期《科学大观园》中的《从战士到院士》一文，和大家一样对您充满了敬佩。万丈高楼平地起，勤奋者总是废寝忘食地干事业，懒惰的人却总抱怨没有时间。门捷列夫说："没有加倍的勤奋，就既没有才能，也没有天才。"许多人特别想知道，为什么您能够从一个兵团小战士成长为一个著名的院士级科学家，并且担起中国科学院院长的重任。首先，我特别想了解一下您的启蒙教育经历。

白春礼：在我的人生道路上，第一个老师是我的父亲。苏格拉底说："世界上最快乐的事，莫过于为理想而奋斗。"我非常感谢我的父亲，因为他引领我早早树立了用知识报效祖国和人民的理想，早早确立了人生的奋斗目标，并让我从小养成勤奋努力的好习惯。

我的父亲不但教导我要做个善良和正直的人，而且教导我读书的重要性，使我喜欢上了读文学作品，更培养了我其他的爱好。戴尔·卡耐基说："为了成功地生活，少年人必须学习自立，铲除埋伏各处的障碍，而家庭要教养他，使他具有为人所认可的独立人格。"我的成长与父亲对我的严格教育密不可分，他让我早早明白了做人的道理，明白了人生的真谛，明白了人生奋斗的意义。一个人越早地开始思考人生，就越有机会获得幸福。我从小爱好读书，喜欢安静学习，这些都是我父亲培养的。

我父亲是一个善良、儒雅、勤奋、正直的人，新中国成立前曾在公立小学当过教员。工作之余，他经常翻着一本本泛黄的诗集，他不仅自己阅读和欣赏，而且总是细致而生动地为我讲解诗中蕴含的寓意、诗人崇高的气节以及他们的远大抱负。有时候我听不懂，他总是不厌其烦地进行讲解，并且用各种各样的例子来说明。所以小时候我最爱背古诗词，最崇拜诗人，最想当一个有名气的作家。后来，尽管没有缘分当作家，搞文学创作，可是每当工作劳累的时候，我就喜欢看些文学作品。长篇文学作品因为时间限制不能经常阅读，我就随身带着《读者》《青年文摘》等，以此来调节大脑，放松和休息一下，这与小时候我父亲给我培养的良好习惯分不开。我们科研工作者，不能单单埋头搞科研项目，还要懂得一些文学、历史和哲学等知识，这对于提升个人的表达能力、辩证思维能力和科研水平大有裨益。联系到我的童年经历，相信大家对我的话会深有同感。

学问是立身之本。“书山有路勤为径，学海无涯苦作舟。”我对学习有浓厚的兴趣，而且早早明白学习的重要性。我父亲说，学好知识，掌握好本领，会对人生终生有益。我到后来越来越懂得“少壮不努力，老大徒伤悲”“宝剑锋从磨砺出，梅花香自苦寒来”“盛年不再来，一日难再晨。及时当勉励，岁月不待人”“勤学如春起之苗，不见其增，日有所长；辍学如磨刀之石，不见其损，日有所亏”这些人生真谛。

小时候的学习条件比较简陋，但是我在小学和中学的学习成绩一直很好，担任过学习委员和少先队大队长。这一切都是因为我爱好学习，每天不看书总感觉缺少什么似的，并且希望能够不断地求学上进。父母亲一直教育我，从小要尽可能多学些有用的知识，这样才能立足于社会，才能够更好地报效社会。他们希望子女将来能够学有所成，而不是浑浑噩噩地去混一辈子。父母亲言传身教，让孩子把知识作为人生的基础，使我们这些子女都很受益，所以我们学习都很认真。当时我不渴望学习能够一日千里，只希望每天都能够学到知识前进一步。努力求学的同时，我感到自己的好奇心在增长，而且每天过得很充实。

02/ 一个碎酒瓶点燃的梦想

庄恩岳：白院士，听您讲小时候的故事，没有想到您还是一个可爱的“文学青年”。如果您的梦想没有改变，一直钻研文学的话，也许我们能够阅读到您的许多精彩的文学作品。那么，是什么原因让您走上科技报国的道路？

白春礼：我很欣赏爱因斯坦说的一句话：“兴趣是最好的老师。”人生的偶然和必然是矛盾统一的。我很信奉一个成语——“乐此不疲”所揭示的现象，发现兴趣，激发兴趣，热爱兴趣，兴趣就会变成强大的力量，让人生产生质变。杨振宁博士说：“成功的秘诀在于兴趣。”兴趣爱好，即获得知识的第一步。兴趣是学问的开始。

美国心理学家和教育家布卢姆说：“学习的最大动力，是对学习材料的兴趣。”有时候，兴趣即命运。卢梭说：“问题不在于教他各种学问，而在于培养他有爱好学问的兴趣，而且在这种兴趣充分增长起来的时候，教他以研究学问的方法。”

小时候，在一次偶然的游戏中，我发现了一个神奇的“碎酒瓶现象”，打碎了我的作家梦。当时，我发现了一个令我终生难忘的有趣现象：在一个碎酒瓶底下，压着一只特大号蚂蚁。我从来没有见过这么大的蚂蚁！为什么？我好奇地拿开瓶底，咦，特大号蚂蚁不见了，眼前不过是只平常得不能再平常的小蚂蚁，与平时见过的一样。怎么会是这样呢？好奇心上来，我重新把碎酒瓶底置于蚂蚁上方，蚂蚁这时候又变大了。这一回，我清晰地看见了蚂蚁腿上尖尖的绒毛。那一块碎酒瓶底能使普通的小蚂蚁变成特别大的蚂蚁，这是为什么呢？这个令人兴奋的新发现，让我兴高采烈，引起了我对科学探索的兴趣，而它胜过了对文学写作的兴趣。那几天我很开心，丢下那些古诗词，一心想打破砂锅问到底。

我举着破酒瓶底，问了碰到的许多大人，他们告诉我这是“放大了”的原因，可是蚂蚁为什么会被“放大”呢？并且“放大”的原理可以用在什么地方呢？这一系列过于“深奥”的问题令我绞尽脑汁，百思不得其解，我对科学浓厚的兴趣由此而产生了。荀况说：“不登高山，不知天之高也；不临深溪，不知地之厚也；不闻先王之遗言，不知学问之大也。”没想到少年时的好奇心变成了我一生的追求。

有一次接受采访，我回忆当年时说道：“并不曾料到，许多年以后，我能通过自己亲手研制成功的高分辨率扫描隧道显微镜，清晰地看见一簇簇美丽如珊瑚礁般的卵磷脂生物膜表面分子，如起伏的丘陵似的二氧化汞在石墨表面单分子层，如风乍起吹皱春水般的有机导体表面原子……而此时，时光隧道已伸延至1988年4月，是我自加州理工学院回国后仅半年时间里的事。”

从爱好文学，梦想当一个作家，到爱好科学研究，有了科技报国的理想，是我人生的一个飞跃，其中的媒介是个人的兴趣。兴趣是不会说谎的。所以，我现在经常跟好多父母说，不要扼杀孩子的兴趣，而要培养小孩的兴趣，也许其人生的金矿就在这里。许多父母总是按照自己的意愿去安排孩子的学习，去安排孩子的人生道路，这容易造成孩子以后的人生悲剧。

03/ 心中有理想，就不会蹉跎岁月

庄恩岳：白院士，在那个特殊的年代里，要想认真学习是非常困难的事情。好多人无所事事，懵懵懂懂，浪费了青春，浪费了人生美好的年华，导致自己一辈子都处于懊悔之中。您是怎么跨过这道坎的？

白春礼：心中有理想，人生有目标，就不会耗费青春年华，就不会蹉跎岁月。1966年，我升入中学，当时正进行教育改革，试行“十年一贯制”，即初中和高中各为两年，因此，我只念了短暂的四年中学，便拿到了高中文凭。我的愿望是多读书，好好学习知识，这样走上社会后能够更好地服务人民，服务国家。但是在那个特殊的年代，许多人空有求学愿望而没有求学的机会。于是我同千千万万的青年一道，进入了上山下乡的行列。在“知识青年点”上插队半个月后，由于一次偶然的机会我被重新分配，来到了内蒙古生产建设兵团，成了“不戴领章帽徽的解放军”。后来，我看过一部关于“蹉跎

岁月”的电视剧，主要讲人们在那段岁月的经历，但是我感觉在那时候发生的最重要的事，是我学会了吃苦耐劳。

时间对于每个人都是公平的，你庸庸碌碌是一天，忙忙碌碌也是一天。那些青春年少的岁月，虽然艰苦、贫乏，让许多人感觉无聊，但是现在细细一想，机会根本上还是靠自己把握的。你可以混一天，但也可以过得很有意义。当时我想我应抓紧时间，努力把握住每一个“今天”，尽量多学习，多做实实在在的、提升自己的事情。离开亲爱的家乡到遥远的地方去插队落户，我也想家，因为年龄小的缘故，有时候特别地想，可是这些是无用的想法，只会像瘟疫一样侵袭我的灵魂。由于我爱学习，离家的时候我在行李里多带了一些书。那个年代虽然缺少求学的机会，但是我对知识有着强烈的渴望，每每收工之后，我会寻找一个安静的角落，去看我的数理化课本。当时，我的日常生活就是干好连队分配给我的活儿，然后就是阅读带来的那些书。

有时候，特别是周末的时光，同伴们会来找我，希望一起聊聊天、打打扑克，或者选择其他消磨时光的娱乐方式，我经常寻找各种理由推托。我不想浪费宝贵的时光，想安静读书。我读过《钢铁是怎样炼成的》这本书，里面有一句著名的话，“人最宝贵的是生命。生命对每个人来说只有一次。人的一生应当这样度过：当他回首往事的时候，不会因为碌碌无为、虚度年华而悔恨，也不会因为为人卑劣、生活庸俗而愧疚。这样，在临终的时候……”，对我的触动很大。当时的我就像读过路遥的名著《人生》的许多人一样，在迷茫中找到了人生的方向。有些人嘲笑我，认为我是典型的书呆子，好在我不争、诚实，干活麻利，大家普遍对我很认可，也不反感我。

那个时候没有多少书可以看，能阅读的图书资源非常匮乏。带去的那些书看完以后，我就利用探亲的机会把我哥哥读过的高中课本带回生产建设兵团。当时，还闹了一个笑话：由于兵团的生活比较艰苦，而每位探亲归队的兵团战士都会随身带很多吃的，战友们都愿意去车站接归队的战友，甚至在车站就会抢先翻看行李，找好吃的打牙祭。而兵团战友到车站接归队的我时，看我随身带了一个大行李，以为是好吃的辽宁家乡特产。于是，他们把行李拆开了，准备把好吃的东西一抢而空，大饱口福。然而令他们彻底失望的是，里面大部分都是旧书籍。他们都不解我为什么千里迢迢带这么多旧书本回来，而我则视若至宝，一有时间就抱着这些书埋头学习，沉浸在知识的海洋里。我只有短暂的四年中学（包括初中和所谓的高中）学习经历，高中课本里的许多知识看不懂。怎么办？不懂就问，向别人学习。我一有问题，就请教连队里有文化的老兵。比我有学问的人，都是我的老师。当时，不断地请教，不断地问，是我学习的法宝。通过这样的学习方式，我自学完了全部的高中课本。

这种自学的好习惯让我终身受益，包括后来工作，我的许多知识都是一边工作一边自学得来的。学习上的持之以恒，能够点石成金，往往能创造人生的奇迹。我记得罗曼·罗兰有一句话："只有把抱怨环境的心情，化为上进的力量，才是成功的保证。"无论生活的环境有多么艰苦，我对学习的兴趣永远不熄灭。

转眼之间，我已在内蒙古生产建设兵团干了四年。后来根据毛主席"从有实践经验的工人农民中间选拔学生"的指示，我有幸得到机会到北京大学念书。那是1974年，经过全连战士三轮不记名投票评选，以及参加必要的文化考试，我作为一名"有实践经验的工农兵学员"来到北京，成为北京大学的学生。到北京大学上学，是我人生的转折点。我的体会是，如果没有平时的学习积累，我是不能够那么顺利上大学的。

到了大学后，虽然身为工农兵学员，但是我非常珍惜这个来之不易的学习机会，一头扎进知识的海洋，图书馆成为我的好去处。当时为了多学一些东西，我不但做完老师布置的作业，而且把没布置的也多做些、多学些，还自己给自己出难题。我在教室的一角，静静地度过了一个个或寒冷或闷热的不眠之夜。尽管我的文化基础比较薄弱，可是由于刻苦努力，我成为班级里学习上的佼佼者。尽管老师多次表扬我，但是我内心想的还是要继续努力。

俗话说，笨鸟先飞，勤能补拙。考入中科院（中国科学院简称）化学研究所读硕士又读博士，是我人生又一个大的转折点。那是在1977年，全国高等院校开始招收“文化大革命”后的首届研究生，班主任看我成绩优秀，就鼓励我去报考，所以在写毕业论文的同时，我就开始做报考研究生的准备。我难以忘怀我的大学班主任老师，他给了我许多指导、鼓励和帮助。他是我人生道路上除了我父亲以外的又一个导师。

命运又一次给了我继续深造的机会。基于小时候对于“破酒瓶底放大原理”的兴趣，我决定报考中科院。后来，原定于1977年的全国统一招生考试推迟到1978年5月举行。幸运的是，我大学一毕业就被分配到中科院长春应用化学研究所，而且所里也非常支持我报考研究生，于是我参加了这次研究生考试，顺利考入中科院化学研究所，在那里读完硕士，师从北大著名科学家唐有祺和中科院化学研究所研究员傅亨，从事有机分子的X射线晶体学研究。经过三载寒窗苦读，1981年，我获得了硕士学位。接着我又在中科院参加了首届博士生统一招生考试，开始攻读博士学位，之后又获得机会出国去留学，逐步走上了科学研究之路。

多年来，我一直感恩父母对我兴趣的培养，无论是文学爱好，还是科学爱好，他们总是加以正确的引导。我也特别感谢在内蒙古生产建设兵团期间大家对我的关爱。我在求学的道路上，得到过许多贵人的帮助，也非常感谢他们。

我虽然从坎坷年代中走过来，可是没有虚度自己的青春岁月，而是将命运紧紧地掌握在自己手里，用自己实实在在的劳动和坚持不懈的努力，一点一点地将儿时的理想变为现实，成为科学道路上一名踏踏实实的攀登者。

04/ 一步一个脚印，坚定向前

庄恩岳：白院士，您经历过上山下乡，在这样困苦的环境里，您是如何正确把握人生的？是什么信念和力量促使您树立远大的人生目标，并且不断地刻苦学习，又一步步走上科学研究、科技报国之路？

白春礼：“路是脚踏出来的，历史是人写出来的，人的每一步行动都在书写自己的历史。”回顾过去，我能走上科研之路，首先得益于中国的改革开放。做科学研究不像从事其他的行业，它不仅需要具备深厚的基础理论知识，也需要经过严格、科学、系统的训练，这样才能打下扎实的基础，尤其是涉及实验的科研方向，完全靠自学是不能学出来的。“人不害怕走得慢，只要他不丧失目标，也比漫无目的地徘徊的人走得快。”虽然十年“文化大革命”耽误了我以前的学习时间，但是只要一步一个脚印，就能不断地朝着目标前进。有句俗语也说，世上无难事，只怕有心人。

“文化大革命”结束以后拨乱反正，使我们这一代人又有了一个重新学习、到国外深造的机会。六年正规的研究生教育以及在美国读博士后、做访问学者的经历，都为我后来的科研之路奠定了非常好的基础。另一个原因，可能还在于我对自己有一定的要求，在任何时候都从未放弃理想和追求，希望能够不断学习新的知识，我在平常也会做一些准备，这样参加考试的时候才能够考上。人们说机遇不会等待没有准备的人，我想这也是一个印证。一个人的成功需要有大的环境和机会，但是自己也要能把握住机会，有了理想和追求之后，关键还在于能够脚踏实地一步步走过去。有的年轻人可能经常立志，但是只有五分钟热度，不能持之以恒，没有毅力坚持下去，这是不可能成功的。常立志，不去努力，等于不立志。不要小看平时一点一滴的学习努力，因为点点滴滴的积累最终会形成一股惊人的力量。

05/ 求学的最大困难是与浮躁心理作斗争

庄恩岳：白院士，不管在什么环境下，您都刻苦努力学习，您虚心好学、厚道待人的好品行获得了人们的赞赏。后来，您因为优秀的表现被中科院化学研究所选中，派到美国留学。您一路求学，遇到的最大困难是什么？

白春礼：到美国加州理工学院学习，是我人生中另一个重要的转折点。那是1985年9月，作为自费公派留学人员，我来到了“风中飘散着玫瑰花香”的帕萨迪纳。走进风景如画的加州理工学院，我心中生出一种似曾相识的温馨感觉，因为这里曾留下钱学森、周培源、卢嘉锡等前辈的足迹。我到美国后深深感到中美科技水平的差距，决心要向老一辈科学家学习，快速学好本领来报效祖国。

求学中遇到的最大困难就是要克服浮躁的心理，踏踏实实地学习，坚持不懈地学习。做学问是件辛苦活儿。生活条件可以随便一些，但是研究学问不能马虎。在学习的过程中，与浮躁心理作斗争不是一天两天的事情。学习不能光凭借兴趣、心情，更不能三天打鱼，两天晒网。它是马拉松比赛，不是百米冲刺。爱因斯坦说："成功＝艰苦劳动＋正确方法＋少说空话。"在求学道路上，要有"坐冷板凳"的精神，不图虚荣，不计较名利。学问是做出来的，不是说出来的。

从小，我父母帮助我养成的实实在在的做人和做事风格，对我影响很深远。学习中每遇到问题，我都不是只求一知半解就可以了，而是要努力去打破砂锅问到底，求真务实。父母经常教导我："生活水平要往下去比较，这样你越来越快乐；道德水平你要往上去比较，这样你越来越上进。"我牢记父亲常讲的一句话，"业精于勤，荒于嬉；行成于思，毁于随"，在学习、工作上从来不敢懈怠。

许多人羡慕别人的成功，赞美别人傲人的才能，却没有看到他们加倍的勤奋、辛勤的劳动、承受的极限压力以及付出的艰辛汗水。真正的天才，多是克服浮躁、默默耕耘的那些人。我们科技工作者中有好多人取得了卓越的成果，但是大多数一辈子默默无闻。许多科技工作者都是平凡里蕴藏着不平凡，低调里充满着大智慧。

06/ 在海外留学，管理自己是最重要的事情

庄恩岳：白院士，到了异国他乡，特别是在不一样的生活环境里，诱惑肯定不少，您是怎样克服语言困难，并且抵御住了各种不良诱惑，以优异成绩取得留学成果的？

白春礼：我那时在国内学英语，基本上学的是所谓的哑巴英语，就是说看英文文献、写英文论文尚可，但是听、说英语的能力还很欠缺。因为当时虽然有外教，但是说英语的机会并不多，所以刚到美国的时候，过语言关还是很难的。我一开始听、说很吃力，后来慢慢就好了。

为了让自己保持清醒的头脑，我经常问自己：出国留学，到底为了什么？为了更好地获得科学知识，报效祖国。学习目的一旦明确，那些外界的诱惑自然烟消云散。我根本没有时间去想别的，也没有什么时间去享受生活。一是因为没有多余的时间，每天忙忙碌碌，一切为了学业。自律，自律，再自律。到了国外，基本上是自己管理自己，一切行为必须自己负责。二是自小养成的节俭习惯，使我不舍得花来之不易的美金，希望能节省一些用于更重要的地方。留学中应该思考的是怎样去克服学习上的各种问题，而不是如何打发寂寞难熬的日子和如何去享受所谓高质量的生活。自觉学习、克服语言困难、克服科研困难，好多本来无望的事，通过自己的大胆尝试，往往就能取得成功。留学成功的秘诀，在于养成自律的好习惯，这样不但没有来

自外界的阻力，而且自己的内心也能够帮助自己迅速去行动，去获得学习上哪怕小小的成功。

亚里士多德说："德可以分为两种：一种是智慧的德，另一种是行为的德，前者是从学习中得来的，后者是从实践中得来的。"管理好自己的内心，管理好自己的行为，自然可以抵御一切不良的诱惑。所以，在海外留学，管理自己是最重要的事情，任何时候都不能放纵自己，一时的放纵，可能带来一生的灾难。

那些年在生产建设兵团的艰苦锻炼经历，给了我不少精神营养，尤其是让我形成了一股不怕困难、不向坎坷屈服的勇气。譬如，留学开始时最大的困难是过语言关。虽然我出国之前突击了一下，可是我们上课说的都是专业术语，不是生活中常用的几句口语就可以应付过关的。怎么办呢？还是要脚踏实地去练，去学。李大钊说过，"不驰于空想，不骛于虚声"。学习也是如此。只有踏踏实实下苦功夫，以刻苦的态度来学英语，学习成绩才能很快得到提高。海外留学的那一段学习经历，其实与我在内蒙古生产建设兵团的学习经历有许多相似的地方，从本质上来看，都是刻苦学习，再刻苦学习。

以前我听苏步青教授说过这样一句话："讲到学习方法，我想用六个字来概括：'严格、严肃、严密。'这种科学的学习方法，除了向别人学习之外，更重要的是靠自己有意识地刻苦锻炼。"语言学习也是如此，每一个英语单词，每一句英语对话，我务求发音准确，一次不行，那就重复几次，多下苦功夫，自然铁杵磨成针。对于学业来说更是如此，因为语言只是学习的桥梁，光掌握英语还是不够的，必须把学业完成好。

07/ 非常感谢当年老师的严格教育

庄恩岳：白院士，在读硕士、博士和海外留学的过程中，让您印象最深刻的是什么？

白春礼：俗话说，严师出高徒。严就是爱，松就是害。在日常学习生活中，我受老师的影响，学会了用“严格”来处理自己的学业和生活，这个好习惯一直照耀着我的人生道路。

读研究生的时候，我的导师对学生要求非常严格。我们写的论文、打算发表的文章，他都会一字一句仔细地修改，如果没有达到一定水平，不主张轻易发表。他不希望学生发表很多普通的、低水平的文章，反对追求论文的数量而提倡追求论文的质量。有时候，我们好不容易写好一篇论文，希望能够投到外面的刊物去发表，但是老师看了一下就否定了。一开始，我心里很委屈，可是在老师的谆谆教诲下，我明白了做学问的真谛，就心平气和地接受了。学习要下苦功夫，而不是投机取巧。老师对科学的严谨态度和言传身教，给我留下了非常深刻的印象，也对我今后从事科研工作起了非常好的示范教育。

另一方面，老师对我们这些学生也非常好，关心我们的各个方面，从学习到生活，体现了一种真正的师生之情。在求学过程中，我不仅在学业上得到了教育，在做人方面更是获益匪浅。后来我带学生的方式与我求学期间老师对我的教导是分不开的。

我们遇到“严老师”，要心存感恩，因为他们是真正的贵人，是督促自己成长的贵人。在知识的海洋中，只有那些意志坚强、严格要求自己的人，才有资格到达幸福的彼岸。

08/ 做学问提倡多一点怀疑精神

庄恩岳：白院士，您在中科院攻读博士学位后又到著名的加州理工学院做博士后研究，您感觉中西方教育方式最大的不同是什么？

白春礼：在我留学的时候，我觉得中西方教育最大的不同在于对创新力、主观能动性的重视程度，西方教育非常注重对学生动手能力和创新能力的培养，而当时我们国内的教育更多的还是一种灌输性的、死记硬背的教育。在国内求学，毕业成绩基本是靠书面的考试取得，有的时候靠死记硬背也可以考得很好。在西方，比如在美国，从小学、中学到大学乃至研究生，有的考试题目没有标准答案，学生需要自己去查文献、设计实验或者做社会调查，通过这种方式得出自己的答案，每个人的答案可能不同，老师根据答案的创新程度给一个相应的分数。

现在国内培养研究生，有的学生个人发挥空间比较大，而有的学生遇到的情况则可能是导师把题目都出好了，甚至把实验过程中可能遇到的难题都想好了，生怕你毕不了业。而在国外的情况是你能毕业就毕业，不能毕业就延期，真正做到“宽进严出”。又比如做科学实验，我们现在有些实验设备是高精尖的，不让学生自己动手操作，生怕他们弄坏了，害怕一旦很贵的实验设备被损坏，会给后面的科学实验带来麻烦。

中西方研究生教育在弹性学制、“宽进严出”这些方面有较大差异。我在加州理工学院时有一个同学做了八年博士生都没毕业。而我们国内由于各种原因不可能做到这样，学生都要毕业，不然好像老师脸上很难看；另外，如果你不毕业，会影响别的学生，住的地方没有，还有其他一系列现实的生活问题。“宽进严出”的原则，我们应当借鉴。

当时我感觉西方教育留给个人发挥的空间更大，教育、考评方式更看重创造性的发挥而不仅仅依靠死记硬背书本上已有的东西。但另一方面，注重基础是中国教育的一个好处。我觉得如果能在教育体制上进行一定的调整，保持中国传统教育的优点，然后把西方在创新教育、素质教育方面的优点很好地结合起来，这样对培养人才会很有好处。

就我个人观察而言，中国学生在西方学习时的考试成绩可能很好，但在讨论课上，西方学生很愿意从不同角度提出自己的观点，中国学生往往就不太愿意发言、提出质疑，似乎别人讲的、书本上讲的都是对的，缺少勇于怀疑、质疑的精神。外国的科学家在中国作报告的时候你也可以发现，听众基本没什么问题，或者不敢问，怕自己提的问题非常愚蠢，或者怕自己英语不好。这一点我认为完全没有必要。我们讲要尊师、要谦虚，但是不应该为此好多想法都不敢说了，对老师的质疑也不敢提了。尊师是对的，但是做学问，提倡多一点怀疑精神，我觉得同样是很重要的。

09/ 遇到问题，动手能力非常重要

庄恩岳：白院士，您的留学经历非常励志，能够激励许多有志向追求科学研究事业的年轻人，您能不能举个例子谈一下学习中遇到的困难是怎么攻克的？

白春礼：有一件让我终生难忘的事，就是解决了在一次科研项目实验中遇到的问题。那是我刚到美国去的时候，导师让我把一个设备从加州理工学院搬到美国喷气推进实验室，在那里重新组装起来。

这个仪器是以前在实验室工作的博士自行设计建造的，在他走后已经被大卸八块，散落在各处。由于是自行建造的设备，所以没有留下任何的说明资料。我把它搬出加州理工学院，搬到美国喷气推进实验室，不知道怎么组装，结果人一下子就傻在那里，头也大了。因为我在国内用过类似的仪器，但是从来没有参与过制造，也没有拆解或维修这类仪器设备的经验。面对眼花缭乱的各种各样的电线和好多散件，怎么顺利重新组装，让设备在新地方运行起来，这是我一开始的重要工作。还有，控制该仪器的计算机软件究竟是什么？每个参数怎么输入？怎么应用？我当时是什么都不清楚。没有办法，我就只能去问老师这个事儿该怎么办。

我的指导老师说，这个他也不是很清楚，让我打电话问问原来那个做这项工作的人，他已在美国东部找到了新的工作。老师给了我一个电话号码，我就从加州给这个人打电话，他接了电话以后，就跟我

说了一大通。他是埃及人，说话有一点口音，听起来很费劲。如果我们当面交流，也许可以通过比画或者对着仪器设备说明解决问题。但是电话里头听得不是很清楚，再加上他说的这些专业术语，我很难理解它们的意思，结果基本上什么也没有听懂。

怎么办？老师说“不知道”，让我问别人。远水解不了近渴，我一狠心，下决心自己一边摸索一边安装。于是，我开始琢磨仪器的原理和构造，研究到底该怎么组装。

经过艰苦努力，仪器设备的硬件组装好后，我又遇到计算机控制和数据处理的软件问题。因为不清楚软件的功能、参数的选择，所以我将所有软件的源程序打印出来，通过研究源程序，了解软件的设计思路、参数的设置、取值的范围、控制仪器的方式等，然后再琢磨该怎么使用。那是我到美国后最困难的一段时间，对于学化学出身的我来说，要重新学习了解电路、计算机的软件硬件、真空设备、光路系统、机械传动等方面的知识，不是一件简单的事，很多事情都得我自己一个人做好。

我冷静下来，把它当成锻炼机会，趁机培养自己的动手能力。最后，我终于调试成功，完成了任务。我到现在还很感谢那次经历。后来我不管在哪里，动手能力都很强，这与那次的经历是分不开的。

那次能够顺利完成任务其实还得益于我在国内读书时做的训练，它让我练就了扎实的基本功。受过这些训练，再加上临危不惧的勇气，许多困难都是可以攻克的。所以，动手能力是一个人非常重要的素质之一，这是我出去后得到的第一个重要的学习体会。

世上无难事，只怕有心人。这个设备开始使用以后，又出了问题，第二次是计算机出了毛病。那是一台20世纪70年代末期制造的计算机，是非常老式的，用的是个五英寸大的软盘。就请计算机公司的人员来维修这台计算机，一天支付两百美元，捣鼓了两天，结果对方说这个计算机坏了，不能修，必须换新的。后来实验室买了一台新的机器，是当时最好的机器，就是个人计算机——IBM PC/XT，可是新问题又来了，新的计算机操作系统、软件与原来使用的老计算机根本不兼容，那怎么办呢？

困难重重，光叹息没有用，我只有以积极的心态，努力去想办法，最后只好我自己动手，重新编写软件，这个机器才能使用。这个很难啊，因为我学习的是化学专业，不是计算机编程专业。而作为控制仪器的软件，出于提高速度的需要，不能用我在国内曾学过的普通计算机语言编写，需要用汇编语言。汇编语言是一种机器语言，一般学计算机软件的人才会学，我根本没学过。为了编好这样一个软件，没办法，我只好跑到图书馆去借这方面的书籍。我一边看书，了解详细内容，自学汇编语言，一边开始编制程序。经过反复多次的努力，我不但通过自学把这门语言学会了，而且把这个程序也编好了。这个机器又重新运转起来了，我感到万分喜悦。遇到问题怎么办？一边干一边学。这又是一个我重要的学习体会。

后来凭借编写汇编语言程序的经验，我在加州理工学院做扫描隧道显微镜时，也为扫描隧道显微镜编了一个汇编语言程序。

我编的这个程序，能够很快速地进行数据的采集和图像的处理与分析。因此，这个软件也被其他的单位拿去使用。汇编语言是比较难的一种语言，光看源程序也很难懂，这个程序基本上是直接针对计算机寄存器的指令集。我回国之前，加州理工学院实验室的负责人跟我说，你走之前得把这个程序的每一条语句是什么意思、有什么功能写清楚，把它们留下来。所以我回国之前，百忙中又增加了一个任务：把用汇编语言编写的计算机程序解释清楚，一共是一万多条，每一条后面都有详细的注释。

所以，培养动手能力以便不断攻克学习、工作难关的好习惯十分重要。我回国一年以后，到英国牛津大学去开一个国际会议，当时参加会议的人中，有来自我曾经工作过的加州理工学院实验室的博士生，是个美国人。她跟我说，你这个程序是怎么编的呀？我们看了半天，到现在还看不太懂你的思路，只会使用。所以说，虽然我自己是学化学的，在计算机方面是个门外汉，但是我不怕困难，自己动手也可以创造奇迹。过去我只简单学过 BASIC 语言和 FORTRAN 语言，但是在美国的编程锻炼经历，对我来说非常重要。我回国之后，许多事情都是自己动手做的，譬如做扫描隧道显微镜，设计电路、编写软件、搞硬件、搞机械加工等等，从头到尾都是自己完成的，这都是因为软件的编写经验给我奠定了很好的科研基础。

10/ 重视自主创新，敢于质疑权威；不要盲目把孩子送出去

庄恩岳：白院士，您的留学经历非常丰富，对于现在的科技工作者、学生家长和学生很有帮助，结合您的经验，您有什么好的建议可供他们参考？

白春礼：在国外求学的经历，给我一个很明显的感受，就是当年国内外的研究生教育还是有很多的不同。国外特别重视素质教育，比如说科研工作，就很重视动手能力的培养，特别重视学生的自主创

新，鼓励他们选择做一些别人没有做过的科研工作。

譬如说，我在化学化工系学习，感觉到国外的博士生学习和做论文别具一格。有的博士生整个学习阶段的目标就是做一台别人没有做过的新的仪器，花了不少时间和资金去做这台仪器，需要自己发挥聪明才智去做，不怕任何失败和挫折。做完以后，他就能够用别人没有的实验设备获得新颖的实验数据，获得一些新的结果，这是别人无法得到的结果，这一定是一种创新。博士生在这个基础上写的博士论文，就有很强的创新性。

第二点就是国外的学生特别重视互相交流。学生上课时都喜欢提很多问题，哪怕是稀奇古怪的、乱七八糟的问题。他们不迷信老师的权威。国内呢，应该说是特别重视老师的权威，“听老师的话”，基本上不太质疑老师。但是，做科研工作，我觉得只有善于提出问题，质疑权威，才能有所创新。只有打破常规，用创新思维去思考问题，才能推陈出新。

敢于向老师提出一些问题，这并不是不尊重老师的表现，也不是挑战老师的权威。当然，有些学生受到我们一些传统文化的影响，比如说“木秀于林，风必摧之”“枪打出头鸟”等，束缚了创新的思想。其实，对于科技工作者来说，创新是必由之路。只有大胆提出跟别人不同的观点、不同的思路，才能作出好的科研成果。跟在别人后面，只是守旧，不去创新，怎么会有新成就？盲目地照搬、崇拜，是不利于创新的。我们尊重师长，这是中华民族的传统美德，但是我觉得作为一个科研人员，还是要特别鼓励创新精神，培养敢于提问题的习惯。尊重老师与质疑精神并不矛盾。

关于留学，我给家长的建议是，不要盲目把孩子送出去，要先全面评估孩子的留学潜能后再作决定。中学时期是一个很重要的人生阶段，这个成长时期对于一个人的性格形成、良好习惯的养成非常重要。所以，我个人不太赞成家长在孩子的中学时代就盲目把他们送出国。其实我们国内中学和大学本科的教育质量还是不错的，基础教育阶段更重要的是帮孩子打好人生基础，塑造孩子的人格，培养他们热爱祖国、奉献社会、尊老爱幼和吃苦耐劳的精神与高尚的品德。

如果是做自然科学研究的孩子，在大学本科毕业以后出去读研究生，这样的选择还是可以的。对于现在许多家长不问青红皂白，不管孩子的品行教育，盲目地把十几岁的孩子一送了之的行为，我是不赞成的。因为有些未成年的孩子没有自控能力，更没有自律意识，到了国外没有人看管，无法做到自己管理自己，所以容易把握不住自己，不但不好好学习，反而作出令人遗憾的事情，让家长悔不当初。

第二章　回国效力

多少人匆匆出去，
你却毅然归来。
跨越太平洋两岸，
是科技强国的梦想。
高薪优越的科研环境，
留不住一个游子的报国心。
艰难创业，
白手起家。
不问春夏秋冬，
还忆实验室夜灯。

——题记

01/ 感受祖国召唤，毅然选择回国

庄恩岳：白院士，20 世纪 80 年代正逢出国热潮，不少人找各种理由到国外去留学，之后千方百计留在那里工作，而您当时在美国已经发展得比较顺利了，为什么您会毅然放弃国外优越的科研环境和生活条件，选择归来报效祖国？您当时是怎么考虑的？

白春礼：虽然留学时光匆匆，时间一晃飞逝而过，但是对莘莘学子来说，留学的影响和冲击力是巨大的。在国外学到的新技术，大家总想让其在国内开花结果。当然，20 世纪 80 年代国内外的科研条件差别大，当时国内的生活条件和科研工作环境都比较差，尤其是与美国相比，差距更大，不像现在，国内科研条件已经好多了。

就我而言，我是属于经历过“文化大革命”的这一代人。在兵团，能够有机会去北京上大学的人很少，能够攻读中科院硕士、博士学位的人就更少了，因此，我们有那个时代的人特有的责任感。这么多年寒窗苦读下来，我也在国外学习过、工作过，学到一些知识，回来必然要找一个用武之地，找一个机会实现自己的抱负，追求自己的理想，实现科技报国的愿望。因为我在国内做过科研工作，对可能出现的问题和困难都有一些思想准备，所以，我在回国前做了一些准备

工作。

回国不需要理由，不回国才需要理由。我们这代人特别感谢小平同志，也牢记他的名言："我是中国人民的儿子。我深情地爱着我的祖国和人民。"许多老一辈科学家也都是在祖国最困难的时候毅然选择回国的，他们不计名利得失，默默无闻地为祖国服务。譬如，我们在最困难的时候造出了原子弹，能获得这样的成绩离不开好多有海外留学背景的老一辈科学家作出的杰出贡献。凯洛夫说："爱国主义也和其他道德情感与信念一样，使人趋于高尚，使人愈来愈能了解并爱好真正美丽的东西，从对于美丽东西的知觉中体验到快乐，并且用尽一切方法使美丽的东西体现在行动中。"我们这些留学海外的学子，更能真切地体会到祖国强大的重要性。

菲尔德说："爱国主义深深扎根于人的本能和情感之中。爱国之情则是放大了的孝心。"从知恩图报这个角度来说，我觉得国家花了这么多钱来培养我，我就没有理由在明知祖国最需要科技人才的时候却不回来，我们必须要将自己所学到的知识奉献给祖国和人民，为祖国的科技事业发展添砖加瓦，尽一份力，这是我们的责任。中国要想进入发达国家的行列，归根到底还是要依靠中国人自己的不懈努力，特别是要靠中国人的艰苦奋斗来改变中国农村的落后面貌。因此，就在国内许多人还在忙着出国时，我没有向组织上提出任何要求，譬如房子、职称等，在还不知道归国以后会面对什么样的科研环境和生活条件的情况下，就偕同还没能在美国完成学业的妻子，简单打点好行装，带着宝贵的科研设备和资料及时回到了北京。

通过国外系统的科研训练，我们这些留学海外的学子不仅拥有了独立从事研究的科研能力，也更加坚定了科技报国的信心。在美国留学的过程中，我一直在努力学习着、冷静思考着。所以到了学成回国的时刻，我觉得自己应该承担更多责任，肩负起建设祖国的重任。吴玉章先生曾说："不辞艰险出夔门，救国图强一片心；莫谓东方皆落后，亚洲崛起有黄人。"小时候，当我父亲与我说起历史上著名的爱国故事时，譬如屈原的千古绝唱，岳飞的"精忠报国"，文天祥的"人生自古谁无死，留取丹心照汗青"，我经常热泪盈眶。后来，我读老一辈留学人员在新中国成立初期如何克服困难、排除万难回国的故事时，常常会有一种肃然起敬的感觉，爱国之情油然而生。

02/ 放弃高薪聘请，听从心的指令

庄恩岳：白院士，当年您作出从美国回到国内来做科研的选择后，有没有遇到过什么阻力呢？譬如，美国的一些科研机构高薪聘请您，希望您留在美国继续工作？在您返回中国的时候，您带得最多的东西又是什么？

白春礼：我喜欢泰戈尔的作品，其中这几句"我只觉得我是献身给我的国家了。这种全心全意的贡献里面，竟有着如此巨大的愉快。我已经切切实实地懂得了，为什么人们能在彻底的自我牺牲中，获得无上的喜悦"，我记得尤为清晰。其实，在我准备回国前，有一件事让我的心情久久不能平静。在1987年的国际扫描隧道显微镜学术会议上，我与美国同事合作的研究论文被列为大会报告，世界上许多国家的代表都参加了此次会议，但我细心观察后却发现，在送给大会的一大堆论文资料中，没有一篇是来自中国的论文。当时，我就在心里

想，我们一定要为我们的祖国争口气。

这时候，我到美国已经两年，研究工作也告一段落了，是去是留，这一问题已经严峻地摆在了我的面前。当时，中国科学院相关部门表态，同意延长我在美国的工作期限，而且美国有一家公司也愿意聘请我去长期工作，并且会为我提供必要的科研条件和丰厚的薪水报酬。

说实话，那几天我的确彻夜难眠，思来想去，内心斗争比较激烈。留下来固然好，但是不符合我出国留学的初衷，所以最后我还是决定回国。曾经有人说过："在我看来，科学家热爱祖国之心，虽九死其犹未悔，震天动地，展示着自古传承的力量与豪迈。作为一名承载国家创新重任的科研人员，必定是坚守信仰，充满理想，兼备君子、才子、夫子品格学问之人，古今皆同此。"我非常赞同这句话，因此也在努力学习、践行着这句话。

其实，面对国外的种种物质诱惑，如果要说我一点都没动心，那是假话，正常的思绪起伏还是有的。毕竟，当时的我作为一个青年科技人员，心里很清楚回来工作的艰难，因为当时中国和美国的科技发展差距比较大，回国后要面对的实际问题有许多。一个留学生朋友在我临回国之前还劝我："何必这么着急回去呢？很多人都千方百计想出来还出不来呢，再说单位又没有催你回去。在这里多干几年，多挣些钱再回去，省得回国后为了涨一级工资、为了几元钱而费尽心机，或遭人嫉妒。"确实，许多人都认为留在美国，工作条件是一流的，生活条件也不会差，不仅如此，我还可以因此得到优厚的年薪和在美国永久居住的绿卡。但是，这些都没有动摇我的决心。在美国，虽然各方面物质条件比较优裕，但是说到底，我们不过是高级"打工仔"而已，永远进入不了主流社会。作为一个外国人，我也不可能进入美国的核心科研领域。所以，我又想起上山下乡的时候，戈壁滩上那漫漫的黄沙，想起了自己在孤灯下苦读的情形。除了爱国之心，乐观地看，回国搞科研工作，对我同样有着极大的诱惑力：在国内，我可以开创一个全新的研究领域，作为一名年轻人，还有什么能比开拓一番事业更让人心醉的事情呢？

在回国的时候，我带得最多的东西是设备和资料。我在国内做过科研工作，知道回国后将会遇到哪些困难，譬如外汇申请难、审批周期长等。有时候，我们为了购买一个急需的实验器材部件，往往要等半年、一年甚至更长时间。为了回国后能够尽快投入科研工作，我在回国前就做了一些准备，例如，提前购买好回国工作急需的一些小型仪器和关键零配件。而为了买这些东西和一些资料，我前后花费了几千美元，这在当时可是一笔大数目。为了筹集这些钱，我卖掉了可爱的小轿车，平时也省吃俭用，为了省钱，我甚至变得非常抠门。我家附近的超级市场，鸡蛋一美元一打，而我打听到更远的超级市场只要八十美分就能买一打，所以我宁愿多跑几里路也要去那个超级市场挑更便宜的鸡蛋来买。尤其令我难忘的是：在取道香港回京时，我和爱人的随身行李大部分都被资料和实验用的仪器占据了，而飞机规定每人只能免费带二十公斤的行李，没有办法，为了多带一些科研资料和元器件回国，我们毅然决然地把那些已经跟随我们跨越了太平洋的衣物、鞋子扔掉了，其中还有我爱人非常喜欢的衣物。尽管对那些曾经与我们朝夕相处的衣物依依不舍，但是我却舍不得扔掉一页科研资料、一个科研用的元器件。

03/ 拥抱困难，迎难而上

庄恩岳：白院士，在您刚回国，准备开展科研工作的时候，您遇到了哪些具体困难？您当时又是怎么克服的？您有什么心得体会想跟当下的年轻科研工作者分享？

白春礼：困难和挫折肯定是有的，所幸我经历过艰苦生活的磨砺，所以对克服困难既有准备、有韧劲，也有信心。

我中学毕业以后，进入内蒙古生产建设兵团，做过汽车司机，这是我走出校门以后迈入社会的第一步。在那个地方，我度过了难忘的青春时光。那段时间里，我虽然不能像在学校里那样系统地学习科学知识，但是那段“社会大学”的经历对我来说却是一份宝贵的精神财富，在经历了艰苦、痛苦的磨炼后，我对将来生活道路上可能遇到的困难和挫折，都有了比较充足的思想和心理准备。所以，后来无论碰到什么困难，我只要想起当初那段生活来，就觉得任何困难都是不在话下的。

1987 年，对于我来说是个令人难忘的年份，一是我于那年的 11 月底从美国回国，来到中科院化学研究所工作，二是我在当年被破格提拔为副研究员。

在我回国后，碰上化学研究所进行正副研究员职称评审，我起初并没想参加：一是因为忙于实验，觉得时间非常宝贵，没有多余的精力去做准备工作；二是觉得我还年轻，所里有很多老同志都在等这个机会，我想把有限的名额让给其他同事。但是研究所的领导告知我，如果科研人员具备了高级职称，有利于日后申请科研项目，能更好地开展工作。而且据他说，当时中科院为提拔年轻科技人员，出台了一个新政策，即通过职称评定委员会的正常考核评审后，只要符合学术标准和提职条件，四十岁以下的同志提升为副研究员，五十岁以下的同志提升为研究员，可不占所里的名额，院里会单独增加名额。于是，我按照申报要求积极做了准备工作，结果顺利通过了答辩，经评定被破格评为副研究员。在当时，三十四岁就评上了副研究员的同志在中科院实属凤毛麟角，而我能取得这一成绩，也得益于中科院的领导为克服“文化大革命”造成的人才断层所采取的鼓励支持年轻人的新政策。

因为我的硕士论文、博士论文是在国内做的，所以我对国内进行科研工作所存在的困难有一些思想准备。我知道国内申请外汇很难，周期也很长，这样往往不利于需要抢时间、赶速度的科研项目尽快开展，所以我在回国之前，也是做了些准备工作的。

可是，我刚回到国内，准备从事最前沿的科学实验时，还是体会到了创业的艰辛。而且，当年在建实验室时，我也面临着一穷二白的困境，因为单位只给了我一间空空的地下室。我一个人从买电线和工具做起，为防止水泥地面起土，我还特意选了一些很便宜的地板革铺上；为尽量保持整洁，我又在墙上刷了一遍大白。当时，我们所处的大楼正在装修，有些实验室丢弃的物品被扔进了仓库，而我为了节省科研经费，独自蹬上三轮车把别人不要的破桌椅、水管子之类的东西全都拉了回来，自己逐一擦干净，坏了的请木工修一修，刷一遍漆后继续使用。就这样，我回国后的工作灿烂地开始了。

虽然我把工具、桌椅和实验台都准备到位了，但实验用品却成为一大难题。在国外买实验器材时，每个公司都有产品目录，型号和价格清楚明晰。要什么打个电话，商家服务周到，送货上门。但在20世纪80年代的国内，商家根本没有这些服务。如果没有公司准备目录，采购诸如电阻、电容之类的小元器件，就必须自己跑到商店去挑选。当时，尽管北京海淀区中关村有个被叫作“电子一条街”的地方，但是好多东西根本没有。

譬如，我需要64个灰度级的计算机图像板，一问商家都不知道什么是灰度级。我几经周折，多方打听，才得知中国科学院声学研究所（在现在的北京市上地开发区），开设了一家公司正在研发这种产品，于是我风尘仆仆地前往订购。

譬如，做电子控制系统设备需要购买机箱，我就坐公共汽车从海淀区的化学研究所到位于朝阳区大北窑再往东的一家公司去采购，尽管今天看来那里是繁华地区，但在1987年底的时候，交通并不便捷，那里还是一片荒凉的郊区，坐公共汽车过去都很困难。更无奈的是，我动身前尚不知这个公司是否有货，只是去碰一下运气。我乘车颠簸几十公里后，下车还得步行到处找厂房。当我筋疲力尽地赶到仓库一看，恰好剩下最后一台机箱。验货后如何往回拿，着实让我伤脑筋。我先是要来一个纸箱子将设备装进去，随即有些吃力地将其搬到公共汽车站。当时已是下午五点，正值下班高峰，挤公交车的人特别多，怎么才能把重重的箱子弄上车？我几次自语“等下一趟吧”，但左等右等一直也挤不上去，这种尴尬的情形实在令人沮丧。最后，我在人们的白眼中，抱着箱子挤上公共汽车回到了海淀区的化学研究所。一进门我就累得上气不接下气，一句话也说不出来。

多年后，我和别人无意间讲起此事，听者笑问我有科研经费为什么不选择打出租车，我说：“舍不得那些钱。”当时出租车是每公里

1.2 元的车费，但我被破格提拔为副研究员后的月工资只有 122 元，而且我的科研经费还是“借”来的，是要还的。当时也有人认为我缺心眼，但是我认为自己这么做值得，节省经费可以多买些好的设备。

虽然搞科研的人需要一个好的工作环境，但是，如果没有这个条件，难道我们就不搞科研了？不，我们要克服困难，坚持工作。现在回想起当年的科研工作，我们确实有点“拼命三郎”的感觉。当从事科学研究工作时，我总是心无旁骛，每天都是最晚一个从实验室出来的人——好像作者写作需要安静的环境一样，扫描隧道显微镜也需要安静的环境，因为晚上打扰相对少，这时户外汽车、骑车和步行的人都少，数据性噪比更高，科学研究效果好。忙碌到最后，经常是传达室的守门人来敲门提醒我该走了，我才依依不舍离开。有时我为了等一个实验数据，过了深夜十二点才收拾东西离开，这时候大门已经被锁，没有办法，我只好翻栅栏跳出来了。好在那个时候我还是年轻人，身强力壮。正是凭借着对科学事业的执着和热爱，并依靠自身过硬的实力，我们整个科研团队不断拼搏，才能在较短时间内取得很大的进展。

所以，虽然当时国内的科研条件差一些，但是，我的内心是灿烂的，充满阳光，充满激情，充满希望。我相信，哪怕是最没有希望的事情，只要有一个勇敢者坚持去做，到最后都会拥有希望。在我们的人生道路上，难免会遇到艰难的时刻。有些人咬牙度过了这些艰难的岁月，有些人却被小小的困难打败了。用积极的态度面对艰难的时刻，坚持做自己的事情，我们往往就能走出人生的阴霾天。

宋代诗人刘过有句诗：“精神经百炼，锋锐坚不挫。”著名诗人萨迪说：“事业常成于坚忍，毁于急躁。我在沙漠中曾亲眼看见，匆忙的旅人落在从容者的后边；疾驰的骏马落在后头，缓步的骆驼继续向前。”世界上许多事情皆由人的意志创造。科研工作者最可怕的敌人，就是没有坚强的信念和坚决的行动。

如今，回顾起科研工作初创岁月的坎坷颠沛、艰难困苦，我认为，科技工作者一定要有对科学事业的信仰与追求。因为当人有信仰和追求的时候，再苦再累也不觉得，别人再怎么议论，也不会在心里纠结和计较。所以，我觉得当前我们尤其应该强调“科技报国的奉献精神”。在我们的国家经济不发达时，我们要提倡为国家、为事业奉献的精神。现在我们虽然可以给归国人员提供很好的工资待遇和物质条件，但对科技工作者来说，仅有这些仍是远远不够的。年轻人如果一定要看到自己的前途和荣誉才肯付出，那是肤浅的。人生的最大快乐和成就感，往往来自战胜困难的过程。我们可以忍受困难，即使被困难所打败，也不可以轻易放弃，而要千方百计去战胜困难。人有着惊人的潜力，只要立志把它发挥出来，就一定能够渡过各种难关。我们在身处逆境时，适应环境的能力是惊人的。金一南教授写的《苦难辉煌》证明了这一点。科研工作中遇到困难是经常的事情，但这却是好事，因为它会逼着我们去想办法，急中生智解决问题。

04/ 为了心中那道美丽的彩虹

庄恩岳：白院士，前面我们谈到当年您怀着满腔热情回到祖国工作后，在科研工作中遇到的一些实际困难，那么，我还想接着上一个问题继续往下问：除了科研工作开展过程中遇到的各种困难外，您当时还有没有过其他的困扰？您又是怎样克服的？而当您面对成功的鲜花和掌声时，您的内心又是怎样的感受呢？

白春礼：从塞外的草原到燕园的湖光，从加利福尼亚令人流连忘返的旖旎风光，到庄严的北京国际学术会场……人的一生确实有很多机遇，但每一次机遇的背后都伴有百倍的努力，机遇不会等待毫无准备的人，机遇就在困难和苦恼中，这是我的经验之谈，也是我对个人成长之路的总结。在回国后不久，取得一些成绩的时候，我知道，前面的路仍然很长，过去的成功并不能铺就今后的鲜花之路，前面的路仍是充满困难，甚至是很艰难的，但我不会忘记，天边永远有美丽的彩虹，为了实现心中的理想和抱负，我会加倍努力。

其实在科研工作开展过程中遇到的问题还是可以克服的，我最感苦恼的还是当时有人对我们这些从海外回国的科研人员思想上的不理解。

之前我已经提到，在国外，要买实验所需的材料，只要打一个电话就可以了，即使美国没有，需在欧洲购买，一周之内也会寄达。可是在国内，为买一个小小的元件，有时必须自己一家家商店去跑，甚至要跑到研究部门找技术人员谈，所以我经常是早出晚归跑了一天却一无所获，我为此经常苦恼，但我还是能够保持着“苦恼人的微笑”。

可是，总会有人在我背后讽刺地说着风凉话：“放着美国的汽车、高薪不要，却要回来吃苦，图什么？”有一天，我在食堂排队买饭，一个不认识我的人问我：“听说你们78级研究生中有个叫白春礼的，放着美国4万美元年薪的工作不干回国，还自己花外汇给单位买东西，这事是真的吗？”我听后，无言以对。

我何尝不懂得享受，为此也苦恼过。自从踏进社会，我就没有好好享受过生活，工作没有“八小时以外”，没有休息日，别人都觉得我过得像个“苦行僧”。有时晚上我从实验室出来，看到路边舞厅里变幻的灯光，听到轻柔的舞曲，心里真羡慕里边的人们，他们拥有丰裕的时间和多姿多彩的生活。但我并不后悔，我很清楚，有得必有失，时间对每个人都是一样的，得到一些必然会失去另一些。年轻人不在有利于自身发展的时期去努力、去拼搏，就难以实现自己的理想和抱负，不播种就不会有收获。这样一想，对于失去的一切，我也就不再感到是损失了。

实验室的条件是艰苦的。冬天里，我们的研究要在没有暖气的地下室里进行，每天只能睡四五个小时，有时紧张起来，一天只能吃一顿饭。我们实验室的地上放着个大泡沫塑料垫，夜里做实验时，实在太困了，大家就会在上面睡一会儿。就这样，一年的时间下来，我们的辛勤汗水换来了收获的喜悦。

但是，最初的成功并没有使我们忘乎所以，紧接着我们又开始研制当时在国际上更为先进的原子力显微镜，它的优越之处在于不仅可以直接观察导体和半导体的表面原子结构，还可以直接观察非导体的表面原子结构。1989年初，这台高科技仪器又研制成功了。后来，我们开始着手研制更新、更难的弹道电子发射显微镜，这一用于无损探测复合材料界面的电子结构的仪器，也取得了成功。我们研制出的这些仪器先后获得了国家和中科院的科技进步奖。这些用于国内的科研工作的高科技仪器，在发展我国纳米科技的事业中发挥了重要的先导带动作用。

为了我心中的那道美丽的彩虹，我无论付出多少汗水都是值得的。面对取得的这些成绩，我只是默默地告诉自己，这只是一个良好的开始，更高的科技山峰还在远方。

05/ 回国只是为了默默奉献

庄恩岳：白院士，新中国成立后，特别是改革开放以来，海归人才对中国的现代化和全球化发展起到了重要作用。2019年12月18日，2019中国海外人才交流大会暨第二十一届中国留学人员广州科技交流会在广州白云国际会议中心开幕。其间，在全球化智库（CCG）协办的2019年最具成长潜力的留学人员创业企业发布会上，CCG与中国国际人才专业委员会联合发布“中国海归70年70人”，致敬70年间取得开创性成果的海归代表人物。这是CCG和中国国际人才专业委员会连续第五年在“海交会”上发布该领域的权威榜单，入选本次榜单的有包括您在内的70位在政治、科研、学术、金融、商业、医药、教育、文艺、体育等领域有着杰出表现的留学人员。您当时回国的时候有没有想过，有一天您会取得这么大的成绩，获得这么高的荣誉？

白春礼：很多时候，一个留学生选择了回国创业的道路，不是出于对名利的欲望，也并非受到什么诱惑，而是他听到了自己内心要为祖国作奉献的声音。哪儿有勤奋，哪儿就有成功，这是客观的规律。1985年我从中国科学院化学研究所博士毕业后进入美国加州理工学院做博士后研究工作，1987年选择回国，回国后仍在中国科学院化学研究所工作。我选择回国，并没有任何要获取名利的想法，只是考虑了回来以后将要面对的重重困难，自己的科研工作要如何开展，怎样尽快打开局面这些工作上的问题。

回国后，我的实验室的主要科研成果有：成功研制了中国第一台计算机控制的扫描隧道显微镜（STM）、原子力显微镜（AFM）、激光检测原子力显微镜、低温扫描隧道显微镜、超高真空扫描隧道显微镜、弹道电子发射显微镜；在原子或分子级分辨率的水平上，解释了材料表面结构与样品制备、形成条件的关系。这些年成绩的取得，虽然说与我们的勤奋刻苦努力是分不开的，但我觉得首先应该感谢国家，国家培养了我，我也要用实际行动回报祖国对我的培养。其实，回国效力，是我的本分，回国之后我给自己定下的目标只是希望通过自己的努力，在业务上能有所成就，如果在我退休时能评上研究员就是对我最大的肯定。

我觉得，有一些数据是值得我们关注的。根据教育部的统计，20世纪五六十年代，我国向苏联等社会主义国家派遣留学生约1.8万人，其中90%以上流向苏联。改革开放以来，我国出国留学生的数量增长迅速，1978年至2018年，我国各类出国留学人员累计已达585.71万人，留学目的地遍布欧美发达国家、“一带一路”沿线国家等。但同时，留学回国人数也在稳步提升，365.14万人在完成学业后选择回国发展，占已完成学业群体的84.46%，高层次人才回流趋势明显。新中国成立以来，广大留学人员在几乎所有的历史节点都发挥出了关键作用。

中国已经形成了独特的世界级国际人才良性循环现象，新时代的海归群体逐渐成为推动中国融入全球化的重要力量，为推动中国全球化进程、搭建中国与世界沟通的桥梁作出了重要贡献。我是努力的一分子，也是幸运的一分子。

06/ 刻苦努力是通往成功的秘诀

庄恩岳：白院士，您把当时国际最先进的纳米科技研究带到了国内，并且在短短几年时间里就作出了许多成绩。我看到1996年的一篇文章——《与祖国共命运——记青年扫描隧道显微学专家白春礼》中写道："与50年代初出生的同龄人相比，白春礼是幸运的。对于一个刚刚进入不惑之年的人来说，白春礼也可谓功成名就了。许多年轻科技工作者叹羡白春礼获得了'马太效应'的机遇，而作为'人才断层'年龄断层中的一员，他的同龄人多数在不正常的社会环境中失去了成才机会，白春礼的成功，在他那一茬年龄的人中尤其显得突出。"在回国的短短几年时间内，您就取得了多项成绩和荣誉，其中一定有很多值得当下年轻人学习的东西。您能跟大家分享一下您的宝贵经验和秘诀吗？

白春礼：许多渴望成才的年轻人经常向我请教所谓"成功"的秘诀，我说世界上没有这样的秘诀，只有"刻苦努力"这几个字，如果说成功真有什么秘诀的话，那就是要善于抓住机遇。在人生道路上，往往关键处就几步，你必须去刻苦努力，这样才能把握住机遇。这一点非常重要，因为机遇从来不会等待毫无准备的人。我的人生经历就充分说明了"科研成绩就意味着汗水、泪水、拼搏和献身"这一点。

虽然在生活条件上，我不会斤斤计较，但在科研工作上，我却要奋勇向前。20世纪80年代中后期，"人才断层"在当时的中国科技界是一大难题，在许多科研单位里，非常缺乏我们这样四十岁左右的骨干。这不是我们这一代人的错，“文化大革命”期间，动荡的社会环境使我们中本应成才的一批人失去了成才的机会。但是，即使在这样的逆境中，我们也应清醒地把握自己，执着于自己的人生理想追求，只有这样才能让生命发出灿烂的光辉。所以，回国以后，我就憋着一口气，一个劲地工作，我相信国外科学家可以做到的事情，我们中国的科学家一样能行。

譬如，在出国前的1985年春，我顺利地通过了博士论文答辩，就是刻苦努力的结果。至今记得为我进行论文答辩的老师们，他们都是当今科技界的顶尖人物，有五位在科学界德高望重的学部委员（当时还没有改称为院士）：柳大纲、唐有祺、徐光宪、梁栋林、梁敬魁。还有当时化学所的所长，后来担任国家科委主任的朱丽兰。最后，答辩委员会对我的学位论文给出了“优秀”的评语。在攻读博士期间，我还作为第一作者发表了十七篇科研论文，其中有三篇发表在权威的《中国科学》杂志上。可能有人要问了，为什么我的科研论文没能刊登在国外的权威杂志上。其实不是因为论文的水平不够高，而是当时中国的科技界还不提倡向国外杂志投稿，而在《中国科学》上发表学术论文就如同现在发表在国外顶尖学术杂志上一样。说到这儿，我们真应该特别重视中国的学术刊物影响力的提升，不能把好文章全往国外投稿。一方面要给国外杂志交版面费，花费大量外汇，另一方面国内科研人员还要花外汇再买来国外的学术杂志进行阅读。目前国家开始重视国内学术刊物的打造，要求中科院院士候选人的十篇代表作中，至少要有一篇发表在国内刊物上。

07/ 未来只属于现在就开始准备的人

庄恩岳：白院士，您经常说，“无名气的时候要一心修炼，有了名气的时候更要平和从容地继续修炼”，“准备，准备，再准备，机遇属于有准备之人”。您是怎么理解“回国效力只是人生新的开始”这句话的？在回来报效祖国很短的时间里，您面对取得的成果又是抱着一种什么样的心态呢？

白春礼：留学归国人员虽然受到各方面的关照，但是要获得好的科研成果，还是得依靠自己的努力。我们白手起家，回来后成功地研制出我国第一台由计算机控制的扫描隧道显微镜、第一台原子力显微镜，但是我没有满足，继续准备，不断努力，因为我知道，还有很多“第一个”等着我们去创造、去发明。

国外有一句谚语：“勤劳的人会有各种幸运，懒惰的人则只有一种不幸。”鲁迅先生也曾说过：“哪里有天才，我是把别人喝咖啡的工夫，都用在工作上的。”当年，我从内蒙古生产建设兵团一路走来，从上北京大学到成为中科院研究生，再到海外留学，一直明白机会是留给有准备的人的。如果我从来没有准备，怎么会有现在的成果？有人笑话我是“整日都在实验室，全然不问春夏秋冬”。不错，我以前在化学研究所里的时候，基本上从早到晚都在实验室，晚上基本上到十二点才最后一个离开研究所。

茅以升曾说：“对搞科学的人来说，勤奋就是成功之母！”我和同事也经常讨论“勤奋、独立思考”在科研工作中的重要性，就算科研设备再好，假如科研人员自己不去努力，一样会一事无成。现实生活不会给我们太多的准备，所以我们首先要做好心理准备。我回国以后利用自己研制的仪器，在极高分辨率的水平上，对材料表面结构与样品制备、形成条件等方面进行了深入的分析研究，同时在利用扫描隧道显微镜进行纳米级加工方面，对新型高密度信息存储方式和纳米科技进行了重要的探索。这些工作能够较为顺利地开展，与我回国之前做好了各项准备以及回国后朝着心中的目标笃定前行是分不开的。

未来属于现在就开始准备的人，机遇偏爱那些有准备的头脑。社会犹如一条船，每个人都要有掌舵的准备。如果我们事先缺乏刻苦努力而又周密的准备，那么机遇来临时我们也会不知所措。既然我们选择回国搞科研工作，那就踏踏实实来开展新的人生之路。回国效力只是人生新的开始，一种新工作的开始，一种新挑战的开始，而不是回到令人沾沾自喜的安乐窝。既然我已经做好了回国开展科研工作会遇到困难的思想准备，我科研工作的脚步也就轻快多了。那些闲言碎语、艰苦的科研条件等，仿佛都被我心里那股暖洋洋的春风所覆盖。

“路漫漫其修远兮，吾将上下而求索。”有一种成功，叫永不言弃；有一种成功，叫继续努力。我们科技工作者永远都离不开奋斗，学习要奋斗，工作要奋斗，事业也要奋斗。

08/ 为了科研事业，亏欠爱人最多

庄恩岳：白院士，大嫂去世已经十来年了，我们与您一样，很怀念她。她去世后的头三年，每年清明节，我都陪同您一起去给她扫墓，当时听您经常念叨，这辈子她对您帮助最多，自己最对不起她，亏欠她最多。为了支持您回国工作，大嫂她放弃了自己的学业。大嫂对您的这份心，真是感人至深！您能不能与我们分享一件您爱人做过的、最让您刻骨铭心的事情？

白春礼：“一日夫妻百日恩，百日夫妻似海深。”我原来以为我们能够“夫妻和好，白头到老”，但是，现实生活是残酷的。以前，我对于死亡的思考是朦朦胧胧的，后来面对爱妻患病去世的重大打击，在经历了这个残酷的“生与死”阴阳分隔的现实后，我更能深刻地体会到北宋文学家苏轼写给自己亡妻的《江城子·乙卯正月二十日夜记梦》里面所说“十年生死两茫茫，不思量，自难忘”的感受。到这个时候，我才真真正正理解到“痛苦”和“死亡”其实是生命的一部分。

我与爱人是患难与共的夫妻。我们结婚的时候，我还只是一个穷学生，一个贫穷的科研人员，可是她在物质方面什么要求都不提，只喜欢我实在的人品，看中我是个踏实过日子的人。而且，我们还有共同的爱好，按照现在的话讲，这叫“三观一致”。爱妻在事业上义无反顾地支持我，在生活上无微不至地关心我。她是我人生的好伴侣，

可惜，她去世得太早。她去世后，我很怀念她。她去世的那一年，我前前后后去墓地看过她八次，每次站在她的墓碑旁，我都泪流不止。在她离开我一年后的那个冬天，在出差夜宿异乡的夜晚，我还写了一首小诗来怀念她：

当冬雪飘至的时候，
再一次想起你的音容。
你在那里会不会孤独？
你在那里会不会寒冷？
多想能为你送去寒衣，
多想能把你拥入怀中。

当春风又度的时候，
你再一次走入我的梦中。
依依的垂柳如你的腰肢，
脉脉的桃花是你的笑容。
多想再一次牵起你的手，
多想再一次沿湖岸踏青。

当夏雨淅沥的时候，
又想起你那深情的琴声。
那是你细致入微的体贴，
那是你刻骨铭心的柔情。
多想我的爱能向你回馈，
多想我的情能穿越时空！

当秋露降临的时候，
又想起你那忙碌的身影。
为小家你无怨默默操劳，
为大家你无悔戴月披星。
唯愿你能够安心地入梦，
我无尽的思念脚步轻轻……

爱妻的离世，让我深刻地体会到，我们活着的人更应该珍惜生命，我作为科研人员，也要以更努力的科研工作去纪念她。

夫妻一条心，黄土变成金。“在通向成功的路上，丈夫总是得到妻子的鼓励和帮助。”如果说一件我妻子做过的、最令我刻骨铭心的事情，就是当年她为了让我及时地回到祖国安心开展科研工作，毫不犹豫地放弃了自己在国外尚未完成的学业。

当年，当我把决定回国的想法告诉她，征求她的意见时，她二话不说，只是一句话：“我支持你的行动。”尽管当时她正处于学业上升时期，学习成绩很好，并且不久后就可以拿到学位。但是，为了我的事业，她放弃了自己的学业，回来后只做了一个普通的科员，心甘情愿做个默默无闻的好帮手，不计较、不纠结。这件事让我感动至深，也成为我最亏欠她的一件事情。

其实，我爱人为我所做的令我感动的事情还有很多很多，现在回想起来，我仍然久久无法释怀。回国工作后，我有时因为做实验，回家的时间无法确定，几次在电话里说“马上回”，又几次推迟，而我的爱人并不催促我，她只是把饭热了一遍又一遍，静静地等待着我回家。而等我半夜回到家时，她还没有吃饭，而且饭菜热了若干遍，都已经味同剩菜剩饭了。后来，我逐渐走上领导岗位，经常出差，经常开会，经常加班，几天不回家已是家常便饭，照顾家庭的重任自然全都落到了她的头上，而且我对她的照顾和陪伴时间也越来越少，这些事至今回想起来，仍让我内疚不已。

09/ 科研工作中的苦乐与得失

庄恩岳：白院士，当时您怀着一颗赤子之心回来报效祖国时，有许多科研项目还是空白的，好多科研工作可以自主选择的空间也是很大的，而您刚回国的时候，在研究上最强烈的心愿是什么？这么多年过去了，您觉得在科学研究的过程中，最遗憾的事情又是什么呢？

白春礼：我在国外时接触到的扫描隧道显微镜是一项最新的技术，当时国内尚无人知晓，我是了解并从事这种新技术研发的第一个中国人。我知道这项技术的重要性，我认为我国要想开展表面科学和纳米领域的前沿研究，研制自己的扫描隧道显微镜是必不可少的。研制扫描隧道显微镜，让中国拥有最新的高科技研究手段，这是我当初最强烈的心愿，我就是带着这一强烈心愿回到祖国的。大家知道，扫描隧道显微镜是集精密机械、电子、自动控制、图像处理等技术于一身的高技术分析仪器，其应用领域又涉及物理学、化学、生物学、材料学、微电子学和纳米科技，因此是一个前沿的交叉学科领域。

我回国的时候，国家正值全面改革开放时期，需要高速发展的科技事业正张开双臂，迎接海外归来的学子，国家也最理解海外学子学成报效祖国的心愿。虽然当时中科院化学研究所对于我们是否有能力自行研制这种高科技的分析仪器尚有争论，但化学研究所的领导和学术委员会经过认真考虑，还是决定先贷款12万元给我进行研究，并为我配备了助手。不久，院长基金又拿出30万元，作为对我的特殊支持。当时，所里能作出这一决定是非常不容易的，有许多从事科研工作几十年的老同志，他们申请科研经费都非常困难。所以，这在当时也是一种破格的举动，为我后来的研究工作带来了强有力的信心支持。

有了这样的特殊支持，我立刻就以极大的热情投入到工作中去，从回国之日起，几乎一天也没有休息，马不停蹄地开始了研究，常常工作至深夜，再骑自行车回家，第二天早晨又急忙赶到实验室照常上班。

回国后的生活是艰苦的，我和爱人住在借来的一间简陋的平房里。可是，即使生活条件再困苦，我回国后除了科研问题，也从未向组织提出过任何个人要求。由于工作忙，一天中，我甚至和爱人碰不上面。自然，全部的家务和孩子的教育都是由我妻子一人来操持的。

记得有一天傍晚，外面电闪雷鸣，下起了瓢泼大雨，我爱人对我说："今晚你就别去加班了，难得有一次机会陪我看看电视说说话，好吗？"可是，我心里却惦记着白天的一个实验没有做完，还是冒着雨走了……跨出门外，走在雨中，我心中不免感到一阵歉疚，想起了爱人为自己作出的牺牲，想起了孩子，由于没人照看，他从小在外婆家长大。孩子上学以后，学习成绩一直不很理想，我也没有更多时间给他辅导功课，更没有空余时间带他出去玩，孩子从小也不太亲近我。有一段时间，我搬到中关村住，离实验室较近，因此能每天回家吃晚饭，看完《新闻联播》后去实验室加班至深夜再回家，孩子已习惯了我晚上不在家。有一天晚上，《新闻联播》刚过，我因为有事稍微晚了几分钟出门，孩子就对我说："你还不走，去晚了老师会批评你的！"看来，我在妻子面前不是一个好丈夫，在孩子面前也不是一个称职的父亲。

10/ 万木成林，万涓成河

庄恩岳：白院士，我了解到，这么多年来，为了让成千上万的海外科研人员回国报效祖国，您做了许多工作。譬如，早在2012年9月15日凤凰卫视播出的《问答神州》栏目中，您接受吴小莉女士的采访，报道说"有人戏言，白春礼恐怕是中科院最大的'猎头专家'了。从1996年当选中科院副院长以来，白春礼先后组织了'西部之光''东北之春'等人才工程。为了网罗更多优秀的人才，白春礼掌舵的中科院出台了种种政策——无论是科研经费、科研条件、配备助手，还是个人住房、子女入学和配偶就业等，中科院都有政策支持。不过，身为20世纪80年代回国的留学生，当年白春礼的境遇就远非如此"。对于中科院最大的"猎头专家"这个说法，您有什么感想跟我们分享吗？

白春礼：因为我们的国家需要他们，所以我们应该也必须把科研人员回国的相关工作做得更好。其实，对于海外人才回流反哺祖国，我最大的感想，就是给予他们足够的温暖，给他们提供必要的条件。

以诚待人，以礼待人，坦诚相见，别人才会以真诚回报，这比物质更重要。当初，我自己也曾从海外回国搞科研工作，知道其中的不容易，因此特别能够理解他们，特别是当下年轻的科研人员刚回国的困难和需求。1996年初，我作为中科院副院长，院里给我的第一项任务，就是分管人才和教育工作。彼时，人才计划刚开始在中科院展开，我也积极投入到相关工作的实施之中。

回想起我刚回国的时候，本希望回国以后，能够有一点启动经费就好了，但是经过多方申请却没有拿到。那会儿，国家也没有专门为青年人，或者是留学回国人员设立这种专项的资金支持，所以我回来的时候，中科院化学研究所既没有谈到我回来会给我什么职称，也没有谈到会给我多少启动经费，更没有谈到实验室的相关情况。尽管什么都没有确定下来，但是我还是凭着一腔爱国热情回来了。所以，当我回来开始建立一个新实验室时，是从买电线、买工具、招助手这样的事情，几乎是零基础做起来的，应该说实验室的起步还是很困难的。

在1994年，中科院启动了相关人才计划，计划在20世纪的最后几年中，以每人200万元人民币的资助力度，从国内外吸引并培养百余名优秀青年学术带头人。在此计划大获成功之后，2008年底，国家层面的新人才计划正式启动，由中组部牵头，从海外引进高层次人才。

譬如中国科学院北京纳米能源与系统研究所的王中林，他是欧洲科学院院士，也是中国科学院的外籍院士，在纳米领域方面还是国际上做得非常成功的一位科学家，我们原来就很熟悉。在国家纳米科学中心成立的时候，我是第一任主任，聘请他作为海外主任，那时候他就经常回来，我们有这方面的合作。所以，当他下决心回来的时候，我们给他新建了一个研究所——中国科学院北京纳米能源与系统研究所。

还有一位植物生物学家朱健康教授，由海外落户上海。中科院与上海市为他量身打造了一个研究中心——中国科学院上海植物逆境生物学研究中心，以方便他的研究团队在上海开展科研工作。朱教授是做抗逆基因的，主要做植物的抗逆基因，这方面的研究对于我国的农业，对于新品种的培育十分重要。他是美国国家科学院的院士，他在美国的时候，曾经受聘到沙特新建的沙特国王科技大学任职，是那个学校的教授。他在美国时的年薪，我记得是70万美元。沙特国王科技大学给他的年薪是200万美元。但是他愿意回到国内来，建起这个实验室。他当时就对我说，争取在几年之内就把实验室建成国际一流的实验室，同时他还招聘了很多国外同一研究领域内的优秀科学家回来工作。

万木成林，万涓成河。建设伟大的祖国，需要千千万万的人才，当然更需要那些顶尖人才。人才计划不能揠苗助长，也不能“请来女婿气走儿子”。所以，用好现有人才、引进急需人才、稳定关键人才、培养未来人才，是引才聚才的理想路径和良性循环。

中国仍处于引才“黄金机遇期”，我们要“以识才的慧眼、爱才的诚意、用才的胆识、容才的雅量、聚才的良方”，把各方面优秀人才集聚起来，共同建设美丽的祖国。

说到“人才计划”，我想起了2017年一个烈日炎炎的夏日，那天，太湖边的演播厅内座无虚席，气氛热烈，一场海外归国留学人员主题音乐会在这里举行。著名海归小提琴演奏家吕思清演奏的《梁祝》、吉林大学黄大年先进事迹报告团表演的散文朗诵、演奏家邓建栋领奏的二胡曲，以及在会场唱响的那首《东方之珠》，无不令在场的每一个人心潮澎湃……

我很欣赏这样一句话："大海，隔不断一位位游子思念祖国的赤诚之情；海浪，寄托着一代代海归始终不渝的强国之梦。"

"不论树的影子有多长，根永远扎在土里。"不拒众流，海纳百川。我认为，过去，我们的祖国需要海外学子及时回国效力，今天和以后，我们的祖国仍需要成千上万的海外留学生回来为祖国效力。现在我们国家的人才工作实行引才、育才和推送人才并重，中国不断为全球人才竞相在华创新、创业提供丰富的沃土。

不知道大家有没有听说过，大海里有一种名为"鲑"的海鱼，不管游到哪里，成熟后都会踏上逆水的旅程，只为心中唯一的梦想——回到自己的故乡。在我看来，海外留学人员就如同这鲑鱼一般，无论走到哪里，心中都永远烙着深深的中国印。汹涌而来的"海归潮"，既展现了海外莘莘学子科技报国、为国担当的雄心壮志，也是祖国日益强大的直接体现。

第三章　扎根基层

你从基层来，
又到基层去。
那里是科研智慧的沃土，
更是知行合一的田野。
推开“文山会海”，
心系一线员工。
走访一个个研究所，
寄语科大科技新兵。
风尘仆仆走基层，
调查研究忙春秋。

——题记

01/ 克服艰苦的科研条件

庄恩岳：白院士，您从20世纪80年代中期开始，就扎根基层搞科研工作，在纳米科技这条大道上带头奔跑。您说您有一个心愿，就是希望中国纳米科技能追赶上世界发达国家的先进水平。您在这方面有什么感想？在扎根基层的过程中有哪些事让您终生难忘？

白春礼：当时我回国，从大的方面讲，我就是用在国外所掌握的知识为国家的科技进步出一份力，报答祖国对我的培养；从小的方面讲，我也是想在国内科研领域中开辟一个新的方向，有自己学术上更大的发展空间和舞台。我回来后在中科院化学研究所工作，虽然当时科研条件较差，困难很多，但是在工作艰难的时刻，想一想那些励志故事，我心里就会充满力量。我们这一代人，从小受革命传统教育，知道如果没有牢不可破的理想信念，没有崇高理想信念的有力支撑，红军要取得长征胜利是不可想象的。扎根基层搞科研工作也是一样。我们搞科研工作的人常说，在科学研究中，最宝贵的就是对无数的未知有着无尽的兴趣，而亲自动手做实验最能够体现科研工作的生命力。科研基层一线，条件艰苦，很多工作单调、机械、烦琐，科研人员如果没有坚定的理想信念，没有对未知世界的持久的兴趣，是没有办法在无穷尽的科研道路上继续走下去的，关键还是看个人的信念、态度和工作作风。

我刚回国的时候，科研条件比较艰苦，没有什么科研经费，而且有些人不相信我的科研创新能力。前两条还可以克服，后一条我只能用成绩来证明自己。我回来后，化学研究所同意我独立开展科研工作，主要人员就我一个人。为了研制扫描隧道显微镜，我先请了一位做电路的工程师，她是一个老同志；还找了一个年轻人，这是一个电大毕业的学生；第三个也是一个老同志。我们这个课题组，加上我一共是四个人。我们刚开始研制计算机控制的扫描隧道显微镜的时候，我也听到各种风言风语，有的工程师说："这怎么可能？专业都不一样。"提出这个疑问的还是当时所里从事科研仪器维修的权威人物，他觉得做这个仪器非常难。我们是搞化学的，还要做能看到原子的仪器，这是非常难的，他们不相信我这个项目能成功。而且他们不太相信所里会批准我的项目申请，好在所里领导看了我的申请报告，批准了我的申请。成功不成功，关键在于我自己，我只有埋头苦干，用事实来说话。

我的科研项目是从借钱开始的。大家知道，搞科研工作必须有资金支持，但是当时所里科研经费紧张，并没有可以统筹支持新科研项目的资金。所长决定用贷款的方式支持我的科研工作。当时，所领导跟我说："这笔钱是其他课题组的，暂时贷给你。你要从其他渠道去申请经费，以后再还给所里。"所以我用这笔贷款开始搞科研工作。当时我的压力很大，一是科研压力，二是经济压力。

我记得1988年的春节前夕，那个时候每个课题组都会发一点年终奖金。因为我没有争取到课题经费，所以没有任何奖金可发。科技处处长看到我们这个实验室没有奖金过年，大家工作又很辛苦，基本上每天加班到晚上十二点以后才回家，所以她同情地说："我从科技处拿出100元奖金，给你们过年用。"当时，我感动得眼泪直打转。我们四个人，除开我自己，一人发20元，还剩40元。我拿出其中的20元钱对电大毕业的年轻人说："买些花生瓜子，过年咱们开个茶话会。"另外的20元钱作为研究组的公共基金。三位同事的觉悟很高，他们反过来安慰我，并且说他们的20元钱也不要了。所以这个年我们花了20元钱开了一个茶话会，剩下的80元钱就作为我们组里的公共基金。

我们做扫描隧道显微镜的科研项目，对机械振动和电子噪声的环境要求高，必须采用特殊的屏蔽处理，地线也需要按照特殊的要求深挖沟，里面加上木炭等材料。如果用民工，既要等待，又要花科研经费，因此我们决定自己干，自己当民工，挖沟埋线。为了省钱，我们会拾一些别人不要的桌椅板凳，去外面买元器件和设备都是坐公共汽车，等等。这些都是难忘的基层工作经历。

02/ 苦难是最好的营养

庄恩岳：白院士，您经常说，从基层来，到基层去。基层是产生科研智慧和出科研成果的好地方。在第八届中华全国青年联合会的科技组交流会议上，我记得您提到内蒙古生产建设兵团的基层经历特别让您难忘，而且成了您"忘我工作、克服困难"的精神营养。您十七岁中学毕业就踏入社会，进入内蒙古生产建设兵团，回顾这段经历，您有什么收获和启示？您能否具体说一两件令您印象深刻的事例？

白春礼：苦难是最好的营养。知道苦中苦，才能懂得甜中甜。钢是在烈火里燃烧、高度冷却中炼成的，因此它很坚固。我们这一代人也是在艰苦考验中锻炼出来的，并且学会了在生活、工作中从不灰心丧气。我在艰苦困难的生活中成长，因此更懂得世情的甘苦，于是更珍惜时间、热爱生命。那时内蒙古生产建设兵团实行的是半军事化管理，要求“三个人排队，五个人唱歌”（这是军队管理的要求，三个人以上行走必须要排队走，五个人以上的队列行进要唱歌）。因为我们是供给制，第一年每月5元钱生活费，第二年每月6元钱，第三年每月7元钱，第四年每月8元钱，生活还是比较艰苦的。虽然由炊事班解决吃饭问题，但是细粮很少，我们吃的大部分是粗粮。我刚开始去的时候，一个月只有十几斤的米、面，其他都是红薯面等粗粮。我们当时正是长身体的年纪，饭量大，所以吃饱饭是个大问题。我最开心的时候大概是在周末，可以买一小包全面粉的饼干来改善一下生活。

百善孝为先。尽管每个月只有五六元钱的生活费，我一年还是能节省出来10元钱，在过节的时候寄给父母亲，表达孝敬的心意。我们的衣服是兵团发的，但是就发一套外衣，棉衣和大衣，没有秋衣秋裤，其他衣服也要自己去买。而且理发、洗澡、写信和买书，这些费用均需自理。所以，省出来这10元钱不容易，我必须精打细算，更要克制改善生活的欲望。

对别人之善，就是对自己之善。有时候一点善心、一点善行，对人生的影响可能会超出你的想象。那时候我在连队当卡车司机，我们这个连队离火车站比较近，其他各个连队都分散在黄河边上，离火车站也比较远，交通不是很方便。连队的战友有的时候到团里，或者去包头市办事，因为没有车，往往来回要走十几里地，一般的司机看到他们大多不会停车，因为怕麻烦。有时候我开车，看到他们就会主动停下车，问他们去哪儿，要不要捎他们一段。有时候遇到下雨天，碰到被雨淋湿衣服的战友，我会把他们请到我的住处，让他们烤烤火，把鞋、衣服烤干，有时我还会把自己的鞋和衣服借给他们穿。一来二去，我与战友们逐渐熟悉起来，并且感情也不错。我有时候出车拉东西，遇到诸如路况不好、汽车故障等问题，他们都自告奋勇来帮助我。特别让我感动的是，1974 年推荐上大学，我得到的票数最高。临走之前，战友们要欢送我，便拿一些衣服与当地老乡换来一点他们用地瓜干做的白酒，然后买点蔬菜，用脸盆和电炉子做饭。那是我平生第一次喝醉了酒，为了这些难忘的战友，为了我们深深的友谊，也为了感谢他们无私地推荐我上大学。想起那些兵团战友后来的境遇，想想他们把上大学的机会给了我，我心里总是觉得不能有负他们的期望，这也是我后来决定从美国按期回国工作的一个动因。

03/ 重点在扎根基层上

庄恩岳：白院士，您的人生经历非常丰富，是一步步从基层走上领导岗位的。1987 年，您回国任中科院化学研究所副研究员，兼扫描隧道显微镜实验室主任。1989 年，任中科院化学研究所研究员，在不久之后的 1992 年又任中科院化学研究所副所长。虽然您走上了研究所的领导岗位，但是，您的工作重点还是在扎根基层上。回顾总结这段历程，您有什么经验和智慧分享给基层的科研人员和领导同志，能不能给他们提供一些参考和借鉴？

白春礼：1991年10月至1992年4月，我受日本文部省的邀请，去日本东北大学金属材料研究所作为访问教授工作了半年，回国后不久，中科院任命我为化学研究所副所长。当时科研任务很重，再加上所里的行政职务，我身上的担子更沉重了。但是，压力也是动力，当时我年富力强，既要勇挑重担，又要虚心向大家学习，特别是向老同志学习。苦活、累活我自然是多承担一点。虽然所里公务很繁忙，可是为了保证有三分之二的时间用于科研工作，我就必须把晚上休息的时间也搭进去。现在一回想起当时这种快节奏的生活和工作方式，我就非常感慨。有时候，我白天开会，晚上就进入实验室去搞我的科研项目。虽然每天忙忙碌碌的，但是我的心是快乐的，尽管有些人会怀疑我白天晚上连轴转这样快节奏的生活到底能坚持多长时间。

其实，虽然我在领导岗位上任职，但我的根还在实验室。我回国以后一直是这样的生活方式——“科研—公务—科研”，后来已经习惯成自然了。有时候晚上没有到实验室去工作，反而觉得心里空空的，感觉有好多事情没做似的。人都有七情六欲，我不是不喜欢娱乐活动，而是没有时间，因为时间都被科研工作所占据，我只能忍痛割爱了。

1993年8月9日，第七届国际扫描隧道显微学会议在北京举行，受我的邀请，包括因发明扫描隧道显微镜而荣获1986年度诺贝尔奖的葛·宾尼和海·罗雷尔博士在内，来自世界三十个国家和地区的四百余名科学家齐聚一堂，报告并交流本领域的最新进展。国际扫描隧道显微学会议代表了扫描隧道显微学领域的最高水平，从1986年到

1991年，先后在西方主要发达国家举办了六届，但从来没有在发展中国家召开过。由于中国科学家在这个领域的飞速进步，我代表中国于1991年在瑞士召开的第六届国际扫描隧道显微学会议上，将这个历来只在发达国家召开的大型国际学术会议，争取到在中国北京召开。我担任了大会学术委员会主席和大会秘书长，当我在北京五星级大酒店里面对来自世界各地的科学家，庄严地宣布第七届国际扫描隧道显微学会议开幕时，心中涌动着作为中国科学家的自豪，多年来创业的艰辛终于在此刻得到了补偿：

1988年春天，经过四个多月的奋战，我们在没有暖气的地下室里终于比原计划提前一半的时间完成了STM的研制任务，当看到清晰的原子图像在屏幕上滚动时，我们心里真是兴奋极了。还记得那天回家路上，我猛然发现树上已长出手掌大的叶子，才意识到春天已经来了。

仅用四个多月的时间成功研制出计算机控制的STM之后，我们没有沉浸在成功的喜悦中，而是立即向新的目标攀登——研制AFM。AFM相对于STM的优越之处在于它不仅可以直接观察导体和半导体的表面原子结构，还可以直接观察非导体的表面原子结构。1989年初，我们研制出我国第一台AFM。这两台自行设计研制的高科技仪器，都能稳定地观察到物质表面的原子结构。STM的研制获得1990年国家科技进步二等奖。AFM的研制获得1991年中科院科技进步一等奖。在此基础上，我们又成功研制了激光检测原子力显微镜、低温扫描隧道显微镜、超高真空扫描隧道显微镜和弹道电子发射显微镜。

当然，虽然我们取得了不少成绩，但通过这次会议，我更清醒地认识到，我们和国外先进水平之间还存在一定的差距，还有很长的路要走。

勤奋工作是我们取得这些成绩的一个重要因素，过去如此，现在依然如此，今后也将如此。当前党和政府号召大学生和公务人员要扎根基层，提拔干部也看重其基层经历，所以当今大学生和年轻干部，特别是科研工作人员更要立足基层，安心做好基层工作。

04/ 不问收获，只问耕耘

庄恩岳：白院士，当年我在审计署科研所工作，曾多次到中科院化学所来拜访您，向您请教如何搞好科研工作的经验，其中一次的拜访令我印象特别深刻。那一次我们几位同仁提前两天与您约好，下班后到您单位交流科研工作的心得，我们傍晚如约来到位于中关村的化学所，接待我们的小伙子告诉我们说："很不好意思，白所长还在实验室忙碌，他叫我接待你们。你们先了解一下我们的科研工作，同时我讲解一下。"我们这一等，就等到晚上快九点。当您带着疲倦的神态来到我们面前时，我们都很心疼您，所以大家没有一句责备，而是异口同声地说："白所长您多注意休息。"您抱歉地微笑着说："对不起大家，这个科研项目正进入关键时刻，有几个难题需要马上处理一下，所以耽误了大家的时间。"我们在科研部门工作过的人，最清楚科研人员的性格和工作习惯，所以都很理解。一晃二十六年过去了，这一幕却仍然历历在目。

白春礼：非常抱歉，那天临时有些特殊事情需要我处理，所以耽误了大家的时间。

我们科研人员大多是没有休息日概念的，一个科研人员有几分勤学苦练，就有几分科研成果，这是成正比例的。我看过一本著名科学家的传记，里面有一句话："谁和我一样用功，谁就会和我一样成功。"这句话给我的印象特别深刻，时时激励我去努力。科研人员最需要的是时间，而时间总共就这么多，因此只能自己把它"造出来"。挤时间是我们科研人员的常用办法，也是没有办法的办法。披星戴月，不知道春夏秋冬，对我们来说是经常发生的事情。我虽然担任研究所领导职务，但是科研时间也要保证，怎么办？只能占用下班时间。您也在科研部门工作过，对于科研人员的作息时间是非常清楚的。我们所里，到下班时间，好多人还在工作岗位上忙碌着；到深夜，有的办公室还灯火通明。这是我们科研人员的真实写照。

以前我看过一本书，里面有句话令我印象深刻："当一切似乎毫无希望时，我看着切石工人在他的石头上，敲击了上百次，而不见任何裂痕出现。但在第一百零一次时，石头被劈成两半。我体会到，并非那一击，而是前面的敲打使它裂开。"科技工作是日积月累的事情，前天你不努力，昨天你不努力，今天又不努力，哪里会有明天的成功？科研成果是从刻苦劳动中得来的，任何成就都是日日夜夜刻苦劳动的结果。我们科研人员越是忙碌越能强烈地感到我们生命的价值，越能意识到我们生命的意义。八小时工作制，对于我们科研人员来说，有时候是十八个小时。有辛勤的付出，也有丰厚的回报，"宝剑锋从磨砺出，梅花香自苦寒来"，说的就是这样的人生道理。

自古以来学有建树、有所成就的人，都离不开一个刻苦的"苦"字。天道酬勤，不问收获，只问耕耘。在工作中，我很欣赏一句话："在日常生活中，靠天才能做到的事，靠勤奋同样能做到；靠天才做不到的，靠勤奋也能做到。"天才在于每天的积累，聪明在于每天的勤奋。好学而不勤奋，不独立思考，就不是一个合格的科研人员。有了好的机遇，而不去努力，这样的机遇也会稍纵即逝，就好像太阳下的雪人。所以说，好机遇对于懒惰者来说没有用，但对于勤劳者来说，即使是最平常的机遇，也会变成一个个良机。我从国外回来搞科研，更明白勤奋努力工作的重要性。我能担任研究所领导职务，说明上级领导对我很信任，这也鞭策我更加努力。我首先是个科研人员，通过努力把自己变得越来越优秀，同时带领大家把所里的科研工作做好。这是我当时的想法。

05/ 责任更重但不忘基层

庄恩岳：白院士，1996年3月开始，您从中科院化学研究所副所长岗位上被直接提拔任命为中科院副院长、党组成员。这说明上级领导充分肯定您的成绩，大家认可您的能力，也说明中科院的领导班子需要像您这样拥有丰富基层工作经验的人来充实。虽然责任更重，工作更忙，但您还是不忘基层，经常到一线去调研。能否请您谈谈当时就任副院长的感想，与我们分享一下您在担任中科院领导期间下基层时令您印象最深刻的事情？

白春礼：担任中科院副院长以后，因为岗位的变动，工作跨度很大，我从一个科研工作者变成了一个科研队伍的管理者和领导者，当时感觉自己的压力很大。

我从1996年起担任副院长，2004年开始担任常务副院长、党组副书记，2011年2月起担任院长、党组书记，我在院领导岗位上工作了将近二十五年，对中科院有了更深入的了解和更加深厚的感情。中科院建院以来，中央几代领导集体都给予了长期关怀和大力支持，老一辈的科研工作者为中国科学事业的发展作出了杰出不朽的贡献，为后人留下了“爱国奉献、求真唯实”的精神基石与宝贵财富。

求真唯实，是我们科研人员一直以来秉持的优良传统和工作作风。知行合一，百闻不如一见。多下基层，就是在“求真唯实”上下功夫的一个体现。多下基层，我们能够听到许多真话，能够获得不一样的信息，能够看到许多真相，能够获得许多科研智慧。经常下基层听取大家的意见，能够正确地把脉科技方向和掌握政策落实的情况。

关于领导者的职责，毛泽东同志说过：“一是出主意；二是用干部。”“出主意”也就是“出实招”，考验的是领导干部的决策判断能力。而要作出正确的决策判断，就要对基层的情况了如指掌。出实招，要求我们按照科研工作的实际情况来决定工作方针，不提不切实际的口号，不提超越阶段的目标，不做不切实际的事情。

我很难忘2014年初到中科院城市环境研究所的一次调研活动。我去之前没有告知研究所的领导，研究所没有提前作任何准备。研究所地处厦门，但所里的领导一没到机场接机，二没到所门口迎接，我直接来到所里，到实验室、食堂进行实地考察，与一线科研人员和学生交流谈心，听取意见，了解情况。

调研中，我实地考察了仪器测试中心、大气环境研究中心及固体废弃物处理实验室。所长朱永官后来临时赶来，介绍了研究所“一三五”规划工作进展，重点就研究所联合申请院重点实验及城市大气环境卓越中心的准备工作进行了汇报。围绕制定和实施“率先行动”计划、推进“一三五”规划、建设卓越创新中心等重要工作，我与部分一线科研骨干进行了深入研讨和交流。

在交谈中，我强调，实现“四个率先”目标，是习近平总书记对中科院的高度信任与重托，也是中科院推进改革创新发展的重大机遇，全院上下必须以高度的责任感和紧迫感，群策群力，集思广益，制定好、组织好、实施好“率先行动”计划，为国家创新驱动发展战略、为建设世界科技强国，作出国家战略科技力量应有的重大创新贡献。

建设卓越创新中心是院党组实施“率先行动”计划的重大举措，也是全院率先建设国际一流科研机构的重要抓手，因此要坚持高标准、严要求，并积极探索体制机制创新，真正把中心建设成为国内领先、国际一流的人才高地、创新高地。在调研中，我要求城市环境研究所志存高远，锐意进取，不断凝练目标，推进协同创新，为卓越创新中心建设积累经验。

在与一线科研人员交流中，我谈到，中科院将继续健全以重大产出为导向的科研评价体系，鼓励更多科研人员以“十年磨一剑”的精神，作出真正有科学意义和重大影响的创新成果。同时我勉励研究所围绕“一三五”规划，改变单纯以项目、论文数量为主要考核内容的评价导向，建立以创新能力、创新贡献和学术影响力为主要依据的考核体系，促进核心竞争力提升和重大成果产出。

我要求研究所与中国科学院大学资源环境学院等有关单位加强科教融合，为出成果、出人才、出思想“三位一体”发展提供有力支撑。针对有关同志反映的研究所引进人才的住房政策等问题，我进行现场办公，并与厦门市政府有关领导沟通协调，解决实际问题。

调研结束后，我来到研究所食堂，排队自费购买工作餐，与科研人员和研究生共进晚餐，了解大家的饮食和生活情况，向大家致以新年祝福。这次调研活动愉快而难忘。

06/ 处处为基层着想

庄恩岳：白院士，在2011年中科院主要领导换届时，上级有关部门采取不定向考核方式，在全院范围内广泛征求意见并进行较大范围的民主测评和无记名推荐，最终您成为中科院自1949年成立以来的第六任院长，这是大家对您人品威望、工作能力以及学术成就的充分认可。作为基层工作经验丰富的领导，您是怎样为基层一线科技工作者分忧解难的？在这一方面制定出台了什么样的发展战略？

白春礼：当选为中科院院长，尽管责任更大，工作任务更重，但我充满了信心。我与院党组的同志们一起进一步明晰战略定位：在新的历史时期，中科院要成为代表我国科技最高水平的“国家队”和引领我国科技创新跨越的“火车头”，必须全面实施“民主办院、开放兴院、人才强院”的发展战略，确立出成果、出人才、出思想“三位一体”的战略使命，形成科研院所、学部、教育机构“三位一体”的发展架构，不断创造一流的科技成果，培养造就一流的创新人才，提出支撑科学发展的新思想。

发展战略中第一条是民主办院。科学与民主相互伴生，只有更多地进行科学、民主决策，才能保证相关政策和决定符合科研实际，少走弯路。作为从事科学研究的国家研究机构，中国科学院要特别注重“民主办院”，更多地“问政于民、问需于民、问计于民”。发扬学术民主，营造宽松争鸣的环境，有利于创新思想的迸发和科技成果的涌现。为此，我们在2011年3月设立“院长信箱”，通过电子邮件方式向院属各单位、院机关各部门主要领导发出258封信，真诚向大家提出四个问题：“你认为我院目前亟待解决的关键问题是什么？我们未来发展的机遇与挑战是什么？如何更好地出重大成果和拔尖人才？如何进一步加强科技与经济、科技与教育的结合？”

我们凭借务实的行动、谦逊的态度、服务的诚意，赢得了广大科技工作者的好评，用时不久，便收到院内各类回信500多封。其中，院直属各单位、院机关各部门以领导班子的名义对院工作提出意见、建议137封，共计1004条，包括“中科院体制机制建设”“科研管理与重大成果产出”“人才队伍建设”和“基础设施建设与生活保障”等十余个方面，总计数万字。每一封邮件、每一个建议，我都认真阅读和思考。收到大家的来信，让我既感到喜悦，又顿觉责任沉甸甸。一年多的时间里，大家通过“院长信箱”就中科院的发展提出了很多好的建议和想法，我与其他院领导一起认真地进行归纳与分析，以此作为推动相关工作的重要依据。

第二条是开放兴院。面向新的发展形势，中国科学院要想成为全国人民的科学院，就应该更加开放，兼容并蓄。在充分发挥广大科研人员和作为国家最高科技智囊的院士作用的同时，要更多地加强与部门、地方、企业、大学的合作与交流。具体而言就是，要开放观念，敢于创新试错、挑战权威、争当一流；要开阔眼界，多看世界前沿、社会需求、学科交叉；要开门拓业，吸引世界一流科技帅才，鼓励人才流动，打破行业、部门和学科壁垒，加强科教结合，加大国家重大科技基础设施开放共享力度。为落实党中央、国务院关于加强协同创新的号召，践行“开放兴院”的理念，中国科学院建立了更多类型的协同创新联盟，主要包括“全国科学院联盟”建设，与不同类型高校在合作研究、联合共建、人才培养等方面开展合作，推进科教融合。加强与重点行业大型企业合作，建立产业创新联盟。充分利用部门、地方已有野外台站和植物园等资源，探索建立野外站和植物园联盟。2012年“两会”期间，我与同事们一起与十多个省区市部门领导商谈合作并签署战略合作协议。中国科学院进一步瞄准地方需求，推动科技合作，为区域发展和城市转型作出了新的贡献。

说到开放，还离不开与民众的近距离接触、互动和交流。我们曾邀请全国各地的民众前往中科院参观，不仅让大家学习到丰富的科普知识，更激发了他们对于科学技术的兴趣和热爱。我们还曾与《人民日报》《光明日报》等媒体联合主办“我心中的中国科学院”征文活动，广开言路，听取社会各界对中科院的期待和建议。为激发青少年的科研兴趣，我们还举办过多场“走进中国科学院”活动，包括每年5月的“公众科学日”，都会吸引很多中学生来走走看看。不经意的一次活动，也许就会改变一个年轻人的一生，我们希望为社会作更多的贡献。

第三条是人才强院，就是要以人为本，真诚尊重人，细致关心人，充分信任人，全面发展人，为人才营造良好的“创新生态系统”。我深知创新型科研人才教育与培养的重要性。为此，我在担任院长不久，便组织召开了人才工作座谈会，邀请不同研究领域、不同层次、没有行政职务的科学家、工程技术人员和研究生代表面对面畅叙。这是我就任院长后召开的第一个座谈会，之所以邀请长年忙碌在第一线的科技人员，是因为他们对中科院人才政策、管理模式、队伍建设的实际状况了解最多、感受最深，能够更加全面、到位地评价中科院的建设与人才工作。座谈中，大家讲真话，提出许多极具操作性的建议。结合大家的意见，我们变“领导相马”为“赛场选马”，营造风清气正的选人用人环境，实行一系列新的人才举措，让真正有才华的人得到尊重。针对大家反映较多的人才后勤保障问题，中科院专门增设一个副秘书长职位，统抓全院后勤保障；同时要求各级领导着力解决科技工作者在住房、子女入学和配偶工作、就医等方面的实际困难，以便心无旁骛地投入到科研工作中。

在研究生培养方面，我们要求科研人员和导师让研究生参与前沿课题的科研活动，提升创新能力，真正成为未来支撑国家的建设者，而不能把研究生当成廉价的“科研劳动力”。

科研人员参与科研活动时间减少是普遍存在的问题，大家对此很关注，反响较多。我也是搞科研出身的，自己也会因没有充足时间用于科研而着急。科研人员现在把很多时间都花在争取项目上，要写很多申请。即使这样也不一定能申请成功。答辩、中期检查、评估填表都会占用科技人才的大量时间和精力，令其无法全身心投入科研。这个问题需要国家相关部门统一协调、合力解决，为此中科院采取了一系列措施，主要包括尽可能减少会议、填表，延长评估周期，改革科研评价和项目管理办法，让广大科研人员从不必要的考评事务中解放出来，腾出时间少说多做，争取使一线科研人才从事科研活动的时间不少于五分之四的工作时间。中科院后来决定，撤销由院部设立的重大方向性项目，把院管经费的三分之一直接下达到研究所，增强研究所层面的调控能力。同时，为科技带头人配备“科研助理”，以减少他们为非科研杂务而花费的时间和精力。

07/ 经常激励科技新兵

庄恩岳： 白院士，2011年2月28日，您正式就任中科院院长、党组书记，在那之后您责任更重大，工作更繁忙，但您还是经常在百忙中抽空到基层一线调研。记得有一次中科院研究生院毕业的一个博士生在工作中碰到我，说他印象最深刻的是在2011年，开学典礼上您作了一个精彩的演讲，令人感到非常亲切，其中所讲的郭永怀烈士的故事给了他很大的激励，您能再次跟我们分享下这个感人的故事吗？

白春礼： 好的。我很欣慰郭永怀烈士的故事给这个年轻人留下了深刻的印象。郭永怀是我非常敬重的科学家。他是航空大师冯·卡门教授的得意门生，在1956年回到了祖国怀抱。行前为了避免美方的纠缠，郭永怀故意在公开场合将自己十几年积累下来的宝贵文稿一份接一份地投入篝火。回国之后，郭永怀担任了中科院力学研究所的副所长，在艰苦环境下为发展我国核弹与导弹等事业作出了重要贡献，成为我国近代力学的开拓者之一。1968年12月5日凌晨，郭永怀从酒泉卫星发射基地回京，因大雾，飞机失事，他不幸遇难。在清理飞机失事现场时，两具紧紧抱在一起的遗体引起了人们注意。当人们费力将他们分开时，才发现两具遗体的胸膛间紧紧夹着一个未被烧焦的公文包，里面装着有关热核导弹项目试验数据的重要技术资料。那两个紧紧抱在一起的人，就是郭永怀和他的警卫员牟方东。1999年，他被中共中央、国务院、中央军委授予“两弹一星功勋奖章”。

郭永怀烈士的夫人李佩老师，是一位坚强的老太太，她既是我和我当年的同学十分尊崇的师长，也是我们中科院研究生院优秀教师中最突出的典范。1956年，李佩老师随郭永怀先生回国后，一直致力于中科院的研究生外语教学。1978年，她组织创办了中科院研究生院（中国科学院大学前身）外语教学部，并长期担任中国科技大学和中科院研究生院的英语教师，因学术造诣和成功实践被国外同行誉为“中国应用语言学之母”。李佩老师为人师表、淡泊名利，把主要精力奉献给了中科院的教育事业，深受几代科学家与研究生的敬重。2008年，她将毕生的积蓄60万元全部捐献给了国家，激励更多年轻学子为祖国的发展而奋斗。

郭永怀、李佩夫妇，为了我们国家的科学事业鞠躬尽瘁，奉献了自己的一生。这是与中科院密切相关的故事，鲜明地体现了中国老一辈科学家的责任担当和奉献精神。我曾寄语青年学子：无论历史如何变迁，时代如何变化，前辈们身上体现出来的那种中国知识分子的不朽精神——科学追求、民族大义、英雄情怀，值得我们永远珍惜和弘扬！

08/ 吸引和凝聚海内外优秀人才

庄恩岳：白院士，您担任中科院院长一职之后，虽然工作千头万绪，但没有埋头“文山会海”，而是经常深入基层去做调查研究，特别是对“如何吸引海内外优秀人才加入中科院”的工作抓得很紧。您在2011年9月23日接受新华网独家专访，就科技“国家队”如何实现跨越式发展与网友进行了交流，以自身经历为例讲述了“海归”们回国后应怎样更好地发挥作用，获得大家的热烈响应。您认为应该如何吸引和凝聚海内外优秀人才呢?

白春礼：关于吸引和稳定优秀人才，我觉得主要靠三个方面：一是为优秀人才提供他在事业发展上的更大空间和舞台，这是最主要的，或者可以称之为“事业吸引人”“事业凝聚人”；二是靠适当的待遇吸引人、凝聚人；三是靠感情吸引人、凝聚人。

一是提供空间和舞台。如果一个人舍弃国外很优厚的待遇，回到中国来工作，那吸引他回国的因素是什么？我认为首先是中国经济的快速发展为这些优秀的人才提供了更大的空间和舞台，他在国外可能不一定有这么大的机遇，而他在中国则能够成就一番事业。我想，事业的成功是任何一个科技工作者的最高追求。事业追求可以和国家的需要紧密地结合在一起，同时也可以为国家的发展作出他们的贡献。我们要考虑如何使他们发挥作用，使他们回来后能够人尽其才、才尽其用，那就要想方设法为他们提供发展的空间和舞台。

二是提供适当的待遇。在生活水平上，我们与发达国家还是有一定差距，他们在国外能够下决心回来，就这一点而言我们应该为他们提供比较体面的生活条件，尽量免除他们的后顾之忧。比如有的科技人员可能有两个孩子，都在国外上学，那他需要的花费就要高得多。如果他刚回来，并不像在国内工作的人那样有机会分配到一套房子，而现在房价上涨，要买一套房子成本也很高，回国后他的配偶还要找工作，类似这样的后顾之忧我们要尽快帮他解决，使他心无旁骛地投入到工作当中。

三是营造和谐的环境，以感情吸引人。一个人能够在一个地方工作并发挥作用，硬件条件是很重要的，但是他有没有舒心的工作环境也很重要。所谓的感情就包括他所处的软环境，他能受到尊重，受到重用，同时他能处在一个很好的和谐氛围中。我觉得一个人身体上的累是可以恢复的，但是如果心很累就会对他造成很大的影响。所以我们也希望能够为这些优秀的人才发挥作用提供一个比较好的软环境。

我觉得以上这三点都很重要。通过相关人才计划，我们已经吸引了不少优秀人才，他们在我们科学院，在我们国家的科技事业中发挥了非常重要的作用，他们做得非常出色。

此外，我们科学院引进优秀人才有两个原则：一是按需引进；二是坚持质量。按需引进就是我们不能太盲目，我们引进人才首先要为他们提供发展的空间和舞台，这个空间和舞台的搭建就是源于我们有这样的需要，如果这个工作并不是我们特别急需的话，那他回来以后可能就不能更好地发挥作用，同时也有可能会造成与国内人才之间的不平衡（比如待遇方面有一定的差距），但是如果他能发挥作用，确实出类拔萃，大家也就心服口服，他就可以很快地融入国内的环境中。第二是坚持质量，既然是引进的人才，我们就要引进最优秀的人才，能够使他和国内的人才之间有更好的融合和平衡。

09/ 重视年轻科研人员的素质要求

庄恩岳：白院士，您特别关心国科大（中国科学院大学简称）的教育事业，担任校长以后，每年的开学典礼，您不管多忙，都要抽出时间作演讲，激励学生们勤奋学习，报效祖国。我 1998 年在南京审计学院（今南京审计大学）工作过，非常理解您的心情。能否请您谈一谈对年轻学生和年轻科研人员的素质要求？

白春礼：我认为年轻科研人员要德智体美劳全面发展。科研人员光拥有一方面的知识是走不远的。我自己从小也比较喜欢书法、诗词，也写过、发表过诗，但是没有请老师进行过专门的指点和训练。其实很多科学大师不仅仅是学问做得好，他们在音乐、古诗词、古文方面也有很深厚的修养，比如在香港出生的数学家、菲尔兹奖获得者丘成桐先生就有很深厚的国学修养，国学方面的很多东西他都可以背诵下来。

我觉得就一个人的发展而言，人文与自然、传统文化与科学研究是相得益彰的。我不提倡一个学者只成为一个纯粹的狭窄领域的书呆子。无论从事科研还是其他，人的修养都是综合性的，假如你的文学修养不好，写的论文就会文理不通，标点符号也不对，或者缺乏逻辑性，突出不了重点，翻译英文的东西也会很生硬。从根本上讲，自然科学和美学一个求真，一个求美，但科学其实也求美，比如数学的表达式很多也是很美的，科学本身也有很多很美的东西，这两者之间有很多共通的地方。所以人应该具备多方面的修养，使自身的人格更加完善，有更好的素质。这是一个人能够在某一方面取得成功的基本条件和重要原因。

我对年轻科研人员的另一个建议是，克服急功近利、心浮气躁的心态，培养良好的人格。我曾对我的学生说，做实验当然有一个预期，希望能得到一个结果来证实自己的想法和设想，但是这种想法千万不能太强烈。如果实验结果不一样，就断定是实验设计或者哪里错了，或者有选择性地将实验结果使用在论文上，这都是不对的。应该尊重客观规律，注重实验得到的每一个结果。如果一个结果和别的结果不一样，不要轻易地放过，不要先怀疑什么，而应该一追到底。如果几次都是这样，一定要从另外一个角度换位思考，用逆向思维去思考这个问题，不要轻易放弃与你原先的想法、设计不一样的东西，“种瓜得豆”就是这样来的。

目前，我觉得研究生要想取得比较有创新性的成果，首先不要怕毕不了业而选择比较简单的课题。如果课题太难不能按时毕业，就不想去做，这样是不可能啃下硬骨头或者作出有创新性的东西的。我觉得这可能是解决创新问题很重要的一点。如果学生做选题时总是找一个比较稳妥的题目，稳妥的题目基本上都是在预料之内的东西，那就只能是在别人画好的曲线上加一个点，而曲线的走势、斜率、截距都不会错。这个点是创新，但只是小创新，它的意义不是很大。而如果提出一条新的曲线来，新的曲线会有许多未知的东西，你又没有多少文献可以借鉴，这时候要求就更高，但是这个时候也就容易取得比较大的成果。现实中往往是导师和学生都想求稳妥、能毕业，因而影响了科学探索精神的发挥，学生很可能难以取得重大创新成果。我们现在要求学生三年毕业，这可能是导致产生这种取向的现实因素之一，所以我比较提倡硕博连读，这样学生会有比较多的时间，能够做比较系统的研究。

10/ 少年强则国家强

庄恩岳： 白院士，在抗击新冠肺炎疫情期间，您还不忘下基层，到第一线去看望大家，去慰问大家，去鼓励大家。在中国科学院大学2020级新生开学典礼上，您的“勇担强国使命，不负人民瞩望”的演讲让新进入学校的一万多名学生深受鼓舞。您能否谈一下当时讲话的要点?

白春礼：少年强则国强。面对新冠肺炎疫情，我们每个人都经历了前所未有的考验、磨砺和挑战，都深刻地感受到世界各国和人民是一个休戚与共的命运共同体。大家能够如期回到校园、走进课堂，应该感谢在应对这场重大突发公共卫生事件的过程中，每一位勇敢的逆行者、不屈的奋斗者和平凡的劳动者。中国抗疫斗争取得的重大战略成果，是以习近平同志为核心的党中央坚强领导的结果，同样彰显着中国特色社会主义制度的巨大优势，彰显着亿万中国人民同心同德、自信自强的伟大力量。

新冠肺炎疫情发生后，中国科学院有400个团队、近3000名科研人员日夜奋战在科技攻关战场，在病毒溯源、快速检测技术研发、应急药物研发、疫苗与抗体研发等方面，陆续取得一批创新成果，充分体现了中科院作为国家战略科技力量的使命担当。在全球抗疫战场，我们也与世界多国共享科研数据、开展技术交流、协同攻关，为全球合作抗疫贡献着中国科技力量，造福着世界人民。

当时，我向国科大2020级的新同学们提出三点希望：

第一个希望是坚定价值追求，弘扬“两弹一星”精神植根人民。任何一所大学，都有它独特的文化和精神。“热爱祖国、无私奉献，自力更生、艰苦奋斗，大力协同、勇于登攀”的“两弹一星”精神，就是国科大文化的历史根基和精神脉络。我想告诉同学们，我们脚下的国科大校园，曾经是钱学森、郭永怀等著名科学家创建的中科院怀柔火箭试验基地，是“两弹一星”事业的发源地之一。当年，中科院一半以上的科研人员曾参与“两弹一星”的研制。“两弹一星”事业不仅奠定了中科院今日的机构规模和学科布局，还培养造就了一大批领军人才和尖子人才。虽然国科大创建于1978年，但是它的研究生教育发端于中国科学院早期的人才培养。“爱国”早已成为国科大最核心、最基本的价值观。

习近平总书记曾寄语国科大学子：“科学无国界，但科学家有祖国，要有一颗爱国之心。每一个中国人，最终应该为国家、为民族、为人民，包括为养育自己的父母，尽量多做些事情。”希望大家坚定“科技报国、创新为民”的初心和使命，将个人理想和价值追求，植根于党和人民的事业中，在“小我”和“大我”的碰撞融合中，不断校正个人发展坐标，努力实现人生价值。

第二个希望是淬炼专业本领，锻造真才实学服务人民。李克强总理曾说，中国还有“6亿中低收入及以下人群，他们平均每个月的收入也就1000元左右”。这说明，我们国家仍然是世界上最大的发展中国家。站在“两个一百年”奋斗目标的交汇点上，习近平总书记指出，我国已进入高质量发展阶段，必须实现依靠创新驱动的内涵型增长，大力提升自主创新能力，尽快突破关键核心技术难关，打好关键核心技术攻坚战。“江山代有才人出，各领风骚数百年。”在科技创新一日千里的今天，我们迫切盼望同学们尽快成长为担当国家科技创新重任的“尖兵”。

2019年10月1日晚，参加庆祝新中国成立70周年联欢活动的150名国科大师生，在天安门广场上喊出这样的宣言：“国有疑难可问谁，强国一代有我在！”我相信大家都能成为这样有胆识、有担当、有才学的一代青年！“凿井者，起于三寸之坎，以就万仞之深。”戒骄戒躁戒嗔、自律自省自信，永葆学习的内驱力和紧迫感，在实践和试验中创新创造，在服务人民中成长成才。

第三个希望是锤炼品德修为，涵养家国情怀造福人民。雁栖湖校区内有两座塑像，分别是坐落在西区教学楼的李佩先生塑像和东区学园楼的刘东生先生塑像。大家时常在塑像前驻足，能从两位先生的故事中、从他们入微的神态中，读懂他们“赤诚报国的家国情怀”“舍我其谁的责任担当”。大家不止于心怀敬仰，更要起而行之，以“心底无私天地宽”的境界格局做人做事，以“计利当计天下利”的价值标尺权衡得失，以“见贤思齐，见不贤而内自省”的胸襟气度丈量成长，在科研学习、日常言行中塑造闪光的国科大学子风范，传承“爱国、创新、求实、奉献、协同、育人”的新时代科学家精神，弘扬“生命至上、举国同心、舍生忘死、尊重科学、命运与共”的伟大抗疫精神，坚持学以致用，造福人民。

选择国科大，就意味着选择了科技报国、创新报国。科研之路必将充满荆棘坎坷，但是前途也是美好的。希望大家作为准“科研人”，在面对暂时的挫折、困难、失意时，少一些浮躁和戾气，多一些笃定和包容，学着用科研逻辑理性思辨、精准破题，养成“一蓑烟雨任平生”的豁达乐观和“一点浩然气，千里快哉风”的豪气干云。

第四章　科技创新

科技需自强创新，
国家才有脊梁骨。
没有创新能力的民族，
难以屹立于世界民族之林。
培养科技创新意识，
勇敢攀登科技巅峰。
用科技创新之光，
创造美好的未来。

——题记

01/ 科技创新是全面创新的核心

庄恩岳：白院士，2021年2月22日，习近平总书记在会见探月工程“嫦娥五号”任务参研参试人员代表并参观月球样品和探月工程成果展览时强调，要弘扬探月精神，发挥新型举国体制优势，勇攀科技高峰，服务国家发展大局，一步一个脚印开启星际探测新征程，不断推进中国航天事业创新发展，为人类和平利用太空作出新的更大贡献。习近平总书记高度重视科技创新工作，多次发表重要讲话。您担任中科院院长期间，一直都非常重视科技创新工作，能否请您谈一谈科技创新的重要性？

白春礼：当前，面对百年未有之大变局，全球新一轮科技革命和产业变革正加速演进，科技创新已成为影响和改变世界经济版图的关键变量，同时也在深刻改变着世界格局。科技创新在国家发展中的战略支撑作用越来越凸显，能否做到科技自立自强，掌握关键核心技术，关系一个国家、民族的前途命运。我们可以首先从历史的角度，回顾一下世界范围内科技革命和产业变革的历史进程。自近代科学诞生以来已经发生了五次科技革命，其中两次科学革命，三次技术革命。这几次科技革命直接催生了三次产业革命，对人类社会的发展进程产生了深远的、革命性的影响，从根本上改变了全球政治经济格局。

科学革命是人类对客观世界认知上质的飞跃，第一次科学革命以牛顿发表《自然哲学的数学原理》为标志，由物理学领域的革命性突破开始，带动力学、光学、天文学、化学、数学等学科迅速发展，逐步形成了近代自然科学体系，极大程度上提高了人类的认知能力。第二次科学革命以相对论和量子力学的诞生为标志，重塑了人类的时空观和对世界运动规律本质的认知，推动物理学、生物学、化学、天文学、信息科学等主要学科的突飞猛进，知识呈现爆炸式增长。

可以看到，前两次科学革命间隔二百多年，虽然牛顿、爱因斯坦等天才人物的出现加速了这一进程，但总的来说科学革命的发生是一个非常艰难、需要几代人前赴后继探索、各学科共同努力和持续积累的过程，是一个从量变引发质变的过程。一旦取得突破，就会让人类对自然界宏观广度和微观深度的认知能力得到质的跃升，进而通过技术革命传导到产业革命，对经济社会发展带来革命性影响。

三次技术革命与三次产业革命紧密联系在一起，最根本的动力就是围绕人的发展和解放。第一次技术革命进而引发的第一次产业革命，以蒸汽机的大规模使用为标志，机械化取代手工劳动，将人从繁重的体力劳动中解放出来，人类社会步入工业化时代。第二次技术革命和产业革命，以电力技术和内燃机的出现为标志，引发了生产动力的变革，极大地超越了人的体能边界，满足了人类工作、生活的多样化需求，人类社会步入电气化时代。第三次技术革命和产业革命以电子计算机和互联网的普及为标志，极大地提高了信息处理能力，实现了对简单脑力劳动的高效替代，推动人类社会进入信息化时代，极大地拓展了发展空间。

总体来看，科技革命是产业变革和社会进步的先导和源泉。科学领域的新发现、技术上的新突破，引发各学科领域的群发性、系统性突破，并在强大的经济社会需求牵引下，驱动传统产业不断升级换代、新兴产业兴起和发展，从而使社会生产力实现周期性的跨越式发展。

新一轮科技革命加速演进，各学科领域之间深度交叉融合，颠覆性技术层出不穷，不断创造新产品、新需求、新业态，催生产业重大变革，终将重构人类生产和生活方式，引发全球经济社会发展格局深刻调整。这为后发国家赶超跨越提供了重要战略机遇，世界历史发展经验表明，科技创新是关乎国家命运和核心竞争力的决定性力量。

我们正站在新的历史起点上，创新是引领发展并实现“两个一百年”奋斗目标的第一动力。习近平总书记指出：“创新是一个民族进步的灵魂，是一个国家兴旺发达的不竭动力，也是中华民族最深沉的民族禀赋。”经过新中国成立七十多年来的快速发展，当前我们正处在实现“两个一百年”奋斗目标的关键时期。高质量发展对创新提出了更高要求，无论是培育新动能、发展新兴产业、改造提升传统产业，还是改善人民生活、保护生态环境、保障国家安全，都离不开科技创新的战略支撑。创新已经成为引领发展的第一动力，只有提供更多高水平的科技供给，更好地满足高质量发展的科技需求，才能实现科技自立自强，实现从“科技大国”向“科技强国”的转变，为现代化国家建设提供更有力的科技支撑。

02/ 科技创新是历史的必然选择

庄恩岳：白院士，您提出过关于科技工作的许多观点，其中一个关于科技创新方面的观点给我留下的印象特别深刻："中国要强大起来，归根到底还要靠自己的科技创新。科技创新是历史的必然选择。"您能否详细谈谈科技创新为何是历史的必然选择？

白春礼：我国的科技事业与新中国共同成长，在中华民族从"站起来"到"富起来""强起来"的奋斗历程中，发挥了十分重要的作用。

当年，新中国刚刚成立，处于百废待兴的状态，第一代国家领导人就将发展科学技术确定为重大国策。新中国成立初期，在国民经济恢复期和随后的几个五年规划中，曾经有一大批科学家，如钱学森、郭永怀、王淦昌等老一辈科学家，为国家和民族振兴而努力奋斗，他们艰辛探索，顽强拼搏，克服重重困难，取得了以"两弹一星"为标志的一批重大科技成就，为国家建立了较为系统完整的科学研究体系、工业技术体系、国防科技体系、地方科技体系，为新中国经济建设、国防安全和社会进步，作出了许多彪炳史册的重大贡献，人民永远铭记他们的贡献。可以说，在新中国成立后的第一个三十年，科技事业在中国人民"站起来"的伟大历史进程中，承担了重要的使命。

党的十八大以来，以习近平同志为核心的党中央，把科技创新摆在国家发展全局的核心位置，这是新时代我们党立足当前、着眼长远，统筹国内国际两个大局，作出的重大战略选择，也是中华民族"强起来"的根本基础。

面对复杂的国际环境，党中央高度重视科技创新工作。在《中共中央关于制定国民经济和社会发展第十四个五年规划和二〇三五年远景目标的建议》（以下简称《建议》）中，把科技创新和强化国家战略科技力量作为第一项重大任务进行了专章部署。面向未来，在中华民族从“富起来”到“强起来”的历史进程中，科技创新将承担更加光荣艰巨的历史使命。

世界历史发展经验表明，科技创新是关乎国家命运和核心竞争力的决定性力量，谁能成功把握科技革命的历史机遇，谁就有可能实现科技创新能力和综合国力的快速跃升，这为后发国家赶超和跨越发展提供了历史性的战略机遇。可以说，科技创新，是国家发展的基石。

我1987年回国时，从未奢想普通老百姓还能拥有私家车。而现在，普通的家庭都过上了小康生活，出门开私家车、坐出租车是很平常的事了。在改革开放之初，谁又能想到，当今的中国，技术的突破为人们的生活创造了这么多的新方式：从无人驾驶到智慧交通，从直播带货到智慧物流，从5G移动通信到数字货币，从网络扶贫到数字乡村……所以说，科学技术为人类生活打开了新空间。

我相信到了2035年，很多梦想不再是梦，譬如人工智能、生命科学、新能源、新材料等众多领域都孕育着革命性的重大突破。举个例子，人工智能的快速进步和广泛渗透，极大加速了相关学科领域的发展，谷歌AlphaFold在第十三届全球蛋白质结构预测竞赛中击败了所有人类参赛者，成功根据基因序列预测出蛋白质的三维结构，并将预测时间从数年大幅缩短到几小时。基因测序成本以超过信息领域摩尔定律的速度下降，2003年全球完成人类基因组测序花了十三年，耗资三十亿美元，目前只要几百美元、几个小时就可完成。那么试想十几年后的生命科学研究、新药研发等，速度可能会更快。

从国家社会的需要、科技自身的积累以及新科技革命机遇来看，新时代我国科技事业正在发生历史性转变。这一历史性转变的根本特征就是“把原始创新能力提升摆在更加突出的位置”。必须承认，现代科学技术源于欧洲，在19世纪末传入中国后，在相当长的时间里，我们经历了学习阶段、跟踪阶段。现在我们有条件、新时代也要求我们开始进入引领阶段。中国的土地上需要诞生更多能够引领科技发展方向的伟大科学家，更多独创的、敢为人先的科学思想和科学理论，实现更多“从0到1”的革命性突破，既为民族复兴奠定坚实基础，又为人类命运共同体作出中国人的贡献。

面对我国科技事业的历史性转变，我们必须加快转变科技布局的思路，尊重科技创新的规律，增强战略定力，改变急功近利、速胜论的心态，更加着重从长远、基础进行谋划和组织；必须加强科学文化和科研环境建设，摒弃压抑科学家创造性热情的政策和管理做法，消除滋生浮躁、短视、追名逐利的环境因素，形成有利于创造性思维产生的氛围，营造有助于独创性观念诞生的环境，夯实突破性成就生长的基础。必须为科学家创造条件，鼓励科技工作者树立敢于创造的雄心壮志，敢于提出新理论、开辟新领域、探索新路径，在独创独有上下功夫。

03/“十三五”科技创新取得历史性成就

庄恩岳：白院士，您作为一个著名的科学家，在国内外知名度很高，又曾任中科院院长，对科技创新有深刻的理解。能否请您介绍一下“十三五”时期我国科技事业取得的成就？

白春礼：“十三五”时期是我国全面建成小康社会的决胜阶段。以习近平同志为核心的党中央高度重视科技创新工作，将创新作为引领发展的第一动力。广大科技工作者深入贯彻新发展理念，全面落实创新驱动发展战略，为建设创新型国家不懈奋斗。习近平总书记在科学家座谈会上指出：“我国科技事业取得历史性成就，发生历史性变革。”

“十三五”时期，我国重大创新成果竞相涌现，一些前沿领域开始进入并跑、领跑阶段，科技实力正在从量的积累迈向质的飞跃，从点的突破迈向系统能力提升，成功进入创新型国家行列，为跻身创新型国家前列、建成世界科技强国奠定了坚实基础。

科技整体实力显著增强。我国的国内发明专利授权量连续多年位居世界首位，PCT（专利合作条约）国际专利申请量跃居世界首位，国际科技论文数量和高被引论文数量均位居世界前列，成为全球科技创新的重要贡献者。

重大创新成果竞相涌现。基础研究整体实力显著提升，化学、材料、物理、工程等学科整体水平进入国际先进行列。量子信息、铁基超导、中微子、干细胞、脑科学等前沿领域取得一批标志性、引领性的重大原创成果。载人航天与探月、全球卫星导航、大型客机、深地、深海、核能等战略性领域攻克一批“卡脖子”关键核心技术难关，有力保障了国家相关重大工程的组织实施。5G移动通信、超级计算、特高压输变电等产业技术创新取得重大突破，有力促进了相关产业转型升级和新兴产业发展。面对突如其来的新冠肺炎疫情，科技战线迅速行动、协力攻关，在药物和疫苗研发、检测试剂等方面取得重大突破，为打赢疫情防控的人民战争、总体战、阻击战提供了有力的科技支撑。

创新能力建设成效显著。“十三五”时期，我国启动了首批国家实验室建设任务，加快推进重组国家重点实验室体系工作。中国科学院深入实施“率先行动”计划，全面完成第一阶段目标任务，总体创新能力和国际影响力不断增强，在自然指数（Nature Index）年度榜单排名中连续八年位列全球科教机构首位。高等院校加快推进“双一流”建设，科研水平和人才培养能力进一步提升。涌现出一大批具有国际影响力的创新领军企业和科技型中小企业，企业技术创新主体地位不断增强。大众创业、万众创新深入推进，各类众创空间、新型研发机构大量涌现，创新创业在全社会蔚然成风。500米口径球面射电望远镜、散裂中子源等一批国之重器相继建成运行，成为创新型国家建设的标志性成果。

科技人才队伍规模与质量同步提升。人才是第一资源。国家科技创新力的根本源泉在于人。“十三五”时期，我国深入推进人才管理体制改革，持续完善科技人才计划体系，培育和引进了一大批战略科技人才、科技领军人才、高技能人才、创新型企业家和优秀青年科技人才。2019年，我国研发人员全时当量达到四百六十一万人年，稳居世界首位，规模宏大、结构合理、素质优良的创新型科技人才队伍初步形成。积极创新人才培养模式，深化科教融合，加强科教协同育人，为创新型国家建设提供了强大的人才储备。

科技体制改革向纵深推进。按照党中央、国务院关于深化科技体制改革的总体部署，持续优化整合科技计划布局，深入推进科技领域“放管服”改革，实行以增加知识价值为导向的分配政策，深化院士制度改革，推进科技“三评”（项目评审、人才评价、机构评估）改革，实施清理“四唯”（唯论文、唯职称、唯学历、唯奖项）专项行动，开展职务科技成果所有权或长期使用权试点，设立科创板，完善科技奖励制度，建立国家科技决策咨询制度，加强作风学风建设，建立科研领域失信联合惩戒机制等。通过一系列改革的“组合拳”，科技创新的基础制度和政策体系更加完善，科技创新治理能力和法治化水平明显提高，为国家创新体系整体效能的提升提供了有力的制度保障。

科技创新空间布局持续优化。北京、上海、粤港澳大湾区国际科技创新中心建设深入推进，加快构建具有全球影响力的科技创新高地和驱动高质量发展的核心引擎。北京怀柔、上海张江、安徽合肥等综合性国家科学中心建设全面启动，积极培育打造原始创新的重要策源地。深入开展全面创新改革试验并总结推广试点经验，大力提升国家自主创新示范区、国家高新区创新能力，加快推进创新型省份和创新型城市建设，重点区域创新能力加快提升。通过打造创新的区域高地，引领带动其他区域加快实现创新发展。

全方位融入全球创新网络。坚持以全球视野谋划和推动创新，积极探索科技开放合作的新模式、新路径，科技创新的国际化水平显著提升。我国启动“一带一路”科技创新行动计划，牵头成立了“一带一路”国际科学组织联盟（ANSO），与沿线国家共建了一批联合实验室和技术转移平台，发起“泛第三极”环境研究、“数字丝绸之路”等国际科学计划，与沿线国家建立了多领域、多层次、多渠道的交流合作机制。

我国科技事业取得历史性成就、发生历史性变革，充分展现了中国共产党领导和我国社会主义制度的显著优势，集中体现了广大科技工作者团结协作、奋勇拼搏所迸发出的创新伟力。“十三五”时期，在以习近平同志为核心的党中央坚强领导下，我们不断深化对科技事业发展规律的认识，中国特色自主创新道路越走越宽广。

04/ 推动科技创新造福全人类

庄恩岳：白院士，正如您之前所指出的，全球的新一轮科技革命加速演进，但与此同时，网络信息安全、生物安全和伦理问题、核安全等科技安全问题日益凸显，公共卫生、气候变化、环境污染、粮食安全、能源安全等全人类面临的共同挑战越发严峻，众多问题相互影响、相互交织，形成复杂棘手的系统性问题。在您看来，科技界应如何把握新一轮科技革命和产业变革机遇，为科技创新造福全人类作出更大贡献?

白春礼：在新一轮科技革命中，世界联系更加紧密，因此，科技界在其中应更加积极主动地发挥作用，推动科技创新，促进全球经济繁荣和社会进步。我简单谈谈几点思考。

一是要高度重视基础研究的重要作用，努力推动新一轮科技革命加速演进。基础研究是技术创新的源头，如果没有基础研究的长期储备和雄厚积累，技术创新与突破、应用与开发就会成为无源之水。全球科技界应该继续加强在基础研究领域的广泛合作，积极组织实施和参与国际大科学计划和大科学工程，推动重大科技基础设施和科研数据的开放共享，只有这样才有可能尽快打破长达六十年的“科学的沉寂”。

二是要加强科技创新人才培养，为科技和产业发展提供有力的人才支撑。人才是第一资源，全球科技界应在人才培养方面加强合作，特别是要适应学科交叉融合发展趋势，推动基础学科领域和信息、生物、材料等前沿领域的跨学科联合培养，面向未来培育更多有创新思维，有全球视野，能够引领未来科技发展的青年科技人才。

三是要努力发挥科技创新在推动经济高质量发展、提高人民生活质量中的关键作用。科技创新和产业发展联系日益紧密，全球科技界要持续推动科技和经济社会发展的深度融合，科学研究要更多地从人类发展需求和重大问题挑战出发，更好地服务于经济社会可持续发展。

四是要积极推进国际科技共同体建设，以广泛的国际科技合作应对全人类面临的共同挑战。新冠肺炎疫情给人类敲响了警钟，科技界要增强团结信任、增进理解互信，携手谋划后疫情时代的国际合作，创新合作方式和机制，共同应对重大传染性疾病等全球性挑战，共同管控科技伦理和科技安全领域的重大风险，推动完善全球科技创新治理体系，为科技创新造福全人类作出更大贡献。

05/ 化学加速人类文明进步

庄恩岳：白院士，化学是一门非常有魅力的学科，2011 年是“国际化学年”，您作为一位著名的化学专家，在那一年专门写了一篇文章——《化学：发现与创造的科学——国际化学百年发展启示》，这篇文章回顾了化学发展的百年历程，讲述了化学在人类文明的进程中所发挥的功能与作用，能否请您再详细介绍一下？

白春礼：化学是研究物质的结构、性能和转化过程的科学，更是创造新物质、探索新应用的一门承上启下的学科，它与数学、物理和生物等学科构成了自然科学的基础。百年化学的发展表明，它在创造奇妙的新物质方面起到了核心作用，是开启物质世界中“取之不尽”的资源宝库的钥匙；同时，化学科学的发展与人类社会的发展同行，对于科学与社会的不断进步和人类物质生活质量的不断改善与提高，化学科学都发挥了无可替代的作用。2011年被联合国定为“国际化学年”，其主题是“我们的生活，我们的未来”，以纪念和表彰化学对于知识进步和经济发展作出的重要贡献，有感于此，我写下了这篇文章。

我国近代化学发展虽晚于西方，但在百年的发展中也产生了一些有影响的成果，特别是经过几十年的发展，已进入世界化学大国的行列。在强调坚持科学发展、可持续发展的今天，化学家会关注更广广度、更深层次的化学问题，会更加注重低能耗、低排放直至零排放、资源的可再生和循环与综合利用、开发新型能源和绿色产品等一系列目标的实现。我相信，化学作为一门“中心科学”，它的贡献应该而且必将会得到更加极致的体现。

回顾化学发展的历史，19世纪化学各种学说的提出推动了化学的继往开来，如1811年“分子”概念的引入成为整个化学的基础和发展源泉；1869年门捷列夫在批判和继承前人工作的基础上，发现元素周期律，把化学元素及其化合物纳入一个统一的理论体系，对于化学和其他自然科学的发展起到了重大的指导作用。因此，化学的理论与实验相互促进，推动了化学的发展。近百年的化学也是如此，一方面化学的理论不断完善与发展，另一方面，在这些理论的指导下，化学家对组成分子的化学键本质、催化机理、分子间相互作用等的认识逐步系统和深入，以此为基础使得化学在发现与创造新物质的征程上更加如鱼得水，并逐步渗透到国民经济发展、人类生活改善以及国家安全保护的各个角落。

纵观百年来化学的发展，带给我们以下启示：

首先，化学理论的建立与完善，推动了化学学科的发展。

20世纪，化学完整理论体系的建立促进了化学的日臻完善，特别是量子力学的发展给化学带来了新的生机。早在1927年海特勒（Heitler）和伦敦（London）就运用量子力学研究了氢分子的电子结构，他们的工作宣告了量子化学这门新学科的诞生。他们采用的价键理论强调通过量子力学来理解化学的概念和规律，并成功地解释了路易斯（Lewis）于1916年提出化学键的电子配对理论。另外一种流行的量子化学方法是分子轨道理论，它认为电子在整个空间是离域的，可以方便地应用到各种复杂的体系。一个促使量子化学方法获得广泛应用的里程碑似的进展是密度泛函理论的提出。密度泛函理论通过引入交换关联近似，能够以较小的计算量获得比较准确的计算结果。

随着理论框架与计算方法的不断发展，理论与计算化学已经渗透到化学的各个分支，以及物理、生物、材料等学科。从小分子反应到生物酶催化，从复杂体系结构表征到功能材料理论设计，理论与计算化学都发挥着不可或缺的作用。

其次，化学是带来重大发明创造的中心科学，赋予人们能力的科学，打开物质世界的钥匙。作为自然科学的一个分支，化学有别于其他自然科学的地方在于可以制造奇妙的物质。

化学发展的基础是合成化学的发展，在过去的一个世纪，新分子和化合物的数目从几十万种增加到几千万种以上，成为“取之不尽”的资源宝库。以手性化合物为例，手性是自然界的基本属性，手性化合物对映体的分子量、分子结构相同，但空间排列形式不同，其性质截然不同。20世纪50年代末60年代初，“反应停（沙利度胺）”悲剧促进了人们对手性药物的深入研究与高效开发。2001年诺贝尔化学奖授予了分子手性催化领域的三位杰出科学家威廉·诺尔斯（William S. Knowles）、野依良治（Ryoji Noyori）和巴里·夏普莱斯（K. Barry Sharpless），他们作出的重要贡献就在于开发出可以催化重要反应的分子，从而能保证只获得手性分子的一种镜像形态。这种催化剂分子本身也是一种手性分子，只需一个这样的催化剂分子，往往就可以产生数百万个具有所需镜像形态的分子。瑞典皇家科学院评价说，三位获奖者为合成具有新特性的分子和物质开创了一个全新的研究领域。现在，像抗生素、消炎药和心脏病药物等许多药物，都是根据他们的研究成果制造出来的。国际上手性和手性药物的研究正处于方兴未艾的阶段，过去几十年中手性科学取得的巨大进展更将推动这一研究领域的蓬勃发展。

再次，化学支撑了人类社会的可持续发展。化学在百年的发展中，对推动人类社会的可持续发展起到了核心作用。

20世纪初，德国物理化学家弗里茨·哈伯发明的“哈伯法”合成氨方法功不可没，其结束了人类完全依靠天然氮肥的历史，将人类从饥饿中拯救出来。20世纪80年代初，穿“的确良”是当时的一大时尚。后来，从棉花和竹子等生物质资源中提取的纤维素纤维因具有良好的皮肤接触性、穿着舒适性、生理安全性、吸湿性和易整理性而得到广泛应用。20世纪50年代，合成染料的逐步应用使我们的生活更加多姿多彩。随着有机合成理论和技术的发展，人们对药物分子改造的设想也得以实现，使得合成药物成为人们应用的主要药品。

另外值得注意的是，化学已为新能源、新材料的研究，乃至信息、医药、资源和环境等方面的发展提供了物质基础和技术保障。

以能源领域为例，1901年美国得克萨斯的斯平德勒托普（Spindletop）油田的发现，使得石油在20世纪50年代开始逐步成为超过了煤的主要燃料来源。由原油中分离出不同化学馏分的炼油技术在不断地改进，最初采用的是简单的常压蒸馏，后来采用减压蒸馏，再后来发展为高温裂解，直至现在采用的是催化裂解。在汽车行业中，人们采用在汽油中添加少量的化学物质（醇类、醚类）来提高辛烷值、改善汽油的性能和降低发动机的磨耗以延长其寿命。可以说化学的作用得到了最有力的证明。包括核电在内的和平利用核技术，始于1951年美国的和平原子能计划。自此，化学在包括生产用于反应堆的核燃料和用于调节放射性衰变产生的中子流的控制棒、用过的燃料棒的再加工、核废料处理、环境保护和减少核辐射的伤害在内的整个核技术中发挥了不可替代的作用；电池是人类生活中不可或缺的宝物，从铅酸蓄电池到锌锰电池、镍镉电池、镍氢电池，再到锂离子电池，化学的身影无处不在。1889年化学家提出了燃料电池的概念，1965年和1966年将改进的培根型氢氧燃料电池应用于“双子星座”和“阿波罗”飞船，使人们对燃料电池的兴趣达到顶点，20世纪90年代，实现燃料技术上的真正突破，使得燃料电池进入了应用阶段。当电力、煤炭、石油等不可再生能源频频告急，能源问题日益成为制约社会经济发展的瓶颈时，越来越多的国家开始实行“阳光计划”，开发太阳能资源，寻求经济发展的新动力。1839年科学家发现了光伏效应，1954年生产出第一个硅基太阳能电池，1977年第一个非晶硅太阳能电池问世，20世纪90年代世界太阳能电池年产量稳步增长，2007年，特拉华大学“超高效太阳能电池”转换效率达到42.8%。这一系列里程碑式的进展为人类未来大规模利用太阳能提供了极大的信心，使得太阳能电池这一近乎无限的能源体系有望成为未来重要的能量来源。

在材料领域，化学本身是一面魔术镜，将一百多种元素巧妙地结合，组成了神奇美丽的材料世界，成为支持社会经济可持续发展的基石。例如公路在任何天气情况下的长期使用中，要保持其外表结构不产生明显的破坏，其关键是混凝土密封剂、沥青和钢材的质量，而作为黏合添加剂使用的高分子聚合物可增强沥青路面的性能。例如，加入苯乙烯-丁二烯-苯乙烯共聚物（SBS）能避免路面形成车辙和开裂。20世纪70年代能源危机后，为了提高燃油效率，人们开始寻找能替代金属的、重量轻的材料。化学的成就使得汽车的某些部件从金属向塑料或新型高性能材料演变，从而使减轻汽车重量成为现实。在汽车设计中已经得到广泛应用的有：注塑成型车体、热塑性塑料保险杠、易着色和在紫外线下稳定的聚丙烯纤维，以及特殊的油漆、涂料和黏合剂等。天然橡胶产品出现于19世纪初期，但由于它在炎热天气下会变软，而在寒冷天气下又会变脆，其实用性有欠缺。1839年发明的天然橡胶硫化技术解决了这一问题，通过加入化学促进剂和稳定剂而得到改善的这一基本方法现仍在继续使用。从20世纪20年代早期试验火箭的首次发射，到50年代的通信卫星，再到80年代的可重复使用的航天飞机，人类在探索太空方面取得了骄人的业绩。成功的太空旅游依赖于具有足以克服地球引力的大推力高速火箭，其升空的基本原理是将推进剂的化学能转变成推进力。飞机的设计是从木头和纤维到复杂的工程材料的演变过程，在这一过程中，化学技术提供了符合设计要求的材料。研制出来的铝、钛合金为飞机的制造提供了强度高、重量轻、耐高温和耐腐蚀的材料。随着对碳纤维及复合材料研究的不断深入，其技术和产品也逐渐进入军用和民用领域，如用作飞机结构材料、电磁屏蔽除电材料、人工韧带等身体代用材料以及用于制造火箭外壳、机动船、工业机器人、汽车板簧和驱动轴等。在不久的将来，各种新型材料会出现，例如可被随意挤压成各种形状，正常情况下保持松弛的状态，一旦受到外力的高速剧烈撞击时分子互相交错并锁在一起变紧变硬的凝胶材料，制作小魔法师哈利·波特向我们炫耀的隐身斗篷的隐身材料，透明铝，透光混凝土材料，以及被称为“冻结的烟雾”的气凝胶材料，等等，大家也许会见怪不怪。

总的来说，化学引领了相关科学与技术的进步。现代化学学科的形成和发展源自工业革命的推动。它广泛应用现代科学的理论、技术和方法，在物质的合成、测试和认识物质的组成、结构等方面不断取得进步。20世纪中期以后，化学与生命、材料、能源、环境、信息等学科的交叉融合，不仅推动了化学自身的发展，也催生了众多新兴交叉前沿学科。

例如在与生命科学交叉融合的过程中，诞生了生物化学、分子生物学、生物无机和生物有机化学、化学生物学以及细胞层次的化学等，可以说化学架起了生命科学的桥梁。同时，生物学家和药学家也因对分子调控和机理的深入认识而获益匪浅，例如硝酸甘油（TNT）能缓解心绞痛的机理困惑了医学家、药理学家百余年，直到20世纪80年代，才被药理学家福尔荷格特（R.F.Furchgott）、依格那罗（L.J.Ignarro）和穆莱德（F.Murad）的出色工作所解决，他们于1998年获得诺贝尔生理学或医学奖。

化学作为一门与社会、国民经济各个领域休戚相关、密不可分的基础科学和承上启下、渗透于各种新兴及交叉学科的中心科学，其未来的发展，从总体来说，应该特别注重加强在资源的有效合理开发、无害化使用、再生和循环利用方面的工作，要为经济的可持续发展提供物质保障和为改善人类的生活环境、提高生活质量提供更加绿色、更为质优价廉的衣食住行条件，要不断加强科学积淀以促进学科自身发展，但不要在学科交叉中迷失。为此，强化基础研究将始终是发展化学科学之根本，取得新进展与新成果、提出新理论与新观点、开发新材料与新性能、创造新方法与新工艺、建立新技术与新装备将是学科发展的强大驱动力，而服务于社会和国民经济的发展则是化学工作者须臾不可忘的历史使命。

化学是一门发现的科学、创造的科学，也是支撑国家安全和国民经济发展的科学。化学在解决粮食问题、战胜疾病、解决能源问题、改善环境问题、发展国家防御与安全用的新材料和新技术等方面起着不可或缺的关键作用。展望未来，化学将继续在发现与创造的征程上不断前进，化学将面对能源、环境以及资源的挑战，不断为人类的可持续发展、创造美好生活提供有力的支撑。

06/ 纳米科技改变人类生活

庄恩岳：白院士，听您的介绍，化学的应用给人们的生活带来了巨大的变化。除化学家身份外，您深度钻研纳米科技，也一直是纳米领域的研究专家，能否请您聊一聊纳米方面的知识？

白春礼：我至今记得这样一个小插曲，十几年前，一位大娘在街头接受随机采访，当被问及纳米时，她的第一反应是："这是不是一种能吃的新大米？"

1959 年费曼的幻想点燃纳米科技之火，历经半个多世纪的发展，它已逐步从幻想走向了现实。人们从电视广播、书刊报章、互联网络等渠道一点点认识了纳米，同时纳米也悄悄改变着我们。传统化学研究对象通常包含天文数字的原子或分子，例如一克水包含了约3.346×10^{22}个水分子。从化学角度看，纳米结构是原子数目在几十个到上百万个之间的聚集体，研究对象变成了纳米尺度的物质，或在纳米尺度下隔离出来的几个、几十个可数原子或分子。

因此，纳米科技为化学研究开辟了一个新的层次，纳米科技使化学在结构基元、结构层次、合成与组装方法、体系的功能等方面皆拓宽了视野，注入了新的活力。同时，化学也为纳米科技创造了丰富的研究对象，如前所述，化学的研究对象丰富多彩，是制造物质新品种最多的一级学科，如已知的上千万种分子和化合物，有很大一部分是人工合成的新品种；而构造复杂的纳米结构系统也需要对分子自组织进一步深入理解。化学家随心所欲地构造出各种形状并具有不同性质的纳米结构，不仅为纳米材料、纳米器件、纳米药物的研究提供最重要的基础，也不断丰富纳米科技的研究内容。化学与纳米将成为融科学前沿和先进技术于一体的完整体系，为知识进步和经济发展作出更重要的贡献。

社会发展、科技进步总伴随着工具的完善和革新，扫描隧道显微镜的发明使人类实现了观察和操纵单个原子或分子的愿望，成为20世纪80年代世界十大科技成就之一。在此基础上，科学家对纳米科技的认识逐渐由浅入深，产生了大量变革性的理念和技术，如我国科学家提出了“纳米限域效应”的原创性理念，通过纳米孔道限域、晶面选择性暴露，以及强相互作用等方法，实现了催化特性的“自由”调控。基于纳米催化的世界首创“煤制乙二醇”成套技术，将对我国的能源和化工产业产生重要影响。基于“微/纳结构浸润性可控转换”

原理的纳米绿色打印制版技术，有望以“非感光、低成本、无污染、高度自动化”的优势成为未来印刷制版市场的主流技术，让我国印刷行业最终“告别污染，走向光明（无须避光）”，再创我国印刷技术的辉煌。

通过全球纳米科技工作者的共同努力，纳米科技已逐步成为交叉性、引领性和支撑性的前沿研究领域，在推动全球科技创新发展中，正在发挥越来越重要的作用。多年来，中国一直积极推动纳米科技的基础研究和应用研究，一系列统计数据显示，中国已成为当今世界纳米科技进步的重要贡献者和世界纳米科技研发前沿大国之一。未来中国将进一步统筹推进纳米科技领域的基础研究、技术创新和成果转化，充分发挥纳米科技对科技经济发展的推动作用。

07/ 一次难忘的深潜经历

庄恩岳：白院士，中科院是我国自然科学最高学术机构、科学技术最高咨询机构和自然科学与高技术综合研究发展中心，作为国家战略科技力量，为国家贡献了不少科技创新的成果。习近平总书记指出：“科技创新是核心，抓住了科技创新就抓住了牵动我国发展全局的牛鼻子。”2021年1月20日，中国科学院院士和中国工程院院士评选出2020年中国十大科技进展：“嫦娥五号”探测器完成我国首次地外天体采样任务，北斗全球系统星座部署完成，我国无人潜水器和载人潜水器均取得新突破，我国率先实现水平井钻采深海可燃冰，科学家找到小麦“癌症”克星，科学家达到“量子计算优越性”里程碑，等等。科技创新的每一次成功都值得中国人骄傲，能否请您讲一个最让您难忘的事例？

白春礼：2016年5月，习近平总书记在全国科技创新大会上明确提出，实现“两个一百年”奋斗目标，实现中华民族伟大复兴的中国梦，必须坚持走中国特色自主创新道路，面向世界科技前沿、面向经济主战场、面向国家重大需求，加快各领域科技创新，掌握全球科技竞争先机战略，并发出了向世界科技强国进军的号召，开启了我国科技发展的新篇章。建设世界科技强国的战略擘画，为我国科技事业和创新发展提供了根本遵循和行动指南，也为我们科技界和广大科技工作者指明了奋斗目标和努力方向。

科技创新的例子好多，我以自己亲身经历讲个故事：2021年2月8日，我首次搭乘“深海勇士”号载人潜水器，在南海执行潜水任务，最大下潜深度为1391.2米。我以六十八岁的年龄，能在波涛汹涌的大海里下潜这么深，我深深地为祖国科技创新工作感到自豪。我想起，正是当年克服了重重困难，进行科技体制和科技管理的改革，成立中科院深海工程技术研究所，才有了现在的成果。

“上九天揽月，下五洋捉鳖”一直是我国几代科学家奋斗的梦想。怀揣着蔚蓝梦想的深海科学家们坚持不懈地钻研，终于让我国深潜事业取得了举世瞩目的创新成就。2020年11月28日“奋斗者”号全海深载人潜水器成功完成万米海试胜利返航，习近平总书记特意发来贺信，向所有致力于深海装备研发、深渊科学研究的科研工作者致以诚挚的问候。

习总书记指出，“奋斗者”号研制及海试的成功，标志着我国具有了进入世界海洋最深处开展科学探索和研究的能力，体现了我国在海洋高技术领域的综合实力。从"蛟龙"号、"深海勇士"号到今天的"奋斗者"号，无数科研人以严谨科学的态度和自立自强的勇气，践行"严谨求实、团结协作、拼搏奉献、勇攀高峰"的中国载人深潜精神，书写了科技创新的故事。习总书记鼓舞深海科研工作者们继续弘扬科学精神，勇攀深海科技高峰，为加快建设海洋强国、实现中华民族伟大复兴的中国梦而努力奋斗。

中科院党组以及我本人一直高度重视深海科技工作，于2011年1月11日决定在我国临近深海的最前沿筹建中国科学院三亚深海科学与工程研究所，科研院区于2012年9月27日奠基，当时是由我和海南省委书记罗保铭共同奠基的。2017年6月，中科院党组决定依托深海所，整合院内外相关科研力量，筹建深海装备技术创新研究院。在大家共同努力下，我们汇聚"探索一号"科考船、"探索二号"科考船、"深海勇士"号载人潜水器、"奋斗者"号全海深载人潜水器、大型深海超高压模拟试验装置等国际先进水平的重大装备，形成国际上独特的深海大型装备集群，圆满完成了"奋斗者"号全海深载人潜水器万米海试相关工作，取得了一系列令人振奋和鼓舞的成绩。

这些闪闪发光的中科院科技创新成果背后，是一代又一代科研工作者的努力与奋斗。

08/ 创新型科技人才的特点

庄恩岳：白院士，您担任中国科学院大学校长时，多次强调导师在培养研究生时要注重培养创新人才，那么科研人员要具备哪些素质特点才称得上是创新人才呢？

白春礼：首先，创新人才是一个综合性的概念。一个人的智商、情商水平都会影响他的成功，情商包括对世界前沿感知的灵敏性，遇到问题的应急反应、处理的能力，以及一个人的毅力、品格，即专注问题并能孜孜不倦地去努力追求，而不是总试图找捷径或者碰到困难半途而废。此外，还要有比较广博的知识，善于涉猎不同的学科。现在的科学发展中学科交叉越来越多，往往是在交叉学科或者边缘学科的交叉点上才能有更多创新的机会，如果仅仅局限于自己的学科，对别的学科不感兴趣或者不主动去涉猎，就不会产生一些很好的创新想法。许多诺贝尔奖获得者和科学大师在谈到自己创新经历的时候往往会说自己是在与不同学科的人喝咖啡或者平常交谈的时候碰撞出创新的火花，把别的学科新的东西应用到自己的研究上而作出了新的成果。

其次，创新者不会轻易地放过一些新的现象。有时实验中出现一个新现象，实验者会认为自己实验做错了，但是包括青霉素在内的很多发明，往往是源自一些很容易被忽略的偶然出现的现象，而具有敏感性的创新人才能够抓住这些新的现象去追踪，把它们搞清楚，很多科技的发现都是这种“种瓜得豆”的结果。

最重要的是要有怀疑精神，不要盲目轻信前人做过的东西。创新肯定是在前人的实践的基础上进行的。毫无疑问，不能轻易否定前人经过长期的科学实践已经证明是真理的东西，但是也不能全盘接受前人的一切，怀疑的精神是创新的灵魂。此外，团队精神也很重要。现代科学发展往往需要依靠科学团队的力量，不能仅靠自己而不和别人合作，尤其是对实验科学而言，能够带领一批人一起工作，善于吸收每个人的优点，善于与不同学科的人合作，开展交叉研究也是创新所必需的素质。

09/ 激发科技人员的创造性

庄恩岳：白院士，科技创新是科技强国的关键所在，科技人才是建设科技强国的生力军，您认为从政策层面应如何进行改革，才能把科研工作者从各种束缚中真正解放出来，激发他们的创造性活动？

白春礼：中央高度重视这项工作，出台了一系列改革举措，为科研人员松绑减负。

一是改革科研管理方式。对国家科技管理信息系统已有的项目申报材料，不应要求重复提供。同时，要减少各类检查、评估、审计，特别是自由探索类基础研究和周期三年以下项目可以不做过程检查，也要允许科研人员通过购买财会等专业服务，从烦琐杂务中解放出来。

二是充分相信科研人员，赋予他们更大的经费自主权。在研究方向和目标不变的前提下，应该允许科研人员能够自主调整技术路线，项目直接费用的调剂权也要下放到项目承担单位。

三是对承担关键领域核心技术攻关任务的科研人员，加大薪酬激励，对团队负责人和高端人才允许实行年薪制，并相应增加相关单位的绩效工资总量。

四是发挥评价的指挥棒和风向标作用，改革科研项目评审、人才评价、机构评估机制，强调要科学、规范、分类、高效、诚信，建立重结果、重绩效的评价体系，改变片面将论文、专利、资金数量作为人才评价标准的做法，为科研人员营造一个潜心研究、追求卓越、风清气正的科研环境。

五是提高项目间接费用比例，进一步简化科研项目经费预算编制。可适当提高基础研究项目间接经费占比，开展项目经费“包干制”改革试点，不设科目比例限制，由科研团队自主决定使用等。

10/ 培养创造性思维与创新精神

庄恩岳：白院士，习近平总书记在科学家座谈会上的讲话中指出：“科技创新特别是原始创新要有创造性思辨的能力、严格求证的方法，不迷信学术权威，不盲从既有学说，敢于大胆质疑，认真实证，不断试验。”您认为如何才能产生创造性思维？

白春礼：中国科技事业的历史性转变，对中国科学家的创造性思维能力提出了更高的要求，也对科学家与哲学家的联盟提出了更高的期待。我们在创造性思维上的缺乏与之有重要的关系。要补上这个短板，哲学的学习和哲学思维的训练非常重要。

尽管科学发展日新月异，科学研究方法变得更加多种多样，科学仪器也越来越精细复杂，但是科技创新中最重要的工具始终是人类大脑。与此同时，随着科学研究的持续深入，科学问题变得越发错综复杂，科学家的思维也容易陷入焦灼与困顿。因此，在科技创新中如何充分利用科学家的大脑、如何促进科学家生成原创性思维和实现颠覆性创新，既是一个科学问题，又是一个有意思的哲学话题。

我认为，创造性思维的话题要将科学与哲学联系起来谈。科学进步往往遵循严谨的范式，但有时会过于刻板。科学研究活动本身具有高度复杂和不确定的特性，不同学科领域需要不同的研究方法，不同科学家运用的方法往往也不尽相同，因此，科学界很多人认为难以找到普遍适用的科学研究方法。然而，哲学的思维方式有时则充满了感性与新奇，这反而可以为科学严谨的研究方法提供全新的解决方案。不同学科的科学研究方法具有共性的基本原理和思维技巧，创造性思维往往是建立在共性原理和技巧的基础之上的——显然，这种思维方式来源于哲学。

哲学和科学也许是两种不太相同的智力活动，有着不同的目标、方法和思想成果，但从更大的历史尺度、从人类思维的根本特征来看，它们又是相互联系、相互启发着的。

为了有助于理解，让我们再思考一个现实中的例子：为何跨学科的讨论有时能够激发思维科学创新的火花？其实，多半是因为“外行人”更容易跳出学科固有的思维范式，更加关注于问题本身，特别是关注一些基础性、原理性问题。比如，有时质疑本学科“专业人士”已经公认并坚定认为“正确”的结论，可能会获得意想不到的正向效果。而这些“外行人”，实际上扮演的就是“科学哲人”的角色——真正的科学哲人不只关注建立哲学学说、传播哲学思想，还会聚焦基础问题，组织跨学科的对话交流，为有潜力的科学家提供思维创新养分。这是2020年中国科学院建立哲学研究所的原因之一。科学思维其实也是分层次的，自觉思维、常规思维和创造性思维是其由低到高的三个层次。所谓自觉思维，就是在科学活动中对某个问题有所意识，从而对自己大脑造成刺激并对问题进行表层思考，一个想象的办法可能会在大脑中浮现；此时，常规思维开始发挥作用，我们需要超越下意识的、自觉的思考和行为，对想象的办法连接好中间步骤并加以拓展，同时多渠道地进行求证，决定取舍并努力得到可行性方案；创造性思维，则往往放弃我们常规的思维活动，放飞自己的想象力，有时甚至是梦幻或者幻想，德国化学家凯库勒就是在梦中想到了苯环的结构。

从历史的维度来看，哲学是科学之源。现代科学的源头是古希腊的自然哲学。泰勒斯、毕达哥拉斯、德谟克里特等人，是第一批自然探索者。他们对宇宙的奇异思辨，产生了把自然看作按照自身规律独立运行的存在物的独特自然观念，开启了用人类理性解释和理解自然的思想活动，形成了重视逻辑与数学的思想风格，塑造了以追求真理为完美人生的精神气质。之后相当长的时间内，科学家都把自己的工作看作自然哲学的一部分。牛顿的伟大著作命名为《自然哲学的数学原理》；拉马克的《动物学哲学》包含了进化思想的萌芽；道尔顿在其《化学哲学新体系》中奠定了现代化学的基础；1867年，开尔文勋爵发表了物理学专著《论自然哲学》。虽然在19世纪中叶之后，科学研究逐渐成为由各门学科的具体研究组成的专门活动，但古希腊哲学家对浩渺星空的好奇和惊异，对宇宙本质问题的痴迷和热情，对思想穷根究底的辩驳和考问，对逻辑与理性的推崇和赞赏，一直是科学传统中最深层的精神内核。

从科学发展的动力来看，哲学往往是革命性科学思想的助产士。科学研究不只是观察现象、进行实验、作出计算，而且还需要一整套概念和思想的支撑。已有的科学概念和思想，既是一段时期内科学进步的探照灯，又构成了对这一时期科学家的约束和限制。按照许多科学史家的看法，科学的发展是常规科学和科学革命交替的过程。在常规科学阶段，科学家主要是在既有的范式下解决各种问题，他们的工作似乎与哲学没有太大的关系。但在科学革命阶段，科学共同体需要建立新的范式，需要用新的概念框架来重新整理科学事实。而科学概念和思想的变革，有赖于科学家完成思维上的自我超越，这时候必然会涉及哲学上的争论，必然会在哲学思想中寻求灵感。以牛顿力学的建立为代表的第一次科学革命就是如此。在古希腊后期和整个中世纪时期，天文学家、物理学家、生物学家、生理学家一直是在亚里士多德哲学基本概念框架内工作。在起初一段时间内，这一框架能够很好地解释部分现象，但随着时间的推移，越来越多的问题长期得不到解决。16、17世纪，哥白尼、伽利略、牛顿等科学家，和笛卡儿、培根等哲学家，才逐渐抛弃了亚里士多德的科学-哲学体系，把古希腊毕达哥拉斯、柏拉图的哲学观念和德谟克里特的原子论巧妙结合起来，形成了一套有关世界的新的哲学图景，形成了一套把数学方法和观察实验方法相结合的新的研究方法，这才有了现代自然科学各门学科在后来飞速发展的基础。即使在现代自然科学成熟之后，一个学科领域的革命性转变，仍然与哲学上的反思密切相关。人们所熟知的相对论革命、量子力学革命的发生，与那个时代的哲学观念有着千丝万缕的联系。如果没有哲学思想所起的重要作用，这两个重要理论的创立是不可想象的。

从科学家创造性思维的塑造来看，哲学上的思辨往往能够起到思维磨刀石的作用。哲学家所关心的问题，是关于这个世界的最基本的问题，比如时空本性问题、因果性问题、复杂性问题、心物关系问题等等。在一个科学领域初创阶段，许多问题难以得到清晰的科学方法上的处理，哲学上的洞见对于这一领域基本概念的形成至为重要。以认知科学的发展为例，有关人类智能的性质，包括知识、知觉、想象、记忆、概念、心理表征、思维与大脑的关系研究，都是哲学家最先开始的。当代认知科学的基本概念，包括符号计算的观念、思想语言的假定，也是与莱布尼茨、弗雷格、罗素、怀特海、图灵、福多等在哲学上的思考分不开的。另一方面，科学研究越深入，科学问题越复杂，科学领域越处于领先和前沿地带，科学家的思维也越容易陷入焦灼和困顿。哲学家通过对基本问题的持续关注而发展出的丰富的概念和瑰丽的思想，常常是科学家获得理论突破的灵感之源。今天许多学科的科学家都熟悉贝叶斯方法，其原初想法是在18世纪末由贝叶斯提出来的。但这一方法的系统发展与20世纪20年代的英国哲学家兰姆塞分不开。他从纯粹的哲学关心出发，提出了合理信念度和主观概率观念，启发了一些统计学家形成了系统的主观贝叶斯统计推理理论。像伽利略、牛顿、爱因斯坦、彭加勒、维纳等开一代风气的领袖科学家，也都有良好的哲学思维素养，他们熟悉了解哲学关注的基本问题以及哲学上的思想争论，因而他们能够从更深刻的层面和更宏阔的视野来审视所在学科的基础。

从人类的知识系统来说，从人类探索自然真理的过程来说，科学和哲学是紧密联系在一起的。如果把科学知识比作一个圆盘，圆盘的边缘是观察实验获得的经验知识，从边缘往里是科学中的理论知识，圆盘的中央则是有关自然的基本哲学观点。任何科学理论的内核，都带有某些哲学预设。科学的发展往往会带来哲学观念上的变化，而哲学思想的变革也会为科学的洞见提供广阔的思想空间。正是科学和哲学的相互激荡，造就了人类文明的辉煌。探索真理的过程有一个根本的特征，那就是自我突破和自我超越。哲学对科学的影响，不是在于哲学思想能够为具体科学问题的解决、具体科学理论的突破提供方案和路径，而在于哲学对世界根本问题的关心、哲学对教条主义的批判态度、哲学对概念清晰和严密论证的严格要求，对科学变革所需要的创造性思维的启发和磨砺。正如前人所说：“历史和哲学的背景知识能够给予我们一种独立性，以摆脱大多数科学家所陷入的一代人的偏见。在我看来，这种独立性正是区别匠人或专家与真正的真理追求者的标志。”

第五章　面对荣誉

通向荣誉的路上，
不是总铺满灿烂的鲜花。
只有正确对待荣誉的人，
才能得到真正的荣誉。
荣誉在于勤劳的双手，
不朽的荣誉独存于品德。
一分荣誉，十分责任。
荣誉属于国家，属于人民。
忠诚于科技强国事业，
才是通向荣誉之路。

——题记

01/ 荣誉属于国家和人民

庄恩岳：白院士，您1987年11月回国，1988年4月即带领研究组克服各种困难，成功研制了计算机控制的扫描隧道显微镜，此后，科研项目取得了一个又一个重大突破。除了这一系列重大的科研成果，您也获得了非常多的荣誉，比如您在青年时期即获得了全国先进工作者、国家有突出贡献的中青年专家、中国十大杰出青年等荣誉称号，以及中国青年科学家奖、香港求是科技基金会杰出青年学者奖等奖项，并于1997年当选为中国科学院院士、发展中国家科学院院士等，此后您还当选为美国、俄罗斯、印度、德国、丹麦等多国科学院的外籍院士。2018年12月22日，您入选了“中国改革开放海归40年40人”榜单，2019年12月18日入选“中国海归70年70人”榜单。这些科研成果和荣誉，都来之不易，其间付出的汗水和心血都是常人难以想象的。请问您个人是怎么看待这些荣誉的？

白春礼：虽然我做了一些自己应做的工作，但是国家和人民给了我更多荣誉。面对荣誉，有时候我默默地对自己说：“国家培养我，关心我，我更应该通过努力工作来报答。”我清醒地意识到，这些荣誉是对我取得的科技成果的一种肯定，但我不能躺在所谓的“荣誉功劳簿”上吃老本。科学研究道路上本无平坦路可走，如果我自足自满、夜郎自大，很快就会被淘汰。每个荣誉对我来说都是路标，它们指引我奋勇向前，不断学习，不断提高，不断创新，努力工作也成了我人生的一种习惯，我一直都是这样做的。顽强的毅力，是我克服科研障碍的力量。

当时我比较年轻，能获得荣誉不是件容易的事情，有人妒忌，有人讽刺，也有人认为我获得的荣誉太多，是上级照顾我，所以我更清醒地告诫自己，要低调，要谦虚，埋头苦干，不抢风头，多向大家学习，多向老一辈科学家学习。

荣誉是怎么得来的？古人有句话：“古之立大事者，不惟有超世之材，亦必有坚忍不拔之志。”坚韧是成功的一大要素，在科研道路上，需要坚韧不拔、不畏失败、不言放弃的精神。对于科研人员来说，时间是比什么都重要、珍贵的保障。我每天一大早来到实验室，一直工作到很晚。这是我当时真实的生活状态。其实成功没有什么秘诀，有的是汗水和泪水，不断努力才是通向荣誉的桥梁。借用雨果的一句话来说，科研工作的大道上荆棘丛生，这也是好事，常人望而却步，只有意志坚强的人例外。千里之行，始于足下，从一点一滴做起，从每一件小事情做起，从每一天早晨做起。改变将来的行为，必须从现在开始。改变现在的行为，就是改变未来的结果。

怎么对待荣誉？荣誉属于国家，属于人民。小时候，父亲教导我要做一个谦谦君子，不管以后取得多大的成绩，都不能自满，要不断去努力，骄傲自满是人生的大敌。我走上社会，尤其是成年以后获得了一些荣誉，这些成绩和荣誉是鞭策我不断努力、不断进取的源泉，而不是成为前进道路上的绊脚石。我从来都认为，荣誉面前看一个人的境界，看格局，看风格，看人品。作为一名科研工作者，获得成功出名的总是少数，而忍受孤独寂寞、默默无闻是常态，就像我国老一代功勋科学家为了研制“两弹一星”隐姓埋名一辈子，所以在荣誉、利益面前，我很淡然，不争什么名利，一切顺其自然。

02/ 崇高的荣誉意味着更大的责任

庄恩岳：白院士，这些年，网友对院士评选和院士增选话题的关注度很高，对院士遴选也有一些不同的声音，对此您怎么看？

白春礼：“院士”称号是对科学家科研成果的肯定，也是对科学家的鞭策。“院士”是崇高的荣誉，在科技界乃至全社会都具有高度的关注度，院士的一言一行，对学术风气和社会风尚都有很大的影响。荣誉就是责任，崇高的荣誉意味着要承担更大的责任。党和国家对院士群体高度重视、亲切关怀，习近平总书记多次对院士提出殷切希望。作为院士，应恪守“院士”称号的学术性和荣誉性，积极发挥学术引领和明德楷模作用，严于律己、淡泊名利，在享受待遇、学术兼职、参加学术和社会活动等方面，要严格遵守国家和所在单位的各项规定，严格遵守学部各项规章制度和院士行为规范，切实维护院士群体的良好声誉。

科学前沿是没有边界的，科技创新也永无止境。“院士”是我国科学技术方面的最高学术称号，但是最高学术称号并不一定与最高学术水平直接画等号。科学没有最高，只有更高。作为院士，应永远保持科学家的本色，恪守科学家的本分，冷静清醒地看待过去取得的科技成就，为自己树立更高的学术目标。在追求真理、探索未知、发展科学、创新技术的道路上，永不自满，永不停步，永不懈怠，不断取得新的更大的成就。

“院士”称号不应变成利益交换的手段。对于社会上的质疑之声，首先，要说明的是，“院士”本身是一个荣誉称号，并不是一个职务，也不是行政级别，选上院士是对他过去科技贡献的一种肯定。应该说绝大多数院士都是无私奉献的，但确实也存在不完善的地方，比如在遴选方面、院士待遇方面存在着一些问题，我们对此也进行了院士制度改革。

对于怎么使用“院士”称号，在2014年的时候我提出希望相关部委有比较明确的规定，不能够把“院士”称号拿去炒作，变成一个利益交换的手段和噱头，希望“院士”称号回归荣誉本身。而且我们从2011年开始，要求每一个新推选的院士签一个承诺书，要求每个院士遵守国家有关高级专家退休的规定，遵守用人单位相关的人事制度，坚决反对兼职过多、徒挂虚名和领取不当报酬等行为。我们也呼吁社会上要理性对待“院士”称号，共同创造一个平等、自由的学术环境，共同维护“院士”称号的荣誉性，反对滥用和庸俗化“院士”称号。

03/ 真抓实干，不负重托

庄恩岳：白院士，2011年您担任中科院院长，这是党和国家对您的信任、肯定和重托，也是中科院同志们对您的认可和大力支持。面对这样重要的时刻，您有什么样的感想呢？

白春礼：这是我人生道路上一个重要的里程碑。我深深感到肩负重任，尤其是与中科院的历任老领导们相比，自己的政治理论水平、驾驭全局的能力等还不够。但我有决心虚心向他们学习，向大家学习，向实践学习，深刻领会、全面贯彻落实中央领导的讲话精神，锐意进取，真抓实干，不负重托，努力开创工作新局面。

路甬祥院长担任院长十三年多，中科院及时抓住了国家发展的机遇，启动并成功实施了知识创新工程，迎来了一个新的黄金发展时期。当时延东同志代表中央对甬祥院长的工作和贡献给予了充分肯定，我完全赞同。同时，我作为班子里的一员，得益于甬祥同志的诸多指导和帮助。他善于从政治上考虑和处理问题，思想解放，视野开阔，宏观战略思维和驾驭全局能力强，工作站位高，经验丰富，专业面宽，给我留下了深刻印象，值得我认真学习。

中科院成立于1949年，建院以来，与祖国同行，与科学共进。几代科学院人艰苦创业，奋发图强，发挥了中国科学技术“火车头”的作用，为我国的科学技术事业以及经济建设、社会进步和国家安全作出了重大贡献。作为中科院的一员，有机会竭尽绵力继续为她的进一步发展服务，我感到非常的荣幸和自豪，更感到责任的重大。我想我们应进一步分析中科院未来发展的机遇和挑战，进一步增强责任感、使命感和紧迫感。

按照国家领导人对中科院的重要指示，我们必须立足国民经济、社会发展的战略需求，必须前瞻世界科技、经济发展的未来态势，必须遵循科技工作的客观规律，必须准确把握中科院的院情特点和现有基础。要辩证处理好继承传统与创新理念的关系、前瞻思考与务实推进的关系、基础研究与应用开发的关系、集中投入与分散部署的关系、自上而下和自下而上的关系。坚持适应需求和引导变革的统一，坚持自主创新和全球竞争的统一，坚持学术自由和社会责任的统一，重点在科研与人才、科研与教育的结合上，在科技为国家战略性新兴产业的发展提供支撑上狠下功夫。

在任命大会上，我庄严地表态：

第一是要深入基层，勤奋工作。一个人的能力有大有小，但敬业精神是第一位的。我一定要勤业敬业，鞠躬尽瘁，奋发有为。深入基层，深入实际，调查研究，问政于民、问需于民、问计于民。民主办院、开放兴院、人才强院，把党中央、国务院对中科院的要求贯彻好、落实好，把中科院真正办成全国人民的科学院。

第二是要恪守定位，遵循规律。要按照国务院常务会议的精神，恪守中科院的定位，深入实施创新项目，重点突破带动技术革命、促进产业结构调整和战略性新兴产业发展的前沿科学问题和关键核心技术，突破提高人民健康水平、保障改善民生以及生态和环境保护等重大公益性科技问题，突破增强国际竞争力、维护国家和公共安全的战略高技术问题，多出成果，多出人才，为经济结构调整和建设创新型国家提供重要的知识基础和科技支撑。中科院的前沿基础研究、战略高技术研究和可持续发展研究既有不同的特点和价值取向，又有十分密切的关联性，我们要遵循规律。学科前沿牵引的创新活动组织方式应以自下而上为主来组织，战略目标牵引的创新活动组织方式应以自上而下为主来部署，两者的比例要合理。要进一步简政放权，我们应规划森林，让树木自由生长！

第三是要当好后勤，以人为本。要把广大科研人员的所思、所需、所忧，作为我们为科研人员服务的出发点和落脚点。除了继续创造条件，培养、引进、凝聚更多的优秀科技人才外，更要重点关注如何充分调动他们的积极性和创造性，发挥好各类人才的作用。为此，必须以人为本，要尊重人、关心人、信任人、发展人，营造良好的“创新生态系统”，集中精力为“良种”提供“肥沃的土壤”和“充足的阳光”。要改革科研评价和项目管理办法，压缩会议次数和规模，实实在在地帮科研人员解决困难，让他们能安心致研。要与有关部门一起采取有效措施，努力保证一线科研人员从事科研活动的时间不少于五分之四的工作时间。

第四是要精诚团结，严格自律。我在中科院学习、工作了三十多年，我深深地知道“科学民主、爱国奉献”的传统以及“唯实求真、协力创新”的院风，是中科院弥足珍贵的精神财富。“大业需携手，重任贵同心。”一个领导班子要有较好的个人素质，更重要的是要有整体的合力。按照中央的要求，我们的班子应是“凝聚态”的中心，班子成员决不做研究“内耗”的PI（学术带头人）。我们有很好的传统，我个人更要坚持以身作则，清正廉洁，老实做人，扎实做事。要加强党风廉政建设、创新文化建设和学术风气建设，不断改进领导作风。真诚地欢迎上级领导、全院同志对我本人和班子的监督、批评与帮助。

我在这次大会上向全院同志发出倡议：认真实施科教兴国战略和人才强国战略，在建设创新型国家进程中进一步发挥“火车头”作用，为转变经济发展方式提供科技支撑，为全面建设小康社会作出更大贡献。

04/ 忠诚于科学事业，才是通向荣誉之路

庄恩岳：白院士，您2007年当选为英国皇家化学会荣誉会士，成为获此殊荣的第一个中国人。据英国皇家化学会主席介绍，英国皇室宪章规定在全球范围内授予的荣誉会士总数不得超过120人。自1952年开始颁发荣誉会士以来，英国前首相撒切尔夫人、泰国公主朱拉蓬以及多位诺贝尔奖得主先后获此殊荣。2014年5月英国皇家学会公布新当选会员名单，您又当选为外籍会员。此次选举共产生了50名会员和10名外籍会员，与您一同当选为外籍会员的科学家还包括诺贝尔奖获得者、著名华裔物理学家朱棣文等，他们各自在纳米科学、分子生物学、生物医学和太阳能电池技术等领域作出了开拓性贡献。英国皇家学会是世界著名学术机构，成立于1660年，是全世界历史最悠久且唯一未中断过运行的科学学会，会员为终身荣誉，通过选举产生，代表了英国科学界的最高水平。自1915年以来，该学会的历任会长都是诺贝尔奖获得者，爱因斯坦、达尔文、牛顿等著名科学家都曾是该学会会员。英国皇家学会发表公报，充分肯定您的科研成果，认为您是纳米科技领域的先驱之一，在相关领域作出了突出贡献。您能否谈一下获得这两项荣誉的感受？

白春礼：我多年来在推动纳米科技的发展，促进社会对纳米科技内涵的全面理解，以及推进中外化学领域的合作与交流方面做了一些工作，基于此，英国皇家化学会、英国皇家学会授予我这两项荣誉，

这是对我过去在化学领域科技工作的一种肯定，更是一种鞭策。科学家在通向荣誉的道路上，没有任何捷径可以走，一路并不是铺满鲜花的景观大道，而是布满艰难坎坷的羊肠小道。忠诚于科学事业，才是通向荣誉之路。亚里士多德说："一个人的尊严并非在获得荣誉时，而在于本身真正值得这荣誉。"世界荣誉的桂冠，都是用各种荆棘编织而成的。我拥有这些荣誉的时候，首先想到的是感谢、感恩——感谢国家多年的培养，感恩大家的帮助、认可。我是中国人，必须要为中国人争气。

俗话说，"一分荣誉，十分责任"。我投身于科技工作，不是为了什么荣誉，年复一年，不知春夏秋冬，在实验室忘我工作，没有什么娱乐活动，没有什么休闲时间，脑海里满是化学公式，这是我几十年最问心无愧的答案。

05/ 不经历风雨，怎能见彩虹

庄恩岳：白院士，早在2006年您就当选为美国国家科学院外籍院士。2016年4月20日，您当选为美国艺术与科学院外籍荣誉院士，此次美国艺术与科学院共增选院士213名，其中包括来自17个国家的37名外籍荣誉院士。美国艺术与科学院成立于1780年，是美国历史最悠久和地位最高的荣誉学术团体之一，也是进行独立政策研究的学术中心，每年进行院士增选，迄今已选举的院士中包括250余名诺贝尔奖得主和60余名普利策奖得主。您对此次获得荣誉有什么感想？

白春礼：获得这样的荣誉，我首先想的是能够为国增光。20世纪80年代我在美国留学时，就想着如果有一天我们也能够在国际科技舞台上有较高的地位，发出更多的声音，那该有多好！当然这需要我们中国一代一代科研工作者去努力奋斗。当选为美国艺术与科学院外籍荣誉院士，一是感谢他们的信任和认同，二是作为中国科学家能够获得美国历史最悠久和地位最高的荣誉学术团体的认可，我对此百感交集——我们中国人也一样行！

不经历风雨，怎能见彩虹？我很欣赏“通过云端的道路，只亲吻攀登者的足迹”“彩云飘在空中，自然得意洋洋，但最多只能换取几声赞美；唯有化作甜雨并扎根于沃壤之中，才能给世界创造芳菲”这样的话。科研工作的进取之路，是用汗水谱写自己奋斗和希望之歌的。从美国留学回来，几十年已过去，我回顾自己的科研道路，那就是无止境的刻苦勤奋工作。可以说，在这些荣誉的后面，是默默辛勤的付出。我们要在国际竞争中生存，需要不断去奋斗。科技工作者在奋斗过程中，首先要勇敢拼搏，信心满满，所有的荣誉都来自脚踏实地的努力。我们只有自己强大，才会被别人尊重。

06/ 荣誉不仅是鼓励更是激励

庄恩岳：白院士，社会上有些人为了追求荣誉而迷失了人生的方向，造成了不应该有的悲剧。我曾听说某个单位有两个人为了评选院士，从同事变成仇人。当时这个单位院士评选名额只有一个，所以为了自己能够当选，两个人相互就给对方下绊子，甚至搞匿名信件，不择手段、相互倾轧，最后都受到了组织的警告处理。您对此有什么看法？

白春礼：以获得荣誉为目的，任何追求荣誉的做法都是徒劳的，一个人以轻浮和空虚的人生观去对待荣誉，那么这种荣誉就像浮在水上的浮萍一样，随波逐流，也像阳光下的雪人一样，会消失不见。对科研人员来说，真正的荣誉是你的科研成果和你的人品的完美结晶。

当初我自己评选院士的时候，我首先跟组织提出来把这个名额让给其他同事，同时我严格地对照院士的标准，首先问自己，我符不符合一个院士的标准，然后再通过各种严格的考核，达到评选要求。如果你争我斗，弄虚作假，用不正当的手段去窃取“院士”称号，还不如不要这种荣誉。荣誉获得者，首先品德上应是高尚的。

以荣誉为目的，是卑鄙的，内心更是痛苦的。每天头脑中充斥的都是不切实际的事情，怎么可能有精力去搞科研工作？说实在话，许多荣誉证书的获得，事先我都是不知道的。只是有一天某个同事碰到我，当面向我表示祝贺时，我才意识到是真的。不问收获，只问勤奋努力，你的心灵才快乐，人生才幸福。

我认为荣誉不仅是一种鼓励，更是一种激励，在人生的每一个阶段，激励自己，不断地再去攀登科研的高峰。过去的荣誉，不是炫耀的资本。倘若一个人整天背着过去的荣誉包袱，人生之路怎么能走远？一些年轻科技工作者，本来很有前途的，为什么短短几年时间内就出了问题？关键是人生观出了毛病，不能正确看待荣誉，有点科研成果就自以为了不得，不把别人放在眼里，最后导致事业一落千丈。

07/ 不能被荣誉压弯了腰

庄恩岳：白院士，您作为著名科学家，取得了很大的成就，获得了一系列荣誉。虽然工作繁忙，但是您仍抽空积极参加我们青联的活动。您经常不厌其烦地告诫大家，一个好的科技工作者应该具备什么样的素质。我记得2005年7月青联的一次小型会议，您在百忙之中还来参加，当时您对我们来自不同单位的科研工作者，生动形象地用“YOUTH”期望我们做好科研工作，您还记得吗？

白春礼：记得，那一次我参加全国青联科技教育界别委员座谈会。因为当时我还有一个重要的活动，所以来到会场晚了一点。在座谈会上我对“青年”的英文大写“YOUTH”进行了解释：“Y”像小树，意味着青年正处于发育发展期，需要不断茁壮成长；“O”像太阳，青年是早晨八九点钟的太阳，充满朝气和活力；“U”像一个空水杯，我们要不断汲取营养，同时要谦虚谨慎；“T”像一个戴帽子直立行走的人，很多青年都获得了学士帽、硕士帽、博士帽，但学位的获得只是一个开端，我们不能被荣誉压弯了腰，要直立行走；“H”像一个单杠，希望青年科技人员在工作之余，保持良好的体魄，更好地为国家民族作贡献。

08/ 继承发扬“华罗庚精神”

庄恩岳：白院士，中国老一辈科学家为我们留下了许多宝贵的精神财富，您曾对年轻的科研人员提出期许，希望他们能够继承发扬华罗庚等老一辈科学家高尚的精神和品格，正确面对荣誉，刻苦努力攀登科研高峰。您能否向我们详细讲讲“华罗庚精神”？

白春礼：华罗庚先生1910年11月12日出生在江苏金坛一个贫寒的家庭，初中毕业后就辍学在家，后又不幸身患伤寒致使左腿残疾。但他身残志坚，刻苦自学，在逆境中奋发努力，秉持报效祖国、服务社会、一心为民的坚定信念，成为当代杰出的数学家。他是我国解析数论、典型群、矩阵几何学、自守函数论与多复变函数论等许多方面研究的创始人与开拓者；在数论、矩阵几何学等诸多领域作出了卓越成果；他还是中国计算机事业的开拓者，为中国计算机事业作出了重要贡献；他倡导应用数学，最早把数学理论与生产实践相结合，致力于发展数学教育和科学普及工作，被誉为“人民的数学家”；他还培养了大批蜚声中外的杰出人才。

新中国成立后，华罗庚先生毅然放弃在美国优裕的生活、工作条件，携家人回到祖国的怀抱。他历任清华大学教授，中国科学院数学研究所、应用数学研究所首任所长、名誉所长，中国数学会理事长、名誉理事长，中国科学院副院长，中国科学技术大学数学系主任、副校长，全国政协副主席、中国科协副主席等职，并入选美国国家科学院外籍院士、第三世界科学院建院院士等，曾被法国南锡大学、美国伊利诺伊大学、我们国家的香港中文大学等多所大学授予荣誉博士学位。他把自己毕生的精力投入到发展祖国的科学事业特别是数学研究事业中，为祖国科学事业的进步建立了不可磨灭的功勋！

华罗庚先生的名字已载入国际著名科学家史册；他的精神和成就得到人民的肯定，并于2009年入选“100位新中国成立以来感动中国人物”。他是中国科学院的骄傲，是我国科学界的骄傲，也是中华民族的骄傲！作为我国科技工作者的杰出代表，他影响了一代又一代的年轻人，他的一生给我们留下了丰厚的精神财富，其影响远远超出了数学甚至科学的领域。

我们纪念华罗庚先生，就是要学习他高尚品格凝结升华而成的“华罗庚精神”。“华罗庚精神”是一种一心报国、矢志不渝的爱国精神，是一种逆境拼搏、奋斗不息的自强精神，是一种慧眼识珠、甘当人梯的人梯精神，是一种生命不息、战斗不止的奉献精神。

华罗庚先生始终怀着一颗赤子之心，我们要学习他高尚的爱国主义精神。抗日战争期间，他放弃国外优越的条件，毅然回国；新中国诞生后，他又一次放弃国外优越的条件，回到祖国，把自己的才智无私地奉献给了祖国。当年他在《致中国全体留美学生的公开信》中写道：“为了抉择真理，我们应当回去；为了国家民族，我们应当回去；为了为人民服务，我们也应当回去……为我们伟大祖国的建设和发展而奋斗！”“梁园虽好，非久居之乡。”至今读来，仍感人肺腑、催人奋进。华罗庚先生正是这样用一生的行动，铸就了当代科学家爱国主义的高大形象，是当今爱国主义教育活生生的好教材，尤其是广大青年科技工作者学习的楷模。

华罗庚先生是自学成才的典范，我们要学习他自强不息的精神。

他一共只上过九年学，从一个初中毕业文凭起步，最终成为蜚声中外的杰出科学家，他的刻苦自学的精神值得我们学习。早年，他克服了贫病交加的困难，自学成才，跻身高等学府，崭露头角。晚年，在享有盛誉的情况下，仍然手不释卷、勤奋笔耕。华罗庚先生的自学精神，内涵十分丰富，除持之以恒、孜孜以求外，还包括很重要的一点——求真务实。华罗庚在剑桥大学期间，为节省时间，始终没有办理正式入学手续，虽然他的任何一篇论文都堪得一个博士学位，但是他只要求做一名访问学者。他说："我是来剑桥求学问的，不是为了学位。"他这种不图名利、不急功近利的精神境界，正是我们这个时代所需要的。作为科研工作者，我们要不断更新观念，勇于创新，同时也要有自强不息、脚踏实地、求真务实的科学态度，在这方面华罗庚先生为我们作出了表率。

华罗庚先生精心提携青年才俊，发现、培养了一大批杰出的人才，我们要学习他甘为人梯的可贵精神。早在新中国成立初期，华罗庚先生就重视培养提携年轻人才。为了祖国科学事业的进步，他不顾个人名利，对人才兼容并蓄，无门户之见，不遗余力地培养了一批顶尖人才。陈景润、王元、陆启铿、万哲先、潘承洞、龚升等，都是在他的培养下成为世界知名数学家。华罗庚先生曾说："人有两个肩膀，我要让双肩都发挥作用。一肩挑起'送货上门'的担子，把科学知识和科学方法送到工农群众中去；一肩当做'人梯'，让年轻一代搭着我的肩膀攀登科学的更高一层山峰，然后让青年们放下绳子，拉我上去再做人梯。"这番话也是他作为优秀教育家最真实的写照。

华罗庚先生的一生是顽强拼搏、无私奉献的一生，我们要学习他毫无保留地把自己的全部才智贡献给祖国人民的奉献精神。他曾说过："树老易空，人老易松，科学之道，戒之以空，戒之以松，我愿一辈子从实以终。”他心梗发作，在医院里仍不甘卧病在床，继续坚持工作。在学术生涯的最后一个时期，华罗庚先生致力于数学为国民经济发展服务，在解决实际问题中推动应用数学的发展。1985年6月3日，他不顾年迈体弱，亲自带领一批中年业务骨干赴日本进行学术交流。12日下午，在向日本数学界作学术报告的讲台上，当他讲完“让我再延长5分钟”这句话后，心脏病突发，不幸逝世，为科学事业献出了宝贵的生命，实现了他崇高的人生观、价值观。他无私奉献的精神永远激励着我们!

当今世界进入一个大变革、大调整、大创新、大发展的新时期，科学技术正孕育着重大突破，为全球产业结构、经济社会发展方式的变革注入强大的动力和活力。在这个剧烈变革的时代，我们必须正确认识自身承担的责任和使命，继承发扬华罗庚等老一辈科学家高尚的精神和品格，为我国科技事业和经济社会发展开拓创新、奋勇拼搏不断作出新的更大的贡献。

09/ 干惊天动地事，做隐姓埋名人

庄恩岳：白院士，非常感谢您为我们如此详细地解说“华罗庚精神”的深厚意蕴。习总书记曾说，很多院士都具有“先天下之忧而忧，后天下之乐而乐”的深厚情怀，都是“干惊天动地事，做隐姓埋名人”的民族英雄！您能否再为我们讲讲科技工作者“干惊天动地事，做隐姓埋名人”的故事呢？

白春礼：“干惊天动地事，做隐姓埋名人”是很多科技工作者的真实写照，他们胸怀着科技报国和科技为民的初心，把个人理想融入国家发展的伟业之中，在科学的道路上孜孜探索，不问名利，默默奉献。我想在这里再介绍两位科学家的感人故事。

卢永根院士是我国著名的作物遗传学家，一生节俭朴素，被誉为“布衣院士”。几十年来他一直坚持潜心治学，勇于创新，提出的水稻“特异亲和基因”观点对水稻育种实践产生了重要作用，培育了几十个水稻新品种，累积推广面积上千万亩，为我国农业发展作出了重要贡献。同时，他心系教育，为人师表，也是德高望重的教育家。在担任华南农业大学校长期间，他为党的教育事业殚精竭虑，开创了华南农业大学人才培养的新格局，为创新拔尖人才脱颖而出作出了重要贡献。

作为中科院院士的杰出代表，卢永根院士矢志报国的崇高理想、勇于创新的科学精神、严谨求实的治学风范和淡泊名利的人生态度，诠释了追求真理、造福人类、服务国家的科技价值观，彰显了中科院“院士”称号的荣誉所在。此外，他将一生省吃俭用积攒下来的800余万元捐献给学校，用以奖励贫困学生和优秀青年教师，支持教育事业。在2017年新当选中国科学院院士座谈会上，我向全体新当选院士发出了向卢永根院士学习的倡议，学习他忠贞爱党、无私奉献的高尚情怀，学习他艰苦朴素、淡泊名利的优秀品德，学习他甘为人梯、提携后学的大家风范。

另一位非常值得我们学习的科学家是中科院上海药物研究所研究员、心血管药理学家王逸平。王逸平四十二岁就研发出了治疗冠心病、心绞痛等疾病的丹参新药丹参多酚酸盐粉针剂。研发“临床医生首选的新药”是他孜孜以求的梦想。然而，在与疾病抗争二十五年之后，他却在2018年4月11日永远倒在了科研岗位上，时年五十五岁。

二十五年来，王逸平以顽强的意志品质与疾病抗争，与时间赛跑，作出了一流的科研成果，造福了上千万的患者，为我国中医现代化发展作出了重要贡献。他始终坚持共产党员的本色，用自己的一生践行了鞠躬尽瘁为民做药的誓言。他始终淡泊名利，把荣誉和成绩归功于集体和团队，充分体现了一个优秀知识分子的道德修养。他担任党支部书记、党总支书记和所党委委员20多年，创新党建工作方法，推动党建和科研工作互相促进、协同发展，是一名优秀的党的领导干部。2018年11月，中央宣传部追授王逸平“时代楷模”称号，号召广大科技人员和干部群众向他学习。

王逸平同志的先进事迹生动诠释了习近平总书记对广大科技工作者提出的“干惊天动地事，做隐姓埋名人”的要求。他的事迹让我深受感动，我为我们中科院失去这样一位杰出的科技工作者感到痛惜。王逸平同志虽然离开了我们，但是他的事迹和精神是我们倍加珍惜的宝贵财富，必将激励药物创新研究院的同志们继承他的事业，推动我国新药研发事业不断取得新突破，为人民群众的生命健康作出应有的贡献；也必将激励全国广大科技工作者执着追求、矢志创新，在建设世界科技强国伟大征程中作出应有贡献。

10/ 树立正确的荣誉观

庄恩岳：白院士，您曾多次提到科技工作者要树立正确的荣誉观，安心搞好科研项目。我原来在审计署科研所工作，曾任全国青联委员，您当时是全国青联副主席，我们在一个界别组，所以我能够经常聆听您的教诲。好多次开会，您都勉励科研人员要“抬头看清楚科研方向，清醒头脑埋头实干”，对此我们深有体会。时至今日，您一直活跃在学术研究的第一线，并且经常教导青年科学家要奋发图强，为祖国的未来贡献自己的力量。能否请您向年轻的科研工作者讲一讲什么是正确的荣誉观？

白春礼：面对荣誉，既要懂得珍惜，又要懂得谦卑。我曾经寄语国科大的青年学生，要淡泊名利，谦卑为怀。希望年轻的科研工作者能够传承老一辈科学家热爱祖国、淡泊名利的家国情怀和优秀品质，树立崇高理想，立志科技报国，做一个兼怀天下、勇担时代重任的国家栋梁，不断与大师前辈“对标”，与自己的理想目标“对标”，既仰望星空又脚踏实地，始终将个人的成长梦、成才梦与实现中华民族伟大复兴的中国梦紧密地结合，真正成长为未来的科技领军人才。

“人以谦卑为怀，方能成其大；以厚德为基，方能载其物。”一代理学大师王阳明也曾说：“谦者众善之基，傲者众恶之魁。”作为一个知识分子，保持谦卑首先源于我们对未知认识的局限性，只有保持对未知的敬畏，才能激励我们不懈探索。保持谦卑还在于要尊重每一个个体。古人云，三人行，必有我师。承认自己的局限和短板，愿意学习别人的长处，这样的人才能修得真知，走得更远。

我一直认为，荣誉是通过艰苦的科研工作获得的，科研人员有可能一辈子辛辛苦苦，获得许多成果，却没有获得什么荣誉。所以，我们年轻的科研人员尤其要树立正确的荣誉观。获得荣誉该如何？要正确面对荣誉，不要沾沾自喜、得意忘形，不断提升自己的水平。没有获得荣誉，怎么办？心态放平和，淡然面对得失。当然，科研人员不只是要保持头脑清醒，低头实干，还要抬头看清科研方向，人生要抬头看路，也要低头走路，这才是科研人员正确的哲学思维。

青春正当时，在新时代“科学的春天”里，希望我们年轻的科研人员珍惜青春年华，立足本职、埋头苦干，锲而不舍、自强不息，勇做勤于学习、甘于奉献、矢志奋斗的栋梁之材；锤炼高尚品格，勤学修德、明辨笃实，志存高远、脚踏实地，勇做社会主义核心价值观的坚定信仰者、积极传播者、模范践行者；勇攀科学高峰，敢为人先、上下求索，潜心致研、攻坚克难，勇做走在时代前列、科研前沿的奋进者、开拓者。

第六章　带好队伍

能用众力，则天下无敌；
能用众智，则难关可克。
全力培养科技人才，
一批优秀人员脱颖而出。
凝聚产生力量，
团结诞生希望。
讲究“科德”问题，
做好学问，更要做好人。
既带领科研团队攻关，
又搞好后勤保障。

——题记

01/ 抓好年轻科技队伍建设

庄恩岳：白院士，您从1996年开始担任中科院副院长，并且分管人事工作。您上任以后，特别注重抓年轻科技队伍建设工作。1997年，您根据调查研究的实际情况，发表了《中国科学院年轻科技队伍建设的若干问题》一文，系统分析了中国科学院年轻科技队伍建设取得的进展，论述了人才培养工作中应处理好的几个政策性问题，在广大青年科研人员中引起强烈反响。能否请您谈一下当时年轻科技队伍建设的情况?

白春礼：当时，中国科学院科技队伍中，四十五岁以下的已占60%，队伍的年龄结构呈现了多年来的最好势头；从学历结构看，具有硕士及以上学位的专业人员已占21%（博士学位的占5%），比90年代初翻了一番；从职称结构看，四十五岁以下具有高级职称的专业人员已占高级科技人员总数的24%（四十五岁以下的研究员占研究员总数的10%），比90年代初也翻了一番；在人员编制结构上，除了固定人员外，非固定编制人员逐年增多，使得队伍的编制结构呈现空前活跃的多元化势头。

从队伍结构的变化不难看出，多年来的人才培养工作是卓有成效的，“文化大革命”造成的人才断层现象已得到一定程度的弥合，后继乏人的状况已有很大的缓解，一批优秀人才已脱颖而出，显示了较强的实力和竞争力。只要继续坚持并完善已有的政策和措施，更加重视年轻一代总体素质的提高和作用的发挥，那么这支队伍就是大有希望的，是能够适应21世纪挑战的。

老、中、青三代科技人才在各个阶段，各有不可替代的地位和作用。老一代科技人才为科技事业的今天和明天奠定了基础，同时又指导着今天和明天；中年一代是科技事业的今天，他们在继承前人开创的事业的基础上，踏实地干着今天，同时又把更年轻的一代人带到明天；年轻一代是今天的新兵，却是明天的主力和希望。中老年科技人才也都是从年轻走过来的，他们也曾在中老年科技人才的指导下工作过，并从他们手上接过了接力棒。今天的年轻一代也将不可抗拒地向中老年走去，他们也将扶植后生。因此，无论在任何时候、任何情况下，老、中、青三代的真诚合作，都是无价之宝。强调老、中、青合作的同时，更要强调高质量的代际转移，即要把以中老年为主承担重任的格局，逐步转变为以中青年为主承担重任。老科学家要把发现和培养一代新人，看作是自己科学生命的延续，看作是对社会的历史责任。

老一辈科学家怀着强烈的爱国心和无私奉献精神，几十年如一日地为新中国的科技事业呕心沥血，奉献了自己一生的智慧与才华，创立了不可磨灭的功绩。很多人为了培养新人，主动退居二线，他们的高风亮节和严谨治学精神值得大家学习，尤其是值得年轻一代认真学习。中年一代科学家是支撑科学事业的中坚力量。十年浩劫，耽误了他们施展抱负的宝贵青春年华。科研经费拨款制度改革以后，他们处于社会竞争的第一线；“上有老、下有小”的家庭负担影响着他们的生活质量，“英年早逝”的问题引起了社会的关注。当时三十多岁的青年一代出生在困难时期，生长在动乱年代，走上工作岗位后又受到商品经济大潮的冲击，社会的价值取向影响着他们是否会甘于一时的清贫，坚守从事科学研究的信心和决心。如果拘泥于历史遗留的欠账，无疑会不利于吸引、留住年轻人才。因此势必要推出倾斜政策，创造有利的环境，使年轻一代尽快成长起来，使老一辈科学家开创的科技事业后继有人。

对年轻优秀科技人才实行一些倾斜政策，从本质上讲，是一种行政调控行为，是对存在着论资排辈倾向所带来用人、晋升、分配等方面不公平现象的一种调整和补偿。多年来，中科院在专业技术职务评聘，在集中使用有限科研经费，在评奖表彰先进，在享受津贴待遇，在住房生活条件等方面，都向年轻优秀科技人才实行了一些倾斜，实践证明这是必要和有益的。

给年轻人压重担，在实践中培养他们，是全院上下的共同任务。经过多年努力，已有一批年轻人才在科研工作中挑大梁、唱主角或走上重要岗位。重视对优秀人才（突出人才、拔尖人才、将帅人才）的培养、选拔、使用和管理，是科技事业发展的需要。优秀人才能对科技队伍起带头、示范作用，带动学科建设和科技进步。俗语说：“千军易得，一将难求。”培养一个合格的学术技术带头人并不是一件易事，需要一定的投入，需要集中有限资源改善他们的科研、工作和生活条件，需要为他们创造良好的外部环境，以利于他们脱颖而出。多年来推行的“特批制度”“青年基金”“青年实验室和青年小组”“西部之光”等，正是本着这一指导思想去实施的，效果是好的。

破格任用干部绝不是对年轻人降格以求，更不是照顾弱者，而是对强者的鼓励。在干部任用上，有破格的政策，尤其在评聘专业职务和任用领导职务上，强调台阶又不唯台阶，注重资历又不唯资历，着重看水平能力。坚持标准，坚持程序，择优选拔，甚至是优中选优。对破格任用的优秀人才，既要满腔热情地关心、爱护、支持他们，又要一丝不苟地严格要求他们，促使其健康茁壮成长。关于严格要求问题，应从多个方面入手，其中包括对年轻人的宣传要掌握好度。科技报道“准确、适度、全面”的原则也适用于人才宣传，对青年科技人才的宣传更要遵循这一原则。片面追求新闻效应的不当宣传，其结果只会适得其反。

02/ 实施科研人才战略是关键

庄恩岳：白院士，您担任中科院领导以来，对科研队伍建设工作抓得很紧。2003年3月26日，您在中科院工作会议开幕式上就人才队伍建设问题作了《贯彻落实新时期办院方针　发挥创新人才的关键作用》的专题报告，受到广大科研人员的普遍欢迎。能否请您谈一谈当时中科院科研队伍建设情况和采取的一些重要措施?

白春礼：新时期发展战略当中，实施人才战略是关键。其指导思想是，以科技创新跨越发展战略目标为依据，以人才结构调整与优化为主线，以将帅人才培养为重点，为各类人才脱颖而出创造更大的舞台和更多的机会。为此，要遵循“四个原则”，处理好“三个关系”。

“四个原则”：一是坚持德才兼备的原则。这是人才各要素当中至关重要的。二是有利于吸引与凝聚优秀人才的原则。任何政策的制定、战略的推出，一定要有利于吸引和凝聚优秀人才。三是有利于培养与造就未来人才的原则。四是有利于人才结构动态优化。如果人才政策和人力资源的开发一成不变，就不符合中科院人才战略的出发点。总体上应该有利于人才结构的动态优化和不断更新。这“四个原则”要求我们在公平竞争中识别人才，在创新实践中培育人才，在事业发展中凝聚人才，在工作生活当中关爱人才，形成多层次、全方位、系统化的人力资源开发的新格局。

处理好“三个关系”：一是正确处理人才培养近期目标与长远目标的关系。研究所发展需要吸引、凝聚、培养近期人才，但是也要考虑研究所长远的发展目标。二是正确处理重点与整体的关系。我们强调要培养凝聚将帅人才，但是整个科技队伍的整体素质也至关重要，要把拔尖创新人才的凝聚培养与整体队伍建设的关系处理好。三是正确处理自主培养与吸引凝聚的关系。在公平竞争中识别人才，在创新实践中培育人才，在工作生活中关爱人才。

所以，当时中科院提出了改进人才选聘办法，贯彻落实“所自主决策，院择优支持”方针，促使用人主体责任到位。

回忆当年，虽然人才结构调整难度大，但我们还是做了不少工作。譬如到2003年初，中科院有国家杰出青年基金获得者，也从国内国外吸引了一些人才。其中1998年以后招聘的创新人才占了总招聘人才的多数，应该说知识创新工程对推动中科院人才吸引和凝聚起到了非常重要的作用。在“创新一期”当中，有人承担了院重要方向创新性项目，有人承担了国家基金委的重点项目。有几位已经当选为中科院院士，有一些担任副所长以上领导职务，也有一些担任研究所的法定代表人。

在全院创新队伍当中，聘用人员的平均年龄小于四十岁，四十五岁以下的科技人员占了多数，四十五岁以下的研究员占了一半以上，而1996年只占到5%。

当时整个人才队伍建设总体情况是好的，成绩是主要的。但是，在执行过程中也发现了一些问题，有些人员没有按时到位。所以我们后来改进了招聘方式，充分发挥研究所在引进人才方面的主体作用，把决策权交给研究所。研究所按照自己的定位、科技布局和创新目标来招聘人才，院里设立相应的评价标准和评估程序，授予称号，择优支持。

2001年，中科院研究生院正式更名组建，标志着中科院研究生教育制度改革取得突破性的进展，研究生教育事业也进入了一个新的发展时期。从全院招收的研究生数量来看，知识创新工程为中科院研究生教育的大发展提供了非常好的机遇。2002年硕士生报名增幅达到40%，超过全国10个百分点，京区单位增幅达到53%。

截至2003年，中国科学技术大学“211”建设已经取得了显著成绩，“985”工程也顺利实施了。中科大（中国科学技术大学简称）能够在建校四十五年这么短的时间内建设成一个全国知名、世界有一定影响的大学，得益于中科大党政领导和教职员工对学校发展的积极参与和奉献精神，同时，全院办校，所系结合，也是中科大能够快速发展的一个重要原因。

03/ 必须重视“科德”问题

庄恩岳：白院士，您担任中科院主要领导以后，特别强调科研人员必须德智体美劳全面发展，要讲究“科德”问题，不仅要做好学问，更要做好人。尤其对于年轻的科研人员，您更是谆谆教诲，无微不至地关心。谈到“科德”的问题，您最想对当下年轻的科研人员说些什么？

白春礼：科研人员要做好学问，先要做好人。“人才”的诸要素中，“才”为基础，“德”为主导，两者相辅相成，不可或缺。有德无才，难以担当重任；有才无德，可能走入歧途。德才兼备者，方可谓“人才”。这点在我们加强年轻科技队伍建设时，尤其要引起各级部门领导和中老年科学家的关注。

譬如，有个别年轻的科研人员，一心向金钱看，没有任何“科德”，作出有损国家和单位的事情，这就是科研人员道德品质的问题。搞科研工作一辈子，做人更是一辈子的事情。

我们要教育引导年轻的科研人员，做一个热爱社会主义祖国、扎根祖国、无私奉献、艰苦拼搏的人。要使他们认识到，走出国门，了解世界，学习先进，是为了把祖国建设得更加繁荣富强。我们将一如既往地支持年轻一代出国深造，同时旗帜鲜明地鼓励留学人员学成后回国服务，提倡扎根国土、敬业爱岗、艰苦创业的精神。在这方面，老一代科学家为年轻一代树立了楷模。

我们要教育引导年轻的科研人员，做一个有科研道德修养的人。要使他们认识到，科学研究工作唯有求实，要老老实实地反映客观规律，来不得半点虚假，只有真正认识客观规律，才可能有所创新；还要尊重前人、他人的劳动成果，坚决反对浮夸、剽窃等不良行为。

我们要教育引导年轻的科研人员做一个不居功自傲、保持谦虚谨慎的人，正确处理好个人和集体的关系。把自己置于集体之中，不能凌驾于集体之上。要正确处理个人荣誉和集体荣誉的关系，不能一味追求个人名声和地位。对个人的作用和功绩，组织和集体会作出客观评价。陈云同志说过，对功劳要有正确的看法，第一是人民的力量，第二是党的领导，第三才是个人才智。这一点对年轻的领导干部，包括科研团队负责人尤为重要。

我们要教育引导年轻的科研人员做一个善于处理人与人关系、乐于团结大家共图事业的人。道德是处理人际关系的一种准则，“立大志者要修身”，要在年轻人中提倡律己和宽容，处事待人要有度量，心胸开阔，不搞亲亲疏疏。

我们还要教育引导年轻的科研人员，做一个服从大局的人，以国家、集体利益为重，以时代需要为己任。若时代选择自己从事科技管理工作，为更多的人服务，那我们就要舍得放下自己熟悉的专业去开创新的事业。

我认为，引导年轻的科研人员健康成长，做合格的新世纪人才，关系到每一个研究所的未来，关系到中科院的未来，也关系到我国科学事业的未来。我们应当对历史负责，对新时代负责，培养出更多能担当重任的优秀科研人员。

04/ 培养风清气正的科技创新队伍

庄恩岳：白院士，2014年7月11日，《人民日报》刊发了您撰写的《在科研机构树清风扬正气》一文，您在文中明确表态“落实主体责任，思想上需要自觉将其作为责无旁贷的重大政治任务，自觉将其作为实现‘四个率先’的有力支撑，自觉将其纳入国家科研院所治理体系建设”。您能跟我们聊一聊，为培养风清气正的科技创新队伍，中科院都采取了哪些举措吗？

白春礼：一支风清气正的科技创新队伍，是落实创新驱动发展战略、建设科技强国的根本。认真贯彻中央有关党风廉政建设主体责任的要求，需结合科研机构的实际，针对科研经费管理使用等具体问题，积极构建具有中科院特色的党风廉政建设和反腐败工作新机制。

落实主体责任，思想上需先有“三个自觉”。一是自觉将主体责任作为院党组责无旁贷的重大政治任务。2014年，中科院党组举办了两次专题研讨会，研究制定了贯彻落实中央惩防体系五年规划的实施办法；后来，还召开了全院党风廉政建设和反腐败工作会议，全面部署落实“两个责任”的工作。二是自觉将主体责任作为实现“四个率先”的有力支撑。实现习近平总书记对中科院提出的“四个率先”要求，关键在人，关键在行动。管好班子、带好队伍，为实施“率先行动”计划提供坚强的思想和组织保证。三是自觉将主体责任纳入国家科研院所治理体系建设。着力建设院所两级现代治理体系，建立健全国家科研院所履行“两个责任”的体制机制，加强科研管理的科学性和合理性。

落实主体责任，关键看行动。中科院扎实做到“四个着力”。首先，着力建立落实主体责任的工作链条。重点构建“横向到边、纵向到底”的责任体系和链条，明确院党组、党组书记和党组成员的职责，明确院属各研究所所长、书记的职责，明确各部门负责人和领导班子其他成员的职责，明确有经费审批权的科研团队负责人的管理和监督责任，履职有依，问责有据。

其次，着力完善院所两级的双向履职机制。一方面，强化“上对下”的职责分解、督查和追究。每年年初，院党组印发本年度党建及反腐倡廉工作要点，明确责任单位，签订党风廉政建设责任书；年底，由院领导和相关部门检查各分院、研究所反腐倡廉工作，对检查结果分级通报或曝光。另一方面，做好“下对上”的履职报告，院属各单位党委（党组）要及时向院党组和院纪监审部门汇报履行主体责任的情况。

再次，针对科研业务具体领域抓好惩防体系建设。坚持关口前移、多措并举，坚持纪检、监察、审计和巡视有机结合，院、分院、研究所有效联动，深入推进廉洁从业风险防控体系建设、反腐倡廉量化评价、科研经济业务真实性合法性审计等工作。重点加强七个领域的工作：科研项目经费管理、基本建设项目管理、仪器设备与材料采购、科技成果转移转化、院所投资控股企业“三重一大”、科研道德与作风建设、领导干部选任与人员聘用晋级。同时，结合审计署的审计结果，做好纠正和整改工作。

最后，着力推动驻院纪检组和院属各单位纪委更好地履职尽责。在履行好主体职责的同时，中科院党组支持和推动驻院纪检组、院属各单位纪委积极履行好监督责任。支持纪委转职能、转方式、转作风，进一步突出主业、强化监督执纪问责，真正使纪委集中精力承担好监督责任。加强纪检干部队伍建设，做坚强后盾，旗帜鲜明地支持纪委监察审计部门的各项工作。

05/ 提升科研人员的科技创新能力

庄恩岳：白院士，您担任过许多节目的“主持人”，令我印象最深刻的是1999年11月1日晚，中央电视台《走近科学》录制的那场别开生面的专题节目，六位诺贝尔奖获得者是节目的主角，而当时您是中国科学院副院长，作为特邀嘉宾，在节目中充当主持人。一边面对的是诺贝尔奖获得者这样的国际著名科学家，一边面对的是正在成长中的我国优秀青年学者，您所做的“主持人”这个角色，与您当时在中国科学院分管教育、人事及青年人才培养的身份再合适不过了。节目中，您说：“前不久，上海的《财富》全球论坛云集了众多世界经济巨头，展望中国未来五十年的经济发展。这次，我们有幸在中国科学院院庆五十周年之际，请到六位诺贝尔奖获得者与中国的优秀青年学者共话未来，展望21世纪的科学，谈论成为优秀科学家所应有的基本素养。当这个‘主持人’我很荣幸。”您能跟我们讲一讲，这一次的“主持人”经历，有哪些事让您至今难忘？

白春礼：找到好的科研选题，是丁肇中先生说的取得成功的最重要的因素。在那天录制的节目里，我就替青年科学家问诺贝尔奖获得者：“怎样才能找到好的科研选题？”米歇尔先生的回答是：“不要都相信书上的话。”与孟子说的“尽信书，则不如无书”异曲同工。丁肇中先生的回答是：“实验室的工作只有第一，没有第二，必须拿到第一手的数据、第一流的结果。”我都很赞同。对基础研究而言，一定要选择那些原始的、创新的工作，对学科发展有推动作用的前沿课题。其次，我还想强调，搞基础科学研究的人，他本人对工作的兴趣至关重要。有了兴趣，探索自然客观规律、涉足人类未知世界，他才能有愉悦感，有兴奋点，才能全身心投入。有个成语“乐此不疲”，说得再贴切不过了，对工作有兴趣的科研人员不是把科学研究仅仅当成一种谋生的手段，而是心向往之。

科学家首先内心要有创造的欲望和激情，有时他可能从事如“苦行僧”修行一般的科学研究，才能真正达到“无悔追求”“无私奉献”的崇高境界。丁肇中教授在许多场合提到“格物致知”精神，也曾说过，如果在波士顿下了一场雨，其中一滴雨是有颜色的，我们就应该千方百计地找出这滴有颜色的雨。这就需要锲而不舍的科学精神，这种精神应该大力倡导。

诺贝尔奖获得者还谈到，科研选题不能一成不变。我认为，对青年科技工作者而言，不能局限于过去自己博士论文的拓展或延伸，而不注意前沿的新进展，不吸收科学的新营养，不利用出现的新技术和新手段，不考虑社会的新变化。特别是我们一些在国外学成回国的人员，更要在科研立题时考虑我国的国情，有些选题可能在国外、在他原来的外国导师的实验室里做是合适的，但在我国开展就不一定合适；也不能满足于把国外做的成绩，国外已有的、并不是十分先进的成果，搬到国内来“填补了我国的一项空白”。为此，我在电视节目里提出：包括学习能力、社交能力、应变能力、信息处理能力的提高以及公民品德的提高，是对未来人才最基本的要求。

对科技人员来说，提高学习能力，就是要求他有扎实的专业基础和广博的学科知识。专业基础不扎实，想要知识创新就只能是镜中花水中月，学科知识不广博，就很难触类旁通，特别是进行学科的交叉研究，需要将知识融会贯通。20世纪的许多诺贝尔奖成果都是在不同学科的合作中获得的，例如1953年DNA双螺旋结构的发现奠定了现代分子生物学的基础，这一诺贝尔奖成果就是生物学家和物理学家合作的结果。进入21世纪，学科交叉的趋向越来越明显。我相信，会有更大的类似于诺贝尔奖这样的成果，是在边缘、交叉学科的研究里取得的。故此，我们提倡不同学科的学术交流，碰撞出创新的火花。

我这里说的社交能力不是指为了一己私利，去营造庸俗的社会关系网，吃吃喝喝，拉拉扯扯。我指的是在现代社会，科学研究往往要借助集体的智慧、团队的力量，除了少数搞纯数学研究的，一般很难再单枪匹马地靠自己一个人的脑袋搞科学研究。很多青年科学家是学科带头人，这就对他们提出了更高的要求：要具备人格的力量、行为的风范，必须会团结人、凝聚人，带动并调动自己学生、助手的工作积极性。同时，科学工作也要得到社会公众的了解和理解，让人们“走近科学”，靠拢科学，支持科学研究，让科学研究走出象牙塔和玻璃罩。现代社会，人与人的沟通十分重要，提高自己的社交能力，得到人们的理解和支持，是科研工作能取得成功的不可缺少的外部条件。

关于应变能力，我认为，系统地开展工作，有科研的系统性和衔接性是必要的，但必要的时候，也应改弦易辙，及时调整自己的研究方向，这两者并不矛盾，而是对立的统一。在电视节目里，有位诺贝尔奖获得者也说，科研立题，切忌盲目地去追所谓的“热门”，往往是“热门”的东西等你去追时，它已经不“热”了，这种跟在人家后面亦步亦趋的追法，也是缺乏创新精神的表现。

提高应变能力，还包括要学会捕捉机遇、把握机遇。科研工作，有许多新奇的、未知的需要我们去发现和解决。有些科学发现的机会可能是稍纵即逝的。比如当年青霉素的发现，实际上是“歪打正着”。后来市场炒作得比较厉害、沸沸扬扬的“伟哥”也是如此。

在那次节目中，我们邀请的诺贝尔奖获得者费里德·穆拉德先生，在某种意义上也可以说“伟哥”的发现与他的工作有关。他揭示了一氧化氮可以作为有机体的信号分子，这一发现，使得他1998年获得了诺贝尔生理学或医学奖。但由于“伟哥”市场炒作的声音太喧闹，反而把穆拉德先生的研究与发现的真正科学意义给淹没遮盖了。但不管怎么说，应该承认科学研究中，有时是存在“有心栽花花不开，无心插柳柳成荫”的现象的。如果真是株“柳树”也行，不但要让柳树成活，还要让柳树成行，别让柳树蔫黄枯萎了。这也是一种应变能力的具体表现。

当今的知识量在以指数级上升，报刊以及其他知识传播的媒体数量也呈指数级上升，五花八门的信息让人目不暇接，我们要学会对各种各样的信息进行必要的梳理，否则，人脑的记忆内存量毕竟是有限的，装不了那么多的东西。对所学的知识进行梳理，也就像我们的计算机要及时删除掉一些无用的垃圾文件和电子邮件，我们对各种信息也要学会处理，提高工作的效率。

计算机是人类创造出来的，它处理数据的速度比人脑快，但它没有严格意义上的思维。所以，计算机作为一种先进的工具，是不可能完全来代替人的思考的。不过以后，将出现生物计算机、分子计算机，利用化学分子之间的识别能力，可以出现新的、完全有别于现在的这种“0”“1”逻辑、以半导体芯片为基础的计算机。另外，量子计算机的前景也不可估量。

06/ 引导科技干部牢记科技强国的使命

庄恩岳：白院士，近年来，中科院认真学习领会、深入贯彻落实习近平总书记关于年轻干部工作的一系列重要指示精神，围绕习近平总书记对中科院提出的“三个面向”“四个率先”要求，着力培养了一支对党忠诚、堪当重任、作风优良的高素质专业化年轻科技干部队伍。您能详细谈一谈中科院都采取了哪些行之有效的措施吗？

白春礼：习近平总书记在全国组织工作会议上强调，实现中华民族伟大复兴，坚持和发展中国特色社会主义，关键在党，关键在人，归根到底在培养造就一代又一代可靠接班人，这是党和国家事业发展的百年大计。发现、培养、选拔优秀年轻干部是加强领导班子和干部队伍建设的一项基础性工程，是关系党的事业后继有人和国家长治久安的重大战略任务。

首先，要以坚定理想信念为根本，确保政治上绝对忠诚可靠。

衡量年轻干部理想信念是否坚定，关键看是否对党忠诚。作为党、国家、人民可以依靠和可以信赖的国家战略科技力量，中科院注重强化国家使命意识，教育年轻干部坚定理想信念，自觉做到对党忠诚。

坚持用习近平新时代中国特色社会主义思想武装年轻干部头脑。中科院坚持把学习贯彻习近平新时代中国特色社会主义思想作为年轻干部教育培训的重中之重，教育引导广大年轻干部既从总体上把握习近平新时代中国特色社会主义思想的科学体系和思想精髓，又从各个领域深入理解其基本内涵和基本要求，增强学习贯彻的理论深度、实践力度和情感温度。在教育培训中，注重学思用贯通，知信行统一，紧密联系中科院的使命和定位，教育引导年轻干部以习近平新时代中国特色社会主义思想为指导，深刻认识中国特色社会主义进入新时代的特征和需求，深刻认识中国科技发展所处的历史方位、时代特点和未来方向，准确把握党中央、国务院关于创新驱动发展战略的精神实质和内在要求，认真思考和研究建设世界科技强国的顶层设计和实施路径等重大课题，激发年轻干部的政治责任感和历史使命感，激励年轻干部在新时代的科技创新工作中有新的担当、新的作为。

引导年轻干部不忘科技报国的初心，牢记科技强国的使命。对中科院广大年轻干部来说，践行对党忠诚，坚定理想信念，就是要不忘科技报国初心，牢记科技强国使命。中科院坚持将理想信念教育与弘扬科技报国传统紧密结合，先后组织开展了“信念引领科研，党建促进创新”主题研讨活动和“对标要求，强化责任”教育实践活动，教育引导广大年轻干部和科技工作者想国家之所想、急国家之所急、研国家之所需，不断强化使命驱动和责任担当，主动将个人成长、事业发展与国家的需求、人民的需要结合起来，瞄准世界科技前沿，引领科技发展方向，肩负起历史赋予的重任，勇做新时代科技创新的排头兵，努力把论文写在祖国的大地上，把科技成果应用在实现国家现代化的伟大事业中，把人生理想融入实现中华民族伟大复兴中国梦的奋斗中。

推动年轻干部大力弘扬新时代的奋斗精神，坚定自主创新的决心和信心。中科院针对关键核心技术难题和“卡脖子”问题，组织开展了年轻干部大讨论，引导年轻干部深刻学习理解习近平总书记关于自主创新的重要论述，坚定走中国特色自主创新道路的信心和决心；激励年轻干部围绕“卡脖子”技术难题，集中力量开展科技攻关，以解国家在科技创新中的“燃眉之急”和“心腹之患”，用知重负重、攻坚克难的实际行动，诠释对党的忠诚、对人民的赤诚。

其次，坚持干事导向，在急难险重任务中提升能力水平。

衡量年轻干部担当作为能力，关键看是否能堪当重任。中科院年轻干部多数是具有深厚科研背景的复合型干部，从科研一线脱颖而出，在带领团队、组织科研攻关中逐渐成长，在研究所管理历练中逐步成熟，具有科研与管理“双肩挑”的能力。中科院始终坚持干事导向，为年轻干部搭建事业发展的平台、成长成才的舞台，让他们在实干中提升综合能力，成长为优秀的复合型领导干部。

在组织国家重大科技任务中，提升科技创新和组织攻关的能力。中科院的干部主要从事科研管理工作，需要有较高的学术造诣、开阔的战略视野，能够瞄准世界科技前沿、把握科技发展方向，领导和组织实施重大科技创新活动。因此，中科院特别重视在科研一线发现“好苗子”，尽早安排他们到国家重大科技任务中发挥才干，促使其在重点难点工作中锻炼成长、展露才华。例如，中科院微小卫星创新研究院一线科研人员平均年龄只有三十几岁，这支朝气蓬勃、敢打敢拼的队伍承担了多项重大科研任务，研制了新一代北斗导航卫星、暗物质粒子探测卫星、量子科学实验卫星等几十颗卫星。大批优秀青年人才在这些重大任务历练中迅速成长，也涌现出了不少具有培养潜力的优秀年轻干部。此外，中科院高度重视对年轻干部的“源头”培养，2011年专门成立青年创新促进会，对三十五岁以下的青年科技人才进行综合培养，旨在培养造就新一代学术技术带头人。截至2018年底，“青促会”会员已达3640人，是全院青年科研人员的核心骨干力量，中科院密切关注这些优秀青年科技骨干的成长，及时从中发现德才兼备、有管理潜质的人才，作为未来领导干部的培养对象。

注重通过在基层一线和艰苦地方的实践中，增强年轻干部的政治历练。中科院通过科技副职、科技扶贫、援藏援疆、博士服务团等平台，选派有培养潜力的优秀年轻干部到基层、艰苦边远地区挂职锻炼，增加基层历练，取得了良好的效果和有益的经验。一方面，通过挂职锻炼，年轻干部充分发挥专业特长，帮助地方解决了许多实际问题，发挥了重要作用。年轻干部在实际工作中，走出“象牙塔”，既接了地气、积累了基层经验，也进一步明确了科研工作的努力方向。另一方面，通过在复杂艰苦环境的历练，年轻干部提高了解决复杂矛盾问题、处理突发事件的能力，培养了吃苦耐劳的工作精神，形成了扎实务实的工作作风，提升了履职尽责的专业素养，激发了干部创业的工作热情。

在研究所的一线管理实践中，提升年轻干部的领导和管理能力。中科院对年轻干部的培养一直坚持一层一层考验、递进式培养的模式，在年轻干部成长的不同阶段，安排他们到不同程度的“吃劲”岗位、重要岗位上锻炼培养，搭建年轻干部成长的“阶梯”。

再次，狠抓作风建设，锤炼品质修养，涵养高尚情操。

衡量年轻干部的意志品质，关键看作风是否优良。弘扬先进典型，传承发扬无私奉献和艰苦奋斗精神。传承的力量是无限的，榜样的力量是无穷的。中科院大力弘扬“两弹一星”精神，既注重对老一辈科学家矢志报国、无私奉献、淡泊名利、艰苦奋斗感人事迹的挖掘和崇高家国情怀的传承，也注重发现在当前改革创新发展中涌现出的先进人物，着力发挥这些“身边人、身边事”爱国奉献、追求卓越的典型示范作用。2018年，以纪念改革开放四十周年为契机，中科院深入挖掘先进事迹，选树一批新时代榜样先锋，其中既有南仁东、王逸平这样的时代楷模，也有林鸿宣、常进、刘开周、王敏等中青年先进代表。通过倡导对老科学家精神的传承和对新时代楷模的学习，培养年轻干部无私奉献、艰苦奋斗的优秀品格和“干惊天动地事，做隐姓埋名人”“功成不必在我，功成必定有我”的精神境界。

营造创新文化氛围，培育年轻干部科技价值观。中科院通过积极营造良好的创新文化氛围，引导广大年轻干部始终秉承创新科技、服务国家、造福人民的科技价值观，自觉把个人理想与祖国命运、民族复兴紧紧联系起来。党的十九大以来，中科院建立了一批特色鲜明、主题突出、实用管用的党员干部主题教育基地，开展示范性主题教育活动，教育引导年轻干部增强自信心和自豪感，胸怀科技报国的高尚情怀和民族复兴的远大理想，全面认识国情，心系国计民生，把个人的研究兴趣与国家发展的需求结合起来，把追求学术价值和创造社会效益结合起来，在服务国家、造福人民的创新实践中实现自己的人生价值。

大力倡导年轻干部投身改革实践，培养担当精神。中科院历年重视把年轻干部放到改革实践中去锻炼，培养他们的担当精神。新世纪以来，中科院顺应时代趋势、发展需要，大胆起用了一批年富力强、管理能力突出的优秀年轻干部担任研究所领导，他们思想活跃、充满激情、勇于开拓，干出了不负时代的骄人业绩，展现出了难能可贵的担当精神。当前我国正处于发展的重要战略机遇期，机遇与挑战并存。年轻干部是改革的先锋，是担当有为的生力军。中科院大力倡导年轻干部积极投身国家科技战略重大部署，积极参与中科院改革创新发展事业，把精力集中在善谋事、真干事上，支持鼓励年轻干部遇到急难险重任务不避事、不推诿、敢啃硬骨头，敢扛事、能抗事、做成事；教育引导年轻干部求真务实、不做虚功，力戒形式主义、官僚主义，在工作中发扬钉钉子精神，在改革创新的摸爬滚打中培养优良作风。

做好年轻干部工作是全党的共同任务，也是中科院的重大政治责任。中科院要以习近平新时代中国特色社会主义思想为指引，不忘科技报国初心、牢记科技强国使命，不断加强年轻科技干部培养工作，着力培养一支对党忠诚、堪当重任、作风优良的高素质专业化年轻科技干部队伍，为党和国家事业发展培养造就一代又一代可靠的接班人。

07/ 改进完善院士制度

庄恩岳：白院士，您担任中科院院长以来，一直坚持学术的荣誉属性，排除非学术因素干扰。2014年，中国科学院第十七次院士大会表决通过了《中国科学院院士章程》（以下简称《院士章程》）修订稿，这是中科院贯彻落实党的十八届三中全会关于院士制度改革要求的重大举措。您能否回忆介绍一下此次章程修改的相关情况？您认为，作为一名合格的院士，要以怎样的标准来要求自己？

白春礼：院士制度是党和国家尊重劳动、尊重知识、尊重人才、尊重创造的集中体现，也是世界各国普遍实行的一项基本科技制度。经过多年的发展，中科院已形成了以《院士章程》为基础的制度体系。

从发展角度看，我国科技正从过去以跟踪追赶为主，转向以自主创新、跨越发展为主，我国科技人才特别是高端人才队伍建设也呈现出快速发展的良好势头，院士制度需要与时俱进加以改进和完善。从实际情况看，“院士”称号的学术性、荣誉性受到了复杂的外部因素影响，院士增选也受到非学术因素的干扰。党的十八届三中全会提出了改进完善院士制度的要求，一些内容涉及《院士章程》，需要对《院士章程》加以修改和完善。

这次章程修改，主要涉及优化院士候选人推荐渠道、建立全体院士终选投票机制、优化学科布局、健全退出机制等方面。修改后的《院士章程》，体现了中央关于改进完善院士制度的精神和要求，落实了习近平总书记在两院院士大会上重要讲话中提出的“真正守住学术性、荣誉性的本质”的要求，也最大程度地凝聚了院士的共识。

关于院士制度改革的方向和任务问题，习近平总书记在两院院士大会上的讲话已有明确阐述。比如，“更好发挥广大院士作用，更好发现和培养拔尖人才，更好维护院士群体的荣誉和尊严，更好激励科技工作者特别是青年才俊的积极性和创造性”，就是院士制度改革的总方向；“突出学术导向，减少不必要的干预，改进和完善院士遴选机制、学科布局、年龄结构、兼职和待遇、退休退出制度等”，就是院士制度改革的主要任务。世界各国科学院院士增选一般有两种模式：一种是规定总量、遇缺增补，如日本等；另一种是不规定总量，定期增补，如英、美及我国等大多数国家。中科院的几次增选，从总体上看，院士队伍的年龄结构正逐步趋于合理。

习近平总书记考察中科院时，明确提出要求中科院实现“四个率先”，其中之一就是要率先建成国家高水平科技智库。在两院院士大会上，他再次强调了决策咨询工作的重要意义，要求两院“组织广大院士，围绕事关经济社会及科技发展的全局性问题，开展战略咨询研究，以科学咨询支撑科学决策”。为认真贯彻落实习近平总书记的这一重要指示，我们决定建立中国科学院科技战略咨询研究院。研究院以学部为主导，集成中科院学部、科研院所和教育机构的优势，使学部工作得到有效支撑，使广大院士作用得到更加充分的发挥。

大家对中央改进完善院士制度的决定是拥护的，对改革的方向是赞同的，特别是对习近平总书记提出的“真正守住学术性、荣誉性的本质”的论述高度认同，认为抓住了改革的根本和关键。这次章程修订的内容也是院士制度改革的主要内容，修订后的《院士章程》的顺利通过说明了广大院士对改进完善院士制度是支持和认可的。

2015 年 12 月 7 日下午，中科院召开了 2015 年新当选院士座谈会，我作为中国科学院院长、学部主席团执行主席为新当选院士颁发了院士证书并作了讲话。

我认为，新当选院士要继承和发扬学部优良传统，深刻理解并切实践行学部使命。一是高举科学旗帜，坚持追求真理、实事求是，超脱部门和局部利益，独立发表科学见解；二是倡导爱国奉献，坚持服务国家、造福人民，一切从国家和人民的利益出发，一切从国家发展大局着眼；三是发扬学术民主，坚持百家争鸣、求同存异，充分吸纳真知灼见，充分听取不同意见；四是注重修身立德，坚持明德楷模、行为世范，旗帜鲜明地反对科学不端行为，营造风清气正的学术环境。

中国科学院正致力于建设成为国家倚重、社会信任、特色鲜明、国际知名的国家高水平科技智库，新当选院士应积极承担学部组织的咨询评议任务，站在国家利益的立场上，发表独立、客观、公正的见解，提出高质量、负责任的真知灼见，为促进党和国家宏观决策的科学化、民主化发挥重要作用。

中国科学院学部是最高学术机构，发挥学术引领作用是每位院士的本职工作。希望院士们在学部组织的学科发展战略研究中，进一步拓宽科学视野，不仅要了解本学科领域前沿动态，还要关注相关新兴交叉学科，把握好世界科技发展大势；要进一步解放思想，敢于提出独特的见解，敢于指出新的科学方向，敢于开拓新的科学前沿，敢于质疑现有理论和结论；要尊重学术自由，坚持真理面前人人平等，共同营造和维护学部良好的学术环境。

与此同时，还希望院士们发扬提携后学的优良传统，不断发现、培养和凝聚拔尖青年人才。

最后，我还特别提到，新院士要以更高标准要求自己，在个人品行方面“永远纤尘不染，保持一身正气”。我为什么会这么说呢？

2014年《院士章程》的修订，在院士退出机制上，增加了“劝退”的机制，增加了“品行端正”的表述，很有针对性。我认为，院士们应以更高的道德修养和品行风范标准要求自己，自觉遵守相关制度，坚决抵制社会不良风气对学部工作和院士队伍的影响，共同维护学部与“院士”称号的学术声誉和社会形象。

08/ 问政于民、问需于民、问计于民

庄恩岳：白院士，前面您谈到，2011年您履新中科院院长以后，马上设立了“院长信箱”，向院属各单位、院机关各部门主要领导发出258封邮件，开始“问政于民、问需于民、问计于民”。您的这一举措，被中科院人亲切地称为“3C”计划。与此同时，您还提出：

“我要当好科技工作者的‘后勤部长’。”多年来，您是这样说的，也是这样去做的，不仅如此，您还积极号召中科院的其他领导也这么做。能否请您谈一谈您当“后勤部长”这么多年的心得体会？

白春礼：设立“院长信箱”，既能通过提出和贯彻正确的路线方针政策带领全院上下共同奋斗，又能从全院广大员工的实践创造和发展要求中获得前进动力。

我在邮件中，号召大家认真思考、深入研究、积极探讨，为中国科学院的发展建言献策，并真诚提出了四个问题。这258封邮件，一下子引起了中科院全院所领导、一线科研人员和广大职工的积极回应。大家觉得，这一做法让人既感到意外，又感到特别亲切，一下子拉近了院长和群众之间的距离。这种“问政于民”的做法，也大大激发了全院广大职工的主人翁精神和爱国、爱院热情。

在充分吸收广大职工提出较多的“人才队伍建设”建议后，针对中科院人才建设实际情况和现实问题，我作出了任职后的“第一份批示”：变“领导相马”为“赛场选马”，营造风清气正的选人用人环境。加大选拔干部的竞争性力度，完善考核机制，推进干部交流，建立并完善符合科研机构特点的新型干部人事制度。

不久后我组织召开了任职后的第一个座谈会，与十六位没有任何行政职务，来自不同领域、不同层次的科学家、工程技术人员和研究生代表畅谈创新人才建设问题。

我明确表示：要着力解决科技工作者的“3H”需求，即解决在住房（Housing）、子女入学和配偶工作（Home）、就医（Health）等方面的实际困难，让他们能安心致力于研究工作。

其实，立志当好科技队伍的“后勤部长”，这并不是从我开始的，我是向老领导学习，学习他们的领导风格。邓小平同志提出的支持科教工作的战略，历年来在中科院都得到了很好的贯彻。历任中科院老领导组织实施的大力气、大规模、大手笔的行政后勤保障工作，对科技工作者安心投入科研事业起到了重大作用。

张劲夫同志把后勤工作看作党联系群众“思想的桥”“感情的船”，亲自抓后勤工作，兴建了五个幼儿园和一所小学；胡耀邦同志明确提出要关心群众生活，从大家最担心的生活困难入手，解决科技人员的住房问题、夫妻两地分居问题、煤气炉子问题、子女入托上学问题、补贴工资问题等；方毅同志创新工作方式，解决机关食堂、礼堂建设问题，有效提升了机关工作效率……

在任职期间，我既是中科院院长，也是中科院“后勤部长”，是为大家排忧解难的“服务员”。只有把科研人员的后勤工作做好，他们才能没有后顾之忧，才能一心一意搞好科研工作。所以，我任职后，在多个场合多次强调：“要把广大科技人员的所思、所需、所忧，作为我们为大家服务的出发点和落脚点。”同时，不仅我是“后勤部长”，而且中科院各级领导也要做好科研人员的“后勤部长”，使他们安心投入到工作中去。

2011年3月18日，中科院与北京市举行科技座谈会，我就科研项目合作、北京市科研需求、科研环境保障，尤其是科研人员的“3H”需求问题与北京市委书记、市长、海淀区委书记等领导进行了深入交流，得到了他们的积极回应。

3月24日，中科院四十五周岁以下在职员工都收到了一封“中国科学院青年骨干生活需求调研”活动的邮件。该活动由中科院团委与院青联联合开展，采用在线填写调查问卷方式，切实摸清中科院青年员工的生活需求，为中科院有关部门重要决策提供依据。4月6日，我们即拿到初步统计数据。

良好的支撑服务体系是凝聚科技人才的重要条件之一，也是激励科技人员心无旁骛地开展科技创新的基础之一。不断产出重大成果，不断培育造就高端科技人才或团队，精心培育青年后备人才，都要求我们必须创造必要条件和环境，支撑科技人员专心致研。

作为国家科技发展的“火车头”，中科院要立足国民经济、社会发展的战略需求，前瞻世界科技、经济发展的未来态势，遵循科技工作的客观规律，准确把握院情特点和现有基础，精心谋划、踏实苦干，向党和国家交一份满意的答卷。

09/ 改革“大脑中枢”，释放创新活力

庄恩岳：白院士，2013年夏天，您顶住压力，带领中科院完成了自1998年“知识创新工程”以来力度最大的院机关改革：撤销原有的四个核心业务局和院地合作局，合并组建三个新局。此次改革的动作之大、职位削减之多，在中科院历史上并不多见。当时的中科院已经走在中国国立科研机构改革的最前沿，是我国科技成果产出的大户，为什么您还要对院机关进行大刀阔斧的改革？

白春礼：我先来讲一件事。2013年，中科院正在筹建三亚深海科学与工程研究所。在中科院机关原来的部门中，这个研究所由高技术局归口管理。但国际知名地球化学家、三亚深海所学术指导委员会主任丁抗告诉我，深海探测是一个需要多学科协同配合的工作，其中

深潜技术属于高技术领域，在海底进行生物多样性研究和发现新物种又属于生物领域，研究海底地质构造又涉及资源环境领域，实际上涉及其他两个局，也就是生物局、资源环境局管理的业务。我们怎么管理三亚深海所？这就需要我们创新管理方式，打破学科壁垒，协调并有效集成院内科研优势，进行综合交叉集成研究。

以前我们也一直在提倡这种创新模式，但真正实行起来，却面临很多困难，原因就在于科研管理上的条块分割。中科院是院所两级管理体系，研究所是一级法人，共有一百零四个研究所、中科院学部、两所大学，形成了以自然科学为主的完备学科体系，每个组成单元独具特色、各有优势，这是中科院发挥建制化优势、强化协同创新、促进学科间交叉融合的有利条件。但中科院机关的业务管理部门有的是按照学科设置，有的又是按工作性质设置，职能交叉、条块分割现象比较严重，经费切块管理方式也带来经费分配、项目组织等方面的问题，在一定程度上制约了各研究单元的协同合作，难以发挥跨所、跨学科统筹布局，集中协同攻关，解决多学科综合性重大问题的优势。另外，把研究所按条块划分给业务局联系和管理，把经费切块分配给各业务局，必然会带来经费分配、项目组织等管理权限和利益性考量上的问题。

应该说，这次改革正是按照科技创新活动的性质及其功能、特点来设置组建科研业务管理序列，避免职能交叉、重叠，理顺工作关系，提高管理效能，并为推进学科交叉融合与协同创新提供科学、高效的组织架构，以利于中科院更好地发挥建制化特点和集团军作战的创新优势，为新时期中科院的跨越发展奠定了坚实基础。

此次改革后，中科院机关设立了科研业务管理和综合职能管理两个序列。其中，科研业务管理序列，按照科技创新活动性质及其功能，组建设置前沿科学与教育局、重大科技任务局、科技促进发展局。三个业务局工作性质不同，管理方式不同，评价方式不同，并且相应建立三类不同的评价体系，其工作覆盖全院所有科研院所和教育机构。综合职能管理序列，设置了办公厅、学部工作局等十个部门。

同时，中科院还新设了中科院教育委员会、科学思想库建设委员会、学术委员会、发展咨询委员会等四个委员会，统筹全院科教资源、院士群体和科技专家智力资源，将科技创新、思想库建设、人才培养和发展战略等有机统一起来，形成相互衔接、互为支撑的系统，从宏观层面整体谋划和推进全局与长远发展。

这样改革的目的，是适应当代科技交叉融合协同创新的新特征，适应中科院科研院所、学部、教育机构"三位一体"发展架构和"出成果、出人才、出思想"的战略使命，很好地推进了"创新2020"跨越发展体系的建设。比如，创新人才培育是中科院的重要产出之一，但一直以来，科研院所、学部、教育机构相对独立，难以充分发挥合力。筹建前沿科学与教育局的目的之一就是促使基础前沿研究、学科建设和研究生培养有机结合，发挥综合优势，为"出成果、出人才、出思想"提供体制机制保障。

此外，改革不仅对院机关科研管理体系进行了重新布局，而且对各管理部门的运行机制也重新进行了规划，坚持一件事情一个部门负责的原则，优化院机关管理职能，完善科研管理组织体系、管理模式和运行机制，扩大研究所和科研人员创新自主权，进一步释放和激发创新活力。

本次改革取消了以前超编的非实职局级领导序列，按照中组部有关要求规范了机关干部管理；同时，机关部门和内设处室数量、局处级岗位设置和机关编制也减少了。

在这里，我特别想提的是，这次改革得到了中科院所有干部职工的理解支持和积极参与，涉及职务变动的同志顾大局、识大体，整个改革进行过程稳妥高效有序，实现了“队伍不散、工作不断、秩序不乱”。这让我深受感动。

10/ 大力培养科技新兵

庄恩岳：白院士，少年强则国强，中国科学院大学作为培养科技新兵的重镇，其在应用学科、新兴交叉学科、医学等学科领域的实力正在逐渐显现。2020年12月28日晚，您作为党的十九届五中全会文件起草组成员、中央宣讲团成员，中国科学院原院长、原党组书记，在中国科学院大学为全校本科生讲授“形势与政策”一课，深入宣讲党的十九届五中全会精神，并与同学们互动交流，认真回答同学们提出的问题。能否请您分享一下当时的上课内容？

白春礼：《中共中央关于制定国民经济和社会发展第十四个五年规划和二〇三五年远景目标的建议》是开启全面建设社会主义现代化国家新征程、向第二个百年奋斗目标进军的纲领性文件，是今后五年乃至更长时期我国经济社会发展的行动指南，在我国发展进程中具有里程碑意义。我向同学们介绍了全面建成小康社会取得的决定性成就，围绕《建议》的核心要义、“十四五”发展规划和2035年远景目标进行了讲解，对推动更深层次改革和更高水平开放、坚持以人民为中心、统筹发展和安全、坚持党的全面领导等方面进行了解读。

党的十九届五中全会提出“坚持创新在我国现代化建设全局中的核心地位，把科技自立自强作为国家发展的战略支撑”“加快建设科技强国”，这些重要论断丰富和深化了对科技创新规律的认识，将科技自立自强的重要性上升到历史的新高度，为我国加快建设科技强国提供了科学指导。当今世界正经历百年未有之大变局，我国发展面临的国内外环境发生深刻复杂变化，我国“十四五”时期以及更长时期的发展对加快科技创新提出了更为迫切的要求。加快科技创新是推动高质量发展的需要，是实现人民高品质生活的需要，是构建新发展格局的需要，是顺利开启全面建设社会主义现代化国家新征程的需要，中科院作为科技国家队要发挥更加重要的作用。

同时，我还向同学们讲述了中科院近年来在芯片研发、量子信息、探月工程等重大国家科技创新领域取得的科研成就，勉励同学们要在科技创新中坚持需求导向和问题导向，要在学习和今后的科研工作中践行习近平总书记在科学家座谈会上提出的“坚持面向世界科技前沿、面向经济主战场、面向国家重大需求、面向人民生命健康，不断向科学技术广度和深度进军”的要求。这是我国坚持创新驱动发展、全面塑造发展新优势的根本遵循和行动指南。在互动环节，同学们就基础科学研究和应用科学研究的关系、“嫦娥五号”探月工程的实施等问题和我进行了交流。

第七章　科技强国

科技是国家强盛之基，
创新是民族进步之魂。
科技是第一生产力，
只有科技发达国家才能繁荣昌盛。
中国梦就是强国梦，
核心是走上科技强国之路。
大力发展科学技术，
加快科技创新驱动。
建设世界科技强国，
实现中华民族伟大复兴。

——题记

01/ 创新是引领发展的第一动力

庄恩岳：白院士，您在2014年4月21日的《人民日报》上发表了《加快创新驱动，成就伟大中国梦》的文章，虽然过去了七年，但是它依然对当下的科技事业发展具有指导意义。能否请您谈谈，当时为什么会提出“加快创新驱动”这个倡议呢？

白春礼：当时写这篇文章，是基于我国经济社会发展处于重要的转型期，需要清醒认识世界新科技革命的发展趋势，科学判断我国科技的未来走向，认真思考急需解决的关键问题。

人类创新的潜能远远超出想象。我不禁想到科技史上几个著名的“失败的预言”。一百多年前，德国物理学家普朗克的老师菲利普·冯·约利教授曾忠告他：“物理学基本是一门已经完成了的科学。”1899年，美国专利局局长断言：“所有能够发明的，都已经发明了。”IBM董事长老沃森也曾预言：“全球计算机市场的规模是五台。”作出这些预言的人，都是那个时代各自领域的杰出人才；他们预言的失败，不是因为短视，而是因为经济社会发展的需求动力远远超出了所有人的预测，人类创新的潜能更是远远超出了所有人的想象。

借助互联网，我们可以在几分钟之内就了解到发生在地球另一端的新闻事件，可以随时随地和世界另一端的人进行通信交流、研讨工作、召开会议，也可以在家里购买自己喜欢的商品。创新，推动了这样一个前所未有的历史巨变，改变了我们的生产方式、生活方式，也让很多人梦想成真。

我国致力于实现现代化，许多发展中国家也在大力发展工业化。现代化的进程，将对能源、资源、食品、健康、教育、文化等各个方面提出极大的需求，也对现有的发展方式提出极大的挑战。破解发展难题，创新发展模式，根本出路在于创新。

从科技创新发展自身看，以绿色、智能、安全、普惠为特征已成为主要趋势，并取得了一系列重大突破。比如，科学家已经制造出“人造树叶”，比天然树叶的光合作用效率高出许多，这将为发展生物质能源开辟一条有效的途径。可以预计，可再生能源和安全、可靠、清洁的核能，将逐步替代化石能源，我们将迎来后化石能源时代和资源高效、可循环利用时代。

信息产业进入了新的转折期。智能网络、云计算、大数据、虚拟现实、网络制造等技术突飞猛进，将突破语言文字壁障，发展新的网络理论、新一代计算技术，创造新型的网络应用与服务模式等。

先进材料和制造领域已能够从分子层面设计、智能化制造新材料，过程将更加清洁高效、更加环境友好。合成生物学的重大突破，将推动生物制造产业兴起和发展，成为新的经济增长点。

在一些基本科学问题上也出现革命性突破的征兆。2013 年诺贝尔物理学奖授予了希格斯粒子的发现者，因为其发现对揭开物质质量起源具有重大意义。科学家对量子世界的探索，已经从“观测时代”走向“调控时代”，这将为量子计算、量子通信、量子网络、量子仿真等领域的变革奠定基础。我们对生命起源和演化、意识本质的认识也在不断深入。这些基本科学问题的每一个重大突破，都会深刻改变人类对自然宇宙的认知，有的还将对经济社会发展带来直接的、根本的影响。

综合判断，经济社会发展需求最旺盛的地方，就是新科技革命最有可能突破的方向。这是一个重要的战略机遇期，谁抓住了机遇，谁就将掌握发展的主动权。谁丧失了机遇，谁就会落在历史发展的后头。

我国改革开放以来，变化之大如天翻地覆，主要动力靠的是改革开放释放出的巨大能量。我国经济社会发展处于重要的转型时期：一方面，资源驱动、投资驱动的发展方式，受到能源、资源、生态环境等方面的严重制约；另一方面，在产业链中的不利分工，也难以支撑经济在现有规模上的持续增长。

现在我国科研条件大幅改善，发表的国际论文数量和高水平产出明显增多，比如我们在中微子研究、量子反常霍尔效应、量子通信、超导研究等方面，都取得了一批重大原创成果；国际专利大幅增长，中兴、华为的申请数已位居世界前列；人才队伍整体能力和水平也在显著提升；越来越多的留学人员选择回国创新创业。这些迹象表明，我国科技创新已经从量的扩增向质的提升转变。

从一些后发国家的经验看，科技赶超跨越一般都要经过二十年左右的持续积累后，才能真正实现质的飞跃。未来我们将有一批具有国际水平的科学家活跃在世界科技舞台，一些重要科技领域将走在世界前列，一批具有国际竞争力的创新型企业也将发展壮大起来。

实现这样一个发展图景，需要科技界共同努力，更需要全社会的大力支持。我们要立足未来，认真思考迫切需要解决的几个关键问题，未雨绸缪，做好充分准备。

第一，推动科技与经济社会发展紧密结合，形成良性互动的机制。促进科技与经济结合，是深化科技体制改革的核心，也是落实创新驱动发展战略的关键。科技创新要坚持面向经济社会发展的导向，积极发挥市场对技术研发方向、路线选择、要素价格、各类创新要素配置等的主导作用，围绕产业链部署创新链，加强市场竞争前关键共性核心技术的研发。产业界特别是企业，要强化在技术创新决策、研发投入、科研组织和成果转化中的主体作用。通过建立定位明确、分工合作、利益共享、风险分担的产学研协同创新机制，着力解决科技创新推动经济增长的动力不足、应用开发研究与实际需求结合不紧、转移转化渠道不畅等问题，消除科技创新中的"孤岛"现象，提升国家创新体系的整体效能，在全社会形成强大的创新合力。

第二，为新科技革命和产业变革做好前瞻布局。随着科学技术不断进步，从科学发现到技术应用的周期越来越短。在能源、信息、材料、空天、海洋等经济社会发展的关键领域，我们要加强前沿布局和先导研究，通过科技界和产业界密切合作、共同攻关，培育我国未来新兴产业的基础和核心竞争力。要推动基础研究与产业发展融合，加强原始创新能力建设。

第三，创造一个鼓励创新、支持创新、保护创新的社会环境。20世纪80年代，美国涌现出一批像比尔·盖茨、乔布斯这样的成功创业者，分析他们的成长经历后，我们不难发现，当时美国社会良好的创新条件和环境起到了非常重要的作用。我们要从国家和社会两个层面，建立和完善公平竞争的法律制度体系、广泛的社会扶持政策和创新激励机制，提高全社会的知识产权意识，尊重和保护创新者的贡献与权益。只有这样，才能涌现出中国的比尔·盖茨、乔布斯。

第四，加快培养下一代科学家、企业家。中国科技创新的跨越发展，不仅要依靠现在活跃在科研一线的科学家、工程师和企业家们，也要依靠下一代、下两代科学家和企业家。未来，将是他们以中国科学家、企业家的身份站在世界创新的舞台上。失去这一两代人，中国将会失去未来。我们必须打破现有的利益格局，为培养下一代科学家和企业家充分作好准备，让一切优秀的、有潜质的、有抱负的青年人才，得到更好的培养和更广阔的舞台，让一切劳动、知识、技术、管理和资本的活力竞相迸发，让一切创造社会财富的源泉充分涌流。

创新驱动的发展方式符合我国转型期的需求。这是一个创新的时代，是通过创新实现梦想的时代。中国科学院作为国家战略科技力量，将秉承“创新科技、服务国家、造福人民”的价值理念，与社会各界携手合作，共同谱写中国科技创新的新篇章，成就中华民族伟大复兴的中国梦。

02/ 为建设科技强国打下坚实基础

庄恩岳：白院士，新中国成立七十多年来，党中央始终将发展科技事业放在国家发展全局的战略位置，在每个关键时期都进行了顶层设计，部署了一系列重大战略，提出了一系列重大举措，有力推动了我国科技事业的发展。近年来，我国科技事业取得历史性成就，为建设科技强国提供了基础和条件。您能否介绍一下新中国成立以来，国家在科技领域的战略部署，以及在科技事业方面所取得的成就？

白春礼：科技兴则民族兴，科技强则国家强。中国要强盛，中华民族要实现伟大复兴，就一定要大力发展科学技术。新中国成立七十多年来，广大科技工作者与祖国同行，以实现国家富强、民族振兴、人民幸福为己任，坚持走中国特色自主创新道路，着力攻克关键核心技术难关、破解创新发展难题，我国科技事业实现了历史性、整体性、格局性的重大变化，为经济社会发展作出了重大贡献，为加快建设科技强国打下了坚实基础。

新中国成立之初，党中央作出建立中国科学院的战略决策，开启了新中国科技事业发展的光辉历程。1956年，党中央制定十二年科技发展规划，发出“向科学进军”的号召，集中各方面力量加快发展科技事业，迅速建立完整的科研队伍、学科体系和科研布局，实施“两弹一星”工程等一大批科技攻关项目，奠定了新中国科技事业发展的基础。

改革开放之初，党中央召开全国科学大会，率先在科技领域拨乱反正，我国迎来“科学的春天”。1985年，党中央作出关于科学技术体制改革的重大决策，确立“经济建设必须依靠科学技术，科学技术工作必须面向经济建设”的方针，开创了科技事业发展的新局面。世纪之交，党中央准确把握信息技术革命的大趋势，确立科教兴国战略和人才强国战略。2006年，为落实党的十六大提出的“制定国家科学和技术长远发展规划”的要求，《国家中长期科学和技术发展规划纲要（2006—2020年）》发布，确立了“自主创新，重点跨越，支撑发展，引领未来”指导方针，推动我国科技事业进入加速发展的快车道。

党的十八大以来，习近平同志就我国科技事业发展多次发表重要讲话、作出重要指示批示，进一步明确我国科技事业发展的总体定位、战略要求和根本任务，为科技创新提供了根本遵循和行动指南。

以习近平同志为核心的党中央深入总结我国科技事业发展实践，观察大势，谋划全局，深化改革，全面发力，科学擘画建设科技强国的蓝图，作出一系列重大决策，深入实施创新驱动发展战略，加快推进创新型国家建设和科技强国建设，全面塑造了我国科技事业面向未来发展的新格局。

一是整体科技实力显著增强。譬如2019年，我国科技经费投入力度进一步加大，研究与试验发展经费支出达到22143.6亿元；研发人员全时当量达到480万人年，在校大学生人数达4002万，创新人才规模稳居世界首位；SCI论文数量和高被引论文数量都位居世界第二位，国内发明专利申请量和PCT国际专利申请量都位居世界首位，成为全球科技创新的重要贡献者。在衡量高质量科研产出的自然指数（Nature Index）年度榜单排名中，中国科学院已连续多年位居全球科研教育机构首位。我国拥有门类最为齐全的工业体系，从2010年起，高技术产品出口额就位居世界第一。从国家整体科技实力和竞争力来看，在国际上几个最有影响的评价报告中，我国总体上的排名已处于发展中国家前列。

二是自主创新能力大幅提升。我国在一些重要领域和方向取得一大批重大原创成果，如量子信息、铁基超导、中微子、干细胞、克隆猴、系列空间科学实验卫星等，有的已经与世界先进水平处于并行阶段，有的甚至开始领跑，化学、材料、工程科学等学科整体水平位居世界前列。载人航天与探月、北斗导航、载人深潜、大型客机、国产航母等一大批重大创新成就，使我国在事关国家全局和长远发展的科技战略制高点上占据了主动位置。高速铁路、5G移动通信、超级计算、特高压输变电等都处于世界领先水平，语音识别、新能源汽车、第三代核电等也进入世界前列。我国还涌现出一批具有世界影响力的高科技企业，为我国全面参与未来全球经济和科技竞争合作奠定了良好基础。

三是人才队伍和科技发展基础更加坚实雄厚。高水平创新队伍是我国科技创新加速发展的关键。我国已建成运行多个具有国际先进水平的大科学装置，其中十八个由中国科学院运行管理，包括500米口径球面射电望远镜、散裂中子源、P4实验室、上海光源、全超导托卡马克核聚变实验装置等，这批国之重器为我国重大基础前沿研究和高技术创新提供了有力的技术和平台支撑。

四是坚定不移走中国特色自主创新道路。我国立足国情和科技创新实践，充分学习借鉴先进经验，走出了一条具有中国特色、符合科技创新规律的自主创新道路。这是我国科技事业取得历史性成就、发生历史性变革的重要原因，也是我国科技事业发展的宝贵经验。

五是充分发挥集中力量办大事的制度优势。集中科技资源开展大协作、大攻关，这是新中国科技事业快速发展的一个重要法宝。新中国成立后，党中央统一领导、统筹部署，全国科技单位的精兵强将和优势力量大力协同，在较短时间内就创造出研制“两弹一星”的奇迹，展现了攻克尖端科技难关的伟大创造力量。近年来，新型举国体制不断深化发展，一大批重大科技攻关任务、全方位的产学研用合作和协同创新，在加快提升自主创新能力、有效满足国家重大战略需求、解决“卡脖子”问题等方面发挥了关键作用。

六是不断发展完善中国特色国家创新体系。从“五路大军”到“五大体系”，中国特色国家创新体系的形成和发展，既体现了历史必然性，也适应了时代要求。中国科学院作为国家创新体系的骨干力量，不断探索科研院所、学部、教育机构“三位一体”的发展架构和独具特色的科教融合新模式。新时代，党中央作出了一系列新的战略安排。从对中国科学院提出“三个面向”“四个率先”要求，到以国家实验室为引领加快建设国家战略科技力量，再到以北京、上海、粤港澳大湾区科创中心为牵引加快建设面向未来发展的国家科研战略布局，中国特色国家创新体系建设充分体现了新时代的发展要求，为坚定不移走中国特色自主创新道路提供了坚实支撑。

七是不断改革探索独具特色的体制机制。开展了一系列具有开拓性的改革探索，逐步建立了一整套适应社会主义市场经济发展要求的科技体制机制，这些都是坚定不移走中国特色自主创新道路的重要保障。从1985年以来，“三元结构”分配制度、竞争择优的科研资助体系、多层次人才培养体系等一系列独具特色、行之有效的改革举措的实施，充分激发了全社会的创新活力。党的十八大以来，科技体制改革不断深化，科技计划体系、科研项目和科研经费管理改革、科技成果转化“三权”改革等赋予科学家和科研院所更大自主权，其力度之大、含金量之高前所未有，为我国科技事业发展注入更强劲的动力。

八是全面开创新时代科技事业发展新局面。新中国成立七十多年来，经过快速发展，我国科技创新已处在实现战略性转变的关键时期。当前，新一轮科技革命将引发科技创新范式的变革和全球创新格局的重构，同时我国经济高质量发展对自主创新能力提出了更高要求。这既为我国科技创新带来新的战略机遇，也提出了新的严峻挑战。

新中国成立七十多年来，我国科技事业取得了举世瞩目的发展成就，科技创新整体上呈现加速从量的积累向质的飞跃提升、从点的突破向系统能力提升的态势，展现出巨大的发展潜力，具备了从科技大国加速向科技强国迈进的基础和条件。

03/ 以高质量科技创新赋能高质量发展

庄恩岳：白院士，为深入贯彻落实中央经济工作会议精神，由中央广播电视总台主办的2019央视财经论坛于当年12月13日在北京举行。您在会上与部委领导、经济学家、企业家等围绕“赋能高质量发展”这一论坛主题，集中就解读中央经济工作会议、2020年中国经济形势前瞻分析等议题广泛交流研讨。您当时对“赋能高质量发展”这一主题发表了深刻见解。为实现经济高质量发展，我国仍迫切需要科技创新的驱动，能否请您解说一下，如何进一步发挥科技创新对我国经济高质量发展的引领作用？

白春礼：当时我提出，要以高质量科技创新赋能高质量发展，核心就是要加快提升自主创新能力，就是要推动科技创新加快实现高质量发展，更好地发挥战略支撑作用。

我国经济已由高速增长阶段转向高质量发展阶段。推动经济发展质量变革、效率变革、动力变革，提高全要素生产率，迫切需要发挥创新第一动力的作用，为建设现代化经济体系和实现高质量发展提供战略支撑。

赋能高质量发展迫切需要赋能技术的推动，那么哪些是赋能技术呢？我认为，最近几年，以人工智能、大数据、5G移动通信、区块链等为代表，掀起了信息技术新一轮发展的浪潮；以基因技术、再生医学、合成生物学等为代表，生命与健康领域展现出广阔的研究前景。信息技术和生物科技已成为推动经济社会加速转型发展最重要的赋能技术，围绕这两大领域，不断孵化催生出新技术、新产品、新业态、新模式，引领了新一轮科技革命和产业变革。

比如人工智能，现在专用人工智能在单项测试、大规模图像识别和人脸识别中，已经超越人类的工作效率，在机场、银行、物流等很多与我们日常生活密切相关的领域，得到广泛的应用。据麦肯锡公司预测，到2030年，约70%的公司将采用人工智能技术，新增经济规模将达到13万亿美元。

再如在生命与健康领域，随着基因编辑技术的快速发展，加速孕育一批具有重大产业变革前景的颠覆性技术，给药物研发、基因治疗、生物育种、生物安全、现代农业等领域带来深远影响，推动生物经济蓬勃发展。

基础研究作为整个科学体系的源头，是实现重大技术突破，抢占知识产权高地的基础，也是体现一个国家科技综合实力的重要标志。进入新世纪以来，各主要学科领域在理论体系、重大问题方面，包括暗物质、暗能量、物质的微观结构、生命的起源与演化都取得了一系列重大进展，呈现出加速发展的态势。这些领域新进展、新趋势既为加快跨越发展提供了重要的战略机遇，也提出了重大的挑战。

当前我国科技事业发生历史性变革，取得了历史性成就，但还存在一些短板和不足，主要是引领的、原创的、关键核心的重大产出还不多，很多关键领域“卡脖子”问题依然突出，如何以高质量科技创新来支撑高质量发展，成为当前高度关注的重大战略问题。

要加快提升自主创新能力，推动科技创新加快实现高质量发展，更好地发挥战略支撑作用，主要体现在以下三个方面：

一是强化国家战略科技力量，健全国家实验室体系，构建社会主义市场经济条件下关键核心技术攻关的新型举国体制，组织实施一批国家重大科技项目和关键核心技术攻关任务，重点聚焦在航空发动机、量子信息、量子计算、智能制造和机器人、深空深海探测、重点新材料等战略必争领域，力争打破重大关键核心技术受制于人的局面。我们需突破一批“卡脖子”和短板问题，形成一批战略性技术和产品，开辟新的产业发展方向和重点领域，培育新的经济增长点。

二是建设北京、上海、粤港澳大湾区科创中心和四个综合性国家科学中心，打造全球科技创新高地、新型产业重要策源地和高端经济增长极，加快构筑面向未来的科技与经济、产业、区域有机融合发展的战略格局。目前我国已经布局建设了若干大格局装置集群，集聚了一批高水平科研机构、企业和创新人才，集聚效应和创新高地的作用已经初步显现。

三是持续深化科技体制改革，加大力度出台一批含金量高的激励政策，包括持续加大研发投入，加强基础研究和原始创新，促进科技成果转移转化等，这些举措能进一步激发全社会的创新活力，激发新一轮科技革命和产业革命。

我衷心希望不久的将来，会有更多高水平科技成果不断产出，为经济社会提供更多的高端科技供给，在高质量发展中发挥好国家战略科技力量的作用。

04/ 把“卡脖子”清单变成科研任务清单

庄恩岳：白院士，虽然现在我国科技创新不断取得重要成果，但某些关键核心技术仍然没有取得突破性的进展。现在发达国家在尖端科技领域对我们“卡脖子”变成了我们心头的痛！有些发达国家处处为难我们，“卡脖子”的现象到处出现。在2020年9月国新办举办的“中国科学院‘率先行动’计划第一阶段实施进展有关情况的发布会”上，您作为中科院院长透露，在光刻机、橡胶轮胎、高端芯片等方面，中科院将集结精锐力量组织系统攻关，有效解决一批“卡脖子”问题。能否请您谈一谈中科院将“卡点”变成“突破点”的情况？

白春礼：我国在很多高技术领域仍然存在受制于人的短板和“卡脖子”的地方，成为影响我国经济安全和国家安全的切肤之痛和重大隐患。这一问题引起了从中央到地方乃至全社会的高度关注。从总体上看，在信息通信、高端装备、工业基础材料、航空航天、生物医药等关键领域和关键产业，我国都存在明显的短板。从长期来看，这些短板和“卡脖子”的地方严重制约了我国产业转型升级、实现高质量发展，是我们加快建设世界科技强国必须迈过的一道坎。

在战略高技术方面，我们还面临很多关键核心技术的制约。我国芯片进口额已经连续多年超过石油；操作系统、高端光刻机仍被国外公司垄断，90%以上传感器来自国外；高档数控机床、高档仪器装备等关键件精加工生产线的制造及检测设备中，95%以上依赖进口；高端医疗仪器设备、高端医用试剂、重大疾病的原研药、特效药基本依赖进口。这些方面的问题一旦被“卡脖子”，就会威胁到整个产业链和供应链的安全。

中科院把“卡脖子”的清单变成科研任务清单进行布局，聚焦在国家最关注的重大领域，集中全院的力量来做。中科院要求四类机构每个机构要明确定位，实行了“一三五”规划：“一”是明确定位，你的优势、你的特色、你的不可替代性，你不是包打天下什么都做，如果你工作的领域方向不能在国际上占有一席之地，国内不领先，那就不要做；“三”是三项重大突破，要明确知道做什么，不是完全自由探索，应用基础研究是目标导向，这个占的比例要大，因为这是国家战略科技力量，应要求研究所承担重大科技任务；“五”是要求每个研究所提出五个左右的重点培育方向，旨在为长远发展打好基础。中科院希望能够责无旁贷、心无旁骛地进行科技攻关，一些关键核心技术攻关会成立领导小组，要求每个承担重大任务的人要签署责任状，研究所要做好后勤保障，要求承担科技任务的科技人员本身在承担任务攻关中不去报奖，不去干一些与承担任务无关的事情，要全力把攻坚任务做好。

05/ 战略科技力量是科技自立自强的必然选择

庄恩岳：白院士，我在金融系统工作多年，尤其关心《财经》年会。2020 年 11 月 25 日，您作为嘉宾在《财经》年会上表示，只有实现了科技上的自立自强，突破国外在关键核心技术上的封锁和制约，才能真正把发展的主动权牢牢掌握在自己手中，更好地保障经济社会各领域的安全。您当时提出了“强化战略科技力量，支撑科技自立自强”，能否请您就这一点详细谈谈？

白春礼：我国是一个名副其实的“科技大国”，但还不是“科技强国”。客观地讲，我国的科技创新水平与发达国家相比，与国家经济社会发展的要求相比，与实现“科技自立自强”的要求相比，还有较大差距。党的十九届五中全会对当前科技创新发展的一个重要判断是“创新能力不适应高质量发展要求”，集中反映出我们科技发展的差距和不足。所以，五中全会强调要“把科技自立自强作为国家发展的战略支撑”。我在《财经》年会上讲话的主题也是结合了思考和一些认识体会提出的，接下来，我从几个方面来聊一聊“强化战略科技力量，支撑科技自立自强”这个话题。

首先，科技自立自强是国际环境深刻复杂变化的形势所迫。面对近年来贸易保护主义盛行、经济全球化遭遇逆流等趋势带来的外部风险和不确定性，市场和资源“两头在外”的经济结构对我们的产业链、供应链安全带来严重威胁。我国在很多高技术领域仍然存在受制于人的短板，这些短板，会让我们的工业大厦“地基”不牢，一旦出现问题，就会威胁到整个产业链和供应链的安全。因此，只有实现了科技上的自立自强，才能真正把发展的主动权牢牢掌握在自己手中，更好地保障经济社会各领域的安全。

其次，科技自立自强是现代化国家建设的发展所需。我国已转向高质量发展新阶段，无论是培育新动能、发展新兴产业、改造提升传统产业，还是改善人民生活、保护生态环境、保障国家安全，都离不开科技创新的战略支撑。五中全会特别强调要加快构建以国内大循环为主体、国内国际双循环相互促进的新发展格局，科技创新无疑是构建这一新发展格局的关键。如果把国内大循环想象成我们的人体系统，要让生产、分配、流通、消费等各个环节畅通起来，首先需要打通经济循环中的堵点。其中有些是阻碍生产要素和商品服务自由流通的“制度性堵点”，我们可以通过持续深化改革来化解；更多的是

“技术性堵点”，这些问题是制约我们发展最大的“卡脖子”瓶颈问题，也是打通循环的关键，是急需科技创新发挥作用的地方。

我们知道在衡量生产系统效率的生产函数中，科技创新已经成为关键变量，只有提供更多高水平的科技供给，提升科技进步对经济发展的贡献率，更好地满足高质量发展的科技需求，才能进一步增强供给体系对日益提高的国内需求的适配性，让我们的经济体系在更高水平上实现供需的动态平衡。

再次，科技自立自强是科技自身发展的内在要求。强调科技自立自强，就是希望要逐步扭转科研活动中原创能力不强、大量资源和精力用在从事跟随型研究上的问题，激励科研人员提出更多原创理论、作出更多原创性贡献，不断向科学技术广度和深度进军，加快实现从“科技大国”向“科技强国”的转变。

实现科技自立自强是一项复杂的系统工程，战略科技力量在实现科技自立自强中发挥着关键作用。一般来说，战略科技力量是在重大创新领域由国家布局支持，具有基础性、战略性使命的科技创新“国家队”，代表国家科技创新的最高水平。拥有一支国家战略科技力量对国家科技的发展至关重要。比如美国在“二战”以来组建的橡树岭、阿贡、劳伦斯等我们耳熟能详的国家实验室，围绕国家战略需求领域和重大科技前沿领域开展持续研究，涌现出原子弹、互联网等重大战略科技产品和颠覆性技术，对于保障国家安全、促进科技进步发挥了不可替代的作用。德国的马普学会、弗朗霍夫协会、亥姆霍兹联合会三大国家研究机构，构成了德国国家创新体系的中坚力量。法国的国家科研中心（CNRS）、日本的理化所等国家科研机构，也都是各自国家科技发展和产业创新的重要力量，代表国家参与国际科技竞争与合作。

从科技发展趋势来看，强化国家战略科技力量也是把握新科技革命机遇、实现未来科技自立自强的客观要求。随着大科学时代的到来，科学研究的复杂性不断提升，科学前沿不断向超宏观、超微观和极端复杂方向推进，传统上科研人员单打独斗或小规模团队作战的科研方式已经无法满足很多领域日益复杂的科研活动需要。

特别是在深海、深地、深空、深蓝等重大战略性科技领域，往往面临投资强度大、投入周期长、技术难度高、学科交叉广等问题，市场机制无法保障有效的科技资源投入，需要依靠国家统筹规划布局和长期稳定投入，充分发挥国家战略科技力量的多学科、建制化优势，组织开展体现国家意志、服务国家需求的重大研究，确保国家战略目标的实现。近年来，我们相继取得载人航天与探月、北斗导航、载人深潜等一系列重大突破，国家战略科技力量在其中发挥了不可替代的作用。

比如，面对突如其来的新冠肺炎疫情，中科院、医科院、军科院等战略科技力量挺身而出，为打赢疫情科技攻坚战作出了重要贡献。比如最早确定了新冠病毒的全基因组序列并分离得到病毒毒株；成功利用恒河猴模型和ACE2小鼠模型进行疫苗抗体的评价工作，成功构建了猕猴、北平顶猴感染模型；自主研发的CAStem干细胞注射液，入选国家“三药三方案”；筛选出能缓解肺炎症状的羟氯喹、发现能有效阻断“炎症风暴”的托珠单抗、用于治疗重症和危重症的痰热清，纳入国家新冠肺炎诊疗方案；新冠灭活疫苗获得国家药监局临床试验批准。

要实现科技自立自强的目标，就需要按照有关要求，准确把握国家战略科技力量建设的重点任务，更好支撑科技实现自立自强。一是要进一步完善国家创新体系总体布局。强化国家战略科技力量与市场主体的统筹协同和融通创新，协同部署产业链和创新链，畅通创新价值链的关键环节，加快推进科技成果转移转化，提高创新链的整体效能。二是要组织实施好重大科技任务。充分发挥社会主义市场经济条件下新型举国体制优势，针对当前的“卡脖子”问题，通过采取“揭榜挂帅”等方式，加快突破关键核心技术制约。在人工智能、量子信息、集成电路、生命健康、脑科学等前沿重点领域，着眼长远系统谋划重大项目布局，为解决事关长远发展的“心腹之患”问题提供战略性技术储备。三是要强化基础研究。加强基础学科建设，强化学科深度交叉融合，从经济社会发展的重大需求中发现重大科学问题，从科学原理、问题、方法上进行集中攻关，为创新源源不断地提供源头活水。四是要加强高水平创新主体建设。加快推进国家实验室建设，重组国家重点实验室体系。深入推进事业单位改革，进一步强化国家科研机构的体系化能力和集群化优势；加快推进“双一流”高校建设，提升服务国家需求和支撑经济社会高质量发展的能力。五是要优化战略科技力量的空间布局。加快推进综合性国家科学中心建设，打造重大原始创新策源地。支持北京、上海、粤港澳大湾区加快形成国际科技创新中心，推动京津冀、长三角、珠三角等重点区域率先实现高质量发展，引领带动其他区域加快走上创新驱动发展道路。

06/“率先行动”引领科技强国建设

庄恩岳：白院士，习近平同志关于科技创新的重要论述，是我们建设世界科技强国的根本遵循。“四个率先”是习近平同志对中科院提出的重要指示，您能否分享一下中科院在党中央坚强领导下贯彻落实“四个率先”要求的举措？

白春礼：2013年7月17日，习近平总书记在视察中科院时，对中科院未来发展提出了“四个率先”的要求。这对我们来说既是极大鼓舞，也是有力鞭策。认真贯彻落实习近平总书记的重要指示，在建设世界科技强国的征程中充分发挥引领和率先作用，就必须坚定不移维护党中央权威，坚定不移地向以习近平同志为核心的党中央看齐，打造一支对党忠诚、个人干净、敢于担当的党员干部队伍，汇聚起科技创新的强大动力，努力实现“四个率先”。

第一，中科院以组织实施“率先行动”计划为中心。着眼长远、着眼全局、着眼引领，与国家创新发展要求紧密衔接，在若干重大创新领域进行战略布局，围绕科技前沿和重大需求选择好重点培育方向。充分发挥建制化和多学科综合优势，力争产出一批在建成创新型国家中具有标志性意义的重大原创成果，产出一批具有引领带动作用的重大战略性技术与产品，产出一批具有显著经济社会效益的重大示范转化工程，大幅提高科技进步对经济社会发展的贡献率，为供给侧结构性改革提供新的动力源，在建设世界科技强国中率先实现科学技术跨越发展。

第二，中科院以提升人才队伍质量、优化人才队伍结构为重点。实施更具针对性、更有吸引力的人才政策，以更开放的胸怀、更广阔的视野、更有力的举措，在全球范围吸引和集聚高端科技人才；通过组织实施重大科技任务、开展重大国际科技合作，加快集聚和造就一批战略科技人才和科技领军人才，率先建成国家创新人才高地。

第三，中科院以国家高端智库建设试点为抓手。积极组织院内外院士专家队伍开展高水平、常态化学科发展战略和创新发展决策咨询研究，完成国家重大咨询评估任务，提出具有重要决策支撑作用的科学前瞻政策建议和系统解决方案，在国家科技规划、科学政策、科技决策等方面发挥重要作用，率先建成国家倚重、社会信任、特色鲜明、国际知名的高水平科技智库。

第四，中科院以国家实验室建设和研究所分类改革为突破口。继续深化科技体制改革，整合优势资源，健身瘦体，打破院内院外的“围墙”，进一步加强与大学、企业、地方的战略合作，大力推进各项改革举措落实落地，加快构建符合科研规律和国家发展要求的现代科研院所治理体系，率先建设一批国家创新高地和世界一流科研机构。

07/ 坚持党对科技事业的全面领导

庄恩岳：白院士，您在担任中科院院长期间，带领全院坚决贯彻落实党中央关于科技发展的决策部署，成果显著。您曾在一篇文章中强调：“坚决维护党中央权威，是坚持和发展中国特色社会主义、顺利实现‘两个一百年’奋斗目标和中华民族伟大复兴中国梦的必然要求。广大科技工作者要自觉在思想上政治上行动上同以习近平同志为核心的党中央保持高度一致，凝心聚力、真抓实干，为建设世界科技强国而奋斗。”您能否就此详细谈谈？

白春礼：我国科技发展的巨大成就是在党中央坚强领导下取得的。

办好中国的事情，关键在党。党的领导是中国特色社会主义最本质的特征。坚持党的领导，首先是坚持党中央集中统一领导，坚决维护党中央权威。只有维护党中央权威，才能把全体党员和党组织紧紧凝聚在一起，确保全党统一意志、统一行动，进而把全国各族人民紧密团结在一起。我们党在百年的发展历程中，正是由于坚决维护党中央权威，才取得了革命、建设和改革的一个又一个胜利，使中国特色社会主义事业呈现勃勃生机，展现光明前景。从新中国成立以来的科技发展历程看，正是由于坚持党中央的坚强领导、坚决维护党中央权威，我国才快速发展成为一个具有重要影响的世界科技大国。

新中国成立之初，我们党就深刻认识到科技落后是旧中国落后挨打的重要原因，把发展科技置于新中国建设的重要位置。在当时经济十分困难、各方面条件十分艰苦的情况下，1949 年 10 月党中央就批准成立中国科学院，12 月党中央又印发《关于保护与争取技术人员的指示》。1956 年，党中央向全党全国发出“向科学进军”的号召，动员和组织全国科技力量，推动我国迅速建立了学科齐全的科学研究体系、工业技术体系、国防科技体系、地方科技体系，催生了以“两弹一星”为标志的一批重大科技成果。改革开放以来，党中央先后制定和实施科教兴国战略、人才强国战略、创新驱动发展战略，推动我国科技事业实现了历史性跨越。新中国成立以来我国科技发展取得巨大成就，一条根本经验就是始终坚持党中央集中统一领导，坚决维护党中央权威，坚决贯彻落实党中央关于科技发展的重大决策部署。

2016 年党中央颁布的《国家创新驱动发展战略纲要》明确提出，到 2030 年我国要跻身创新型国家前列，到 2050 年建成世界科技创新强国。习近平同志在 2016 年的全国科技创新大会上，对建设世界科技强国进行了深入阐述，提出了明确要求。建设世界科技强国，开辟我国创新发展的新局面，关键是要维护党中央权威，坚决贯彻落实党中央关于科技发展的决策部署。科技战线的各级党组织必须不断加强和规范党内政治生活，牢固树立政治意识、大局意识、核心意识、看齐意识，增强道路自信、理论自信、制度自信、文化自信，进一步增强党组织的凝聚力、创造力、战斗力，奋力推进科技创新，不断产出重大创新成果，为建设世界科技强国作出应有贡献。

党的十八大以来，以习近平同志为核心的党中央把握时代大势、回应实践要求，提出了一系列治国理政新理念新思想新战略，在改革发展稳定、内政外交国防、治党治国治军各方面取得了一系列重大成就。习近平同志对科技创新提出了一系列新思想、新论断、新要求，是指导我们走中国特色自主创新道路、实施创新驱动发展战略、建设创新型国家和世界科技强国的根本遵循。

第一，我们要牢牢把握建设世界科技强国的宏伟目标。习近平同志多次强调，要把创新作为引领发展的第一动力，摆在国家发展全局的核心位置。在2016年的全国科技创新大会上，习近平同志提出了建设世界科技强国的最终目标。建设世界科技强国，是以习近平同志为核心的党中央深刻认识人类社会发展规律和科技创新规律、准确把握中华民族伟大复兴的时代要求而作出的重大战略决策，向全国科技界发出了动员令、吹响了冲锋号，将进一步凝聚全党和全国各族人民的力量，进一步增强科技界创新跨越的信心和勇气，进一步激发全社会的创新创业活力。

第二，我们要牢牢把握建设世界科技强国的战略方向。习近平同志站在国家发展全局的战略高度，高瞻远瞩、审时度势，科学把握时代要求，深入阐述了如何建设世界科技强国。他强调要坚定不移走中国特色自主创新道路，发挥社会主义集中力量办大事的制度优势，深入实施创新驱动发展战略；要求把核心技术掌握在自己手中，真正掌握竞争和发展的主动权，从根本上保障国家经济安全、国防安全和其他安全。这些重要论述指明了我国科技创新的道路选择和战略方向。

第三，我们要牢牢把握建设世界科技强国的具体要求。习近平同志对我国科技创新工作提出了一系列明确要求。他要求牢牢把握科技进步大方向，牢牢把握产业革命大趋势，牢牢把握集聚人才大举措；夯实科技基础，在重要科技领域跻身世界领先行列；强化战略导向，破解创新发展科技难题；加强科技供给，服务经济社会发展主战场；深化改革创新，形成充满活力的科技管理和运行机制；弘扬创新精神，培育符合创新发展要求的人才队伍。这些明确而具体的要求，对我们深化科技体制改革、落实创新驱动发展战略、应对国际科技竞争、建设世界科技强国具有重要的现实指导意义。

对科技界来说，坚决维护党中央权威和习近平同志的核心地位，坚决执行党中央作出的重大战略部署，就要深入学习领会、全面贯彻落实习近平同志关于科技创新重要论述的精神要义，进一步增强使命感和责任感，进一步提升创新发展的主动性和自觉性，不断取得科技创新的新突破新成就，不辜负党中央的充分信任和殷切期望，不辜负全社会的热情关切和大力支持。

08/ 迈向科技强国之路

庄恩岳：白院士，中国要强盛、要复兴，就一定要大力发展科学技术，努力成为世界主要科学中心和创新高地，努力建设世界科技强国。您认为我国在迈向“科技强国”的路途中应把握好哪几个关键性的问题？能否请您介绍一下中科院在此过程中作出的努力？

白春礼：客观地说，我国科技创新无论是规模、投入还是产出的数量、质量，都已经具备了科技大国的特征和要求，对现阶段我国科技发展而言，最关键的是如何更好更快向科技强国迈进，在这个进程中，我认为有三个方面的关键问题。

首先是加快构建新型举国体制，进一步加强国家战略科技力量的建设。一方面，要集中优势力量，加强在相关领域的重大创新突破；另一方面，要带动国家创新体系的改革发展，减少资源分散、重复布局等体制问题。同时，也要以国家重大科技任务为牵引，充分发挥国家集中力量办大事的制度优势。党的十八届五中全会进一步明确要启动实施“科技创新2030—重大项目”，核心是要充分发挥我们独特的制度优势，把各方面的优势力量组织起来，围绕具有明确目标和需求导向的重大科技任务，集中攻关、协同创新，加快取得重大突破。

其次是充分发挥市场在资源配置中的决定性作用，进一步提升国家创新体系的整体效能。所谓“充分发挥市场的决定性作用”，就是要推进产学研用一体化，支持企业真正成为技术创新决策、研发投入、科研组织、成果转化的主体，打通从科技强到产业强、经济强、国家强的通道。

再次是要充分发挥我国人力人才资源丰富、国内市场巨大等综合优势，充分调动各方面力量和各类科研人员的积极性、主动性和创造性。我国有世界上最大规模的科技人才队伍，也是我们建设世界科技强国的独特优势。创新之道，唯在得人。我们要加快建设有利于人才成长的培养机制、有利于人尽其才的使用机制、有利于竞相成长各展其能的激励机制、有利于各类人才脱颖而出的竞争机制，营造良好的科研生态，才能使各类英才辈出、创新成果不断涌现。

党的十八大以来，中科院在重大科技基础设施建设方面取得了突出进展。比如，2016年9月，“中国天眼”落成启用，这是我国具有自主知识产权，目前世界最大单口径、最灵敏的射电望远镜。它将在未来十到二十年内保持世界领先地位，为我国在科学前沿实现重大原创突破提供前所未有的机遇。2018年，由中科院牵头建设的国内首台、世界第四台脉冲型散裂中子源，也通过了国家验收，技术指标和综合性能进入国际同类装置先进行列，使我国跻身世界四大散裂中子源的行列，为材料、生命科学、能源等基础前沿研究和技术创新提供了重要的创新平台。此外，中科院承建的武汉国家生物安全实验室也正式验收，成为我国首个也是亚洲首个生物安全等级最高的实验室。

这批已经建成运行的大科学装置在我国科技创新中发挥了重要作用。还有一批专用装置产出了一批具有世界影响的重大原创成果。比如，“东方超环”代表中国参加了国际热核聚变反应堆国际大科学计划，最近，该装置在国际上首次实现等离子体温度超过1亿摄氏度。此外，科研人员利用大亚湾中微子实验装置发现了中微子第三种振荡模式，这一发现入选《科学》杂志2012年度世界十大科学突破，并获得2016年国际基础物理学突破奖和国家自然科学一等奖。

09/ 要跻身创新型国家前列

庄恩岳： 白院士，习近平总书记指出，要加快解决当前制约科技创新发展的一些关键问题，明确向科学技术广度和深度进军的方向和战略重点。我国已经进入创新型国家行列，并计划在2035年跻身创新型国家前列。在您看来，要进入创新型国家前列，我们需从哪些方面努力?

白春礼：站在历史的新起点上，我国的目标是在2035年进入创新型国家前列，这一目标任重道远。我个人认为要从以下几个方面着手：

一是解决好科技创新“做什么”的问题，要着眼于“顶天立地”。什么是“顶天”?“顶天”是要仰望星空，做好奇心驱动的探索性研究。什么是“立地”?“立地”是坚持需求导向，解决我国经济社会发展、民生改善、国防建设等面临的现实问题。这就是习近平总书记提到的要持之以恒加强基础研究，要坚持需求导向和问题导向。他多次强调基础研究的重要性，深刻指出我国面临的很多“卡脖子”技术问题，根子是基础理论研究跟不上，源头和底层的东西没有搞清楚。同时要求广大科技工作者从国家急迫需要和长远需求出发，选择研究方向、确定科研选题，真正做到把论文写在祖国的大地上，把科技成果应用在实现现代化的伟大事业中。

二是处理好科技创新“怎么做”的问题，要坚持“改革开放”。首先要通过深化科技体制改革把我国科技队伍蕴藏的巨大创新潜能有效释放出来。党的十八届三中全会以来，党中央系统部署和整体推进科技体制改革，科技创新治理体系和治理能力现代化建设取得历史性进展，国家创新体系整体效能显著提升。但正如中央深改委第十三次会议指出，科技体制改革任务落实还不平衡不到位，一些重大改革推进步伐不够快，相关领域改革协同不足，一些深层次制度障碍还没有根本破除。其次要持续推动国际科技合作和开放创新，积极主动融入全球创新网络。当前，国际环境日趋复杂，不稳定性不确定性明显增强，加上新冠肺炎疫情在全球的持续蔓延，国际科技合作受到严重影响。在这样的大背景下，习近平总书记旗帜鲜明地指出，国际科技合作是大趋势，要求越是面临封锁打压，越是不能搞自我封闭、自我隔绝，而是要实施更加开放包容、互惠共享的国际科技合作战略，更加主动地融入全球创新网络，在开放合作中提升自身科技创新能力。我们要在更加平等、在更高水平上更好地参与国际科技合作，为世界科技发展作出更大贡献。

三是安排好科技创新“谁来做”的问题，建设好“人才体系”。要加强创新人才教育培养，建设一支规模宏大、结构合理、素质优良的科技创新人才队伍。在已经拥有世界级规模的科研人员和工程师队伍的基础上，培养造就一批帅才型科学家，发挥好他们有效整合科研资源的作用。还要整合优化科技资源配置，强化国家战略科技力量，完善国家创新体系，充分发挥我国社会主义制度能够集中力量办大事的优势，推动重要领域关键核心技术攻关。同时要发挥好企业作为技术创新主体的作用，推动创新要素向企业集聚，促进产学研深度融合。

10/ 为建设世界科技强国而奋斗

庄恩岳：白院士，您作为一个从事科技工作几十年的科学家，无论是在理论层面，还是在实践层面，对我国科技情况和国际科技发展趋势都非常了解，那么，您对我们国家如何建设世界科技强国有什么建议?

白春礼：建设世界科技强国，我们可以学习借鉴国际上的成功经验，但绝不能简单模仿和照搬其他国家的做法。我们要发挥自身的优势特色，找准突破口，抓住关键问题，扬长避短、趋利避害，走出一条中国特色科技强国之路。为此，要牢牢把握以下几个方面：

一是坚持集中力量办大事。这是我国独特的制度优势，“两弹一星”、载人航天和探月工程的成功经验充分证明了这一点。坚持集中力量办大事，就是在事关国家全局和长远发展的重大创新领域，集中全国优势科技资源，组织力量开展协同创新和科技攻关，着力解决一批战略性科技问题；按照择优择重的原则，进一步调整科技投入结构和重点方向，创新资源应更多向创新能力强、创新产出高、创新效益好的科研院所、研究团队聚集，做优做强国家战略科技力量。

二是树立重大创新产出导向。新形势下，我们要在更高起点上进一步明确与我国科技创新转型发展相适应的创新政策、创新体制、创新文化，引导科技界在思想观念、组织体制和科技评价上实现根本转变，强调增强创新自信，强化重大创新产出导向，在基础和前沿方向上努力取得具有前瞻性的原创成果，在重大创新领域开发有效满足国家战略需求的技术与产品，在产业创新上发展具有颠覆性的引领性关键核心技术，加快推动自主创新能力的整体跃升，推动科技与经济深度融合，大幅提升高端科技供给，从根本上解决低水平重复、低端低效产出过多等问题。

三是打牢基础、补齐短板、紧抓尖端。抓住发展基础薄弱、需求迫切、关键核心技术受制于人的战略领域（如信息技术、先进制造、医药健康、能源资源等），创新组织模式，加快突破，缩小差距，迎头赶上。

四是加快建设一支高水平创新队伍。建立健全人才竞争择优、有序流动机制，打破围墙、拆除栅栏，激发各类人才创新活力和潜力，逐步提高人才队伍水平。赋予科研院所和科研团队更大的用人自主权，以创新质量、贡献、绩效分类评价各类人才，进一步规范既有效激励又公平合理的分配政策，充分激发科研人员的积极性、主动性和创造性，营造良好的创新环境，实现人尽其才、才尽其用。

第八章　科研转化

科学是人们生活中最重要、
最美好和最需要的东西。
科技是经济增长的发动机，
是提高综合国力的主要驱动力。
促进科技成果转化，
加速科技成果产业化。
科研成果不应束之高阁，
应尽快为社会服务。
加速科技成果转化，
更有利于科技创新。

——题记

01/ 产业化促进经济社会发展

庄恩岳：白院士，在2011年4月7日召开的2011中国科协学术建设发布会上，您作为中国科协副主席、中国科学院院长表示，各相关学科越来越注重将科技创新成果迅速、有效地转化为现实生产力，为国民经济建设和社会发展发挥重要支撑作用，并创造了巨大的经济、社会和生态效益。能否请您谈一谈当时科研转化的一些情况？

白春礼：譬如在转基因抗虫棉育种领域，我们的科学家成功研制出了单价、双价转基因抗虫棉，采用了防止棉铃虫对转Bt抗虫棉产生抗性的预防性治理技术，打破了跨国公司垄断，抢占了国际生物技术制高点。

在节水农业领域，初步建立了抗旱节水型作物鉴定评价技术标准，筛选出了一批抗旱节水新材料和新品种；提出了作物水分亏缺补偿响应机制的节水高产与营养补偿技术，为大面积提高植物水分利用效率、建立高效农田灌溉系统提供了理论与技术支撑；确定了华北和西北地区主要农作物非充分灌溉模式和关键技术，建立了主要作物调亏灌溉、控制性根系分区交替灌溉等技术，有力地指导了农田灌溉实践。在农业高效用水方面获得了一批具有自主知识产权的技术和产品，初步构建了现代节水农业技术体系与发展模式，形成了农业节水设备与制剂生产企业群，每年实现的经济效益可观。

在制浆造纸领域，非木材化学制浆造纸清洁生产技术取得新成果，形成了具有国际先进水平的麦草清洁制浆及其废液资源化利用集成技术体系，初步创建了麦草制浆造纸循环经济技术模式，为节约林木资源、大幅降低造纸污染物排放作出了贡献。

在纺织工程领域，攻克了数字化经编装备关键技术、无缝纬编技术难关，在经编、纬编等方面推出了一批新针织技术与设备，开发出具有国际先进水平的系列化装备整机及相配套的集成软件，形成了多项自主知识产权并使之产业化，使我国针织装备及织物水平跃入国际先进行列。

在药学领域，在海洋特征寡糖关键制备技术与方法及海洋药物开发方面取得了重要进展。构建了世界上第一个海洋糖库，库中的海洋特征寡糖已在国内外广泛应用，为糖化学及糖生物学研究提供了大量模板分子；发现了特征寡糖的某些构效关系规律，建立了寡糖的定向分子修饰技术。所制备的特征寡糖系列制品质量稳定，单体纯度高，主要技术参数和质量标准达到国际同类制品的水平。

在粮油科技领域，解决了磷脂原料精制、磷脂组分分离纯化及磷脂改性关键技术难题，独创了具有自主知识产权的磷脂加工技术，提升了我国油脂工业核心竞争力。国内有20家企业建立了46条相应的生产线，产品满足国内需求并销往国外，促使进口磷脂产品大幅降价，扭转了进口磷脂垄断国内市场的局面。

02/ 做产业化的国家队

庄恩岳：白院士，近些年全国“两会”召开期间，科技热词频频出现，引发全社会对科技的关注与讨论。通过这些科技热词，大家能够较为直观地感受到科技创新、科技成果对国民经济、社会发展的影响。作为中国科学技术的“国家队”，中科院的一系列动作也备受关注，尤其是在促进改革创新发展、推动科研成果转化方面的举措。能否请您以2017年为例，简要介绍一下中科院在这一方面做了哪些工作呢？

白春礼：2016年5月全国科技创新大会召开后，从中央到各地区和各部门都把深化科技体制改革、加快创新发展作为一项重要内容，出台了一系列重大政策和重大改革发展举措。这一系列重大政策和重大举措，在更高起点上进一步构建我国科技创新的战略格局，也为中科院改革创新发展带来了新的机遇。

2017年，党的十九大胜利召开，国家“十三五”规划全面实施，中科院“率先行动”计划和“十三五”规划也进入关键攻坚年。在那一年，中科院坚持“三个面向”，突出重大产出导向；坚持顶层谋划，抢抓发展机遇；坚持深化改革，充分释放活力；坚持全面从严治党，强化政治领导核心作用。

在上述原则指导下，中科院抓好九项重点工作：一是以抓好重大科技任务和促进“三重大”产出为重点，全面推进“十三五”规划落实；二是以国家实验室建设和研究所分类改革为引领，加快推进体制机制改革和创新；三是以北京、上海科创中心建设为契机，加快推进重点区域科技合作和科技成果转移转化；四是深化人才人事制度改革；五是加强学部工作和科技智库建设；六是统筹抓好科教融合；七是深入实施国际化推进战略；八是深入推进全面从严治党；九是强化各项政策保障。

例如，中科院积极组织完成载人航天与探月工程、新药创制等重大专项任务，扎实做好北斗卫星导航系统的研制和卫星发射工作，抓好重点研发计划等各类重大任务的组织实施。在国防科技创新方面，突出战略性技术与产品导向，继续完成重大任务科技攻关，提出颠覆性概念和技术，积极塑造未来竞争新优势。

中科院还密切关注"科技创新2030—重大项目"，精心做好相关任务的顶层设计和制度安排，力争在牵头承担任务上取得突破性进展。加快500米口径球面射电望远镜的调试工作，积极组织高水平队伍，瞄准重大科技前沿，尽早开展科学研究，确保技术领先优势转化为重大成果产出。扎实推进重大科技基础设施建设，积极落实国家"十三五"时期相关任务。

在2017年，中科院全面总结了"十二五"规划先导专项的进展和成效，深入分析存在的问题，继续抓好先导专项组织实施。在创新目标上坚持独创独有，在推进中与国家重大部署紧密衔接，在成果转化上落地生根，确保先导专项成为中科院"三重大"产出和构建未来发展新优势的重要源头。

我们进一步强化了专项的目标管理和过程管理，加强跨所跨学科队伍组织建设，高质量完成系列科学卫星研制和科学实验，在量子通信与量子计算、暗物质探测等前沿领域，取得若干有重要国际影响的原创成果；在先进核能、海斗深渊等任务中，突破一批关键核心技术瓶颈，推动一批成果应用转化；在大气灰霾、南海环境变化等方面，提出一系列科学建议和系统解决方案。持续关注科技新前沿新趋势和国家创新发展新需求，布局启动了新一批先导专项。

2017年，中科院以促进科技成果转移转化专项行动为重点，进一步完善了科技服务网络计划布局，组织实施“弘光工程”，在若干重点产业领域推动实施一批重大示范转化工程，在若干重点区域组织实施一批产学研合作项目。积极研发推广一批先进适用技术，为精准扶贫、精准脱贫提供了更加有力的科技支撑。

03/ 科学与技术需区别对待

庄恩岳：白院士，这几年大家非常关心科研成果转化问题。科研成果不应是束之高阁的东西，而是要尽快为社会服务，为人民服务，为国家服务。那么，您如何看待科技成果转化的意义？您曾经在一篇文章中说道，“厘清科学与技术的关系有助于促进科技成果转化的精准施策”，您能否详细谈谈？

白春礼：习近平总书记高度重视科技成果转化工作，他指出：“科技创新绝不仅仅是实验室里的研究，而是必须将科技创新成果转化为推动经济社会发展的现实动力。”在2016年中央经济工作会议上，习近平总书记再次强调要振兴实体经济，“实施创新驱动发展战略，既要推动战略性新兴产业蓬勃发展，也要注重用新技术新业态全面改造提升传统产业”。加速科技成果转化是科技服务经济供给侧改革的有效抓手，是实现创新驱动发展战略的重要举措。

科技成果转化是科技创新活动全过程的“最后一公里”，成果转化是否顺利很大程度上决定了科技创新活动的成败。虽然我国科技研发投入总量和专利申报数量达到世界前列，但是科研成果转化率仍偏低，科技研发对经济和社会的支撑作用没有得到充分发挥。为实现建设世界科技强国的目标，加快推动创新驱动发展战略的实施，我们需要加速科技成果转化，推动科技供给侧改革。

我们在讨论科技成果转化问题时，经常会有“科技与经济‘两张皮’”“科技对经济发展贡献太少”等说法。但在实际工作中，非常有必要厘清科学与技术之间的差异，不能简单地把技术研发和生产实际之间的脱节扩展到科学研究与生产实际之间的脱节，导致形成科学研究与技术研发合二为一的激励评价政策，这对科学研究和技术研发工作都会造成负面影响。因此，讨论科技成果转化问题首先必须要厘清科学、技术这两个概念之间的区别与联系。

一般意义认为，科学主要揭示自然的本质和内在规律，回答“是什么”和“为什么”的问题；技术以改造自然为目的，回答“做什么”和“怎么做”的问题。科学主要表现为知识形态，技术则具有物化形态。科学是创造知识的研究，技术是综合利用知识以满足需求的研究。对科学的评价主要考察创造性、真理性，对技术的评价则主要看是否可行，能否带来经济效益。当然，科学和技术又有着不可分割的紧密联系。科学研究是技术研发的理论基础，技术研发是科学研究的物质延伸。科学、技术是不同类型的创新活动，有着不同的发展规律，体现不同的价值，我们需要建立针对不同性质的研发活动进行分类支持、分类评价的科学管理体系。

04/ 探寻科研成果转化不力的痼疾

庄恩岳：白院士，您刚才说到这些年我们国家科技成果转化率仍偏低，那么阻碍科技成果转化落地的症结在哪里呢？

白春礼：多年来，我国一直存在着科技成果向现实生产力转化不力、不顺、不畅的痼疾，其中一个重要症结就在于科技创新链条上存在诸多体制机制关卡，创新和转化的各个环节衔接不够紧密。在科学研究、技术开发和推广应用三个阶段，科技成果转化不畅的问题具体体现为科学研究孕育技术突破的能力不强，具有转化价值的技术开发成果的比例不高，技术开发到推广应用的效率不高这三个方面，而这几个方面问题的根源不同。

科学研究孕育技术突破的能力不强，主要原因在于基础研究的稳定支持力度不够。很多的科学研究成果，往往会成为之后一些重大技术突破的基础。重大颠覆性技术往往直接产生于基础理论的突破。如果20世纪初没有量子论、相对论的发现，就没有今天半导体、纳米科技、航空航天技术等的广泛应用；没有DNA双螺旋结构模型的建立，也就没有今天生物工程、生物技术的不断突破和发展。基础研究存在投入大、出成果相对缓慢的特征，需要长期稳定的支持。近年来，我国基础研究投入总量逐年增长，基础研究能力迅速提高，在铁基超导、量子反常霍尔效应、干细胞、量子通信、中微子振荡等若干领域实现了重大突破，达到国际领先水平。但是，总体而言，我国基础研究投入不高，基础研究领域还没有实现重大原始创新集群式突破，基础研究的“独有独创”能力不强的现状没有得到根本改变。但基础研究的突破是掌握核心技术知识产权的关键。当前，我们正处于新一轮科学革命的前夜，重大基础研究的突破将会快速转化为现实生产力，带来新的产业和技术变革。我国必须牢牢把握这一重大战略机遇期，加大基础研究领域投入，实现重大原始创新的集群式突破。

具有转化价值的技术研发成果的比例不高，主要原因在于技术研发机构的资源配置模式相对封闭。正所谓“春江水暖鸭先知”，企业尤其是销售人员对技术变革和市场需求有着最敏锐的感知，因此，很多领域领军企业往往采取由销售人员牵引的技术研发资源配置模式，以最快的速度响应市场需求。但是，长期以来，技术研发机构的研发和生产体系相对独立，两者之间的衔接没有得到足够重视。政府资助技术研发机构以财政投入为主，而科研方向的选择主要是科技专家根据其对科技发展趋势及世界科技竞争态势的判断来确定的。技术研发机构成果的评价主要由科技人员认定，成果评价指标体系不科学，成果鉴定评价结果又与技术研发机构资源配置密切相关，这就形成了一个相对封闭的资源配置模式。技术研发机构没有主动去考虑企业等熟悉市场需求的主体的意见，没有真正形成以需求为导向，以市场为依归的研发模式，造成其技术研发活动在立项阶段就可能与市场需求不一致，具有转化价值的成果比例不高。

技术开发到推广应用的效率不高，主要原因在于产权界定、收益分配等机制不健全，成果转化的中介体系不完善，服务成果转化的人才队伍不专业。一方面，没有具有明确法律基础的产权界定和收益分配详细规则。长期以来，我国政府资助的科研活动成果的使用权、处置权和收益权的划分比较模糊。成果定价、使用、处置及收益分配的程序比较烦琐，作为主要贡献者的科技人员不能获得有效激励，严重制约了科技人员进行科技成果转化的积极性。这就迫切需要各地方和有关部门根据国家层面的相关法律法规制定本地区的实施细则。另一方面，缺乏体系完整、运行高效的科技成果转化中介组织。我国很多地区都建立了规模不等的科技成果转化中介机构，但是，由于研究方向和研究成果的相似性，这种布局及科技成果转化运作势必存在重复交叉和无序竞争等问题，因此需要加强成果转化机构的顶层设计。另外，成果转化中介机构的作用没有得到足够重视，服务成果转化的人员队伍不够专业，都造成了从技术开发到推广应用的效率不高。

05/ 畅通科研成果转化

庄恩岳：白院士，原来科研成果转化的道路上存在这么多体制机制方面的关卡，那么您认为应该如何打通这些关卡，使科研成果转化更顺畅、更高效?

白春礼：加速推动科技成果转化要继续加大对科技研发的投入，更重要的是要继续坚定不移、矢志不渝地推进科技体制改革。

第一，根据科研过程中不同环节的特征，推进研究机构分类改革，加快新型研发机构建设，形成有利于科技成果转化的科研机构管理模式。根据科研机构的研究领域和研究性质特征对科研机构进行分类管理，制定差别化的支持模式和评价体系。选择面向国家重大需求和国民经济主战场的研发机构，要把科技成果转化率、投入产出效率作为评估考核指标，以此促进和推动这类研究所的战略转型。充分发挥企业和第三方机构在政府资助科研项目尤其是技术研发类项目中研究方向选择、项目实施、成果评估和成果应用中的作用。中国科学院推进的“率先行动”计划，核心工作之一就是研究所分类改革，进一步明晰各研究所的发展方向和重点领域，并制定相应评价指标体系，积极引导不同类型研究所在科技成果转化中发挥不同的作用。大力发展直接面向产业需求的新型科研机构，以体制机制创新促进科技成果快速转化。

第二，进一步加大基础研究的投入力度，丰富基础研究项目的资金来源，形成重大基础原创成果集群式突破，孕育颠覆性技术团簇。基础研究的产出主要为具有公共产品性质的知识。这就决定了虽然企业是技术创新的主体，但政府必须成为基础研究投入的主体。政府需要调整财政性科技经费投入方向，将更多资源投入到基础研究领域。另外，目前企业尤其是行业内大型领军企业越来越多地将研发资金投入到基础研究领域，比如，华为在数学、材料等基础学科领域加大研发投入。这就为国家资助的科学研究机构与企业合作创造了机会，国家资助的科学研究机构应该与企业加强合作，丰富自身资金的来源渠道。中国科学院在国内基础研究领域具有绝对的优势地位，但是，面对新一轮世界科技革命的竞争态势，对照建设科技强国的要求，中科院重大原创能力还是不足，重大基础原创成果引致颠覆性技术的能力不强。需要进一步加大对基础研究的投入力度，夯实基础研究的根基，以强大的基础研究能力孕育一批颠覆性技术。

第三，进一步细化促进科技成果转化的法律法规，构建完善的支撑科技成果转化的法律法规体系。20世纪80年代以来，美国制定颁布了一系列法律法规，以保障科研成果转化和技术开发等各项政策的有效实施，为美国的科技成果转化工作奠定了稳定的制度环境和牢固的政策基础。我国目前在国家层面已有原则性法律框架体系，各地区、各部门要抓紧出台落实国家法律法规的具体细则，进一步完善支持科技成果转化的法律法规体系。2016年，中国科学院联合科技部出台了《中国科学院关于新时期加快促进科技成果转移转化指导意见》，制定了《中国科学院科技人员离岗创业管理暂行办法》《中国科学院领导人员兼职和科技成果转化激励管理办法》等政策性文件，在科技成果转化收益分配、离岗创业人员管理、研究所绩效考核等方面作了详细规定，有力推动了中科院的成果转化工作，有效激发了科研人员投身“双创”的积极性。

第四，构建体系完整、运转高效的科技成果转化机构网络，打造一支专业化的服务科技成果转化的高素质人员队伍。需要构建面向不同区域、不同主体的体系完整的中介机构组织网络。要通过立法规定科研经费和科技成果转化收益的相应比例必须用于支持科技转化机构的运营，下大力气培育一支既熟悉市场又具备科研素养的专业化成果转化服务队伍。积极整合研究所层面的成果转化中介和孵化机构，逐步形成立足中科院，面向全国的全方位、一站式科技成果转化机构，提高科技成果转化机构服务水平。

06/ 加速科研成果转化

庄恩岳：白院士，您在担任中科院院长的时候经常到一线调研了解科研成果转化情况，2017年2月10日，您在中科院微电子所调研时提到，要找准定位，引领突破，加快转化，能否请您具体谈一谈当时调研的情况？

白春礼：那次我去中科院微电子研究所调研，在现场考察了微电子所的集成电路先导工艺研发中心工艺线、微电子仪器设备研发平台、微电子器件与集成技术重点实验室和高频高压器件研发平台，并体验了360度环视系统汽车，详细了解了科技成果转化的情况。

在座谈会上，微电子所的工作人员作了工作进展报告，中科院物联网研发中心的工作人员也介绍了工作进展情况，我还与微电子所科研人员进行了交流。

微电子所近年来取得的科研成果和良好的科技成果转化势头，让我很自豪，也让我觉得信心满满。微电子所从建所之初就面向国家重大战略安全需求，现在看来，当初的决策非常正确。此后，微电子中心经历了自身发展式微、竞争性企业异军突起的困境。微电子所能从当初的困难时期走到今天，一方面是因为抓住了发展机遇，另一方面是由于明晰了发展方向。

我对微电子所未来的科研发展和科技成果转化表示期待。微电子所要在科研方面进行前瞻布局，真正引领微电子领域突破，推进集成电路产业发展。根据国家战略规划，科学研究要从跟踪到并行向领跑转变，但目前我国的科学研究还是以跟踪居多，领跑的更是少之又少。科学院的各院所，要想在快速的发展战略中站稳脚跟，一定要按照习近平总书记对科学院的发展要求，坚持“三个面向”“四个率先”，在激烈的国际竞争中明确发展重点和方向。

同时我也提到，在科研成果转化方面，各院所要特别注意保护知识产权，中科院也要及时总结和推广院内成果转化的先进做法和案例，充分肯定科研人员的贡献，帮助科研成果快速、高效地评估并进入市场。

07/ 建立产学研一体化的新机制

庄恩岳：白院士，2018年5月10日，您到中科院包头稀土研发中心调研，实地考察了该中心科技成果转移转化及院地合作工作情况，并就“科技成果转移转化一定要以市场为导向”等方面进行了指导。能否请您介绍一下包头稀土研发中心，并谈谈当时的调研情况？

白春礼：中科院包头稀土研发中心是由中科院北京分院、内蒙古自治区科技厅、包头市政府、包钢集团联合共建的。自2015年5月12日挂牌成立以来，该中心通过中科院高技术成果跟踪、中试示范线建设、高科技企业孵化、与企业共建研发中心等举措，促进成熟技术落地与转化、提升企业科技创新能力，积极培育科技企业落户包头。在2018年，该中心已建立多条成果转化中试示范线，成功打通了成果转化的“最后一公里”，有力推动了中科院成果走出实验室并加速产业化。

我们首先参观了包头稀土研发中心科技交流与成果展示厅，并请中心有关负责人作了工作报告，仔细了解了中心开展的稀土共晶荧光体、纳米纤维素、稀土化学位移试剂三项高技术跟踪项目以及中心孵化的高科技企业、院士工作站、稀土精矿冶炼窑炉余热回收资源综合利用系统、面向金属材料和装备制造建设的中欧联合实验室等。随后，我们实地调研了中科泰磁涂层科技有限责任公司、中科万成环保科技有限公司和年产5万台套伺服电机生产示范线、基于铁稀土硫化铈着色剂生产示范线、世界上首条稀土硫化物着色剂连续化隧道窑生产线、钕铁硼重稀土晶界扩散技术及装备系统示范线等一批具有代表性的成果转化中试示范线。在调研过程中，我向科研人员详细了解了稀土研发的最新进展与科技成果转化平台的建设情况。

包头稀土研发中心在短短三年内取得的成绩是有目共睹的。中东有石油，中国有稀土，稀土被称为“万能之土”和工业的“维生素”，是新材料制造的重要依托和关系尖端国防技术开发的关键性资源，中科院作为国家战略科技力量，有责任做好稀土资源的科学研究工作。科技成果转移转化一定要以市场为导向，包头稀土研发中心关于稀土方面的研究力量和科研布局一定要以稀土产业的需求为导向。我希望该中心仍能充分依托地方政府的支持，借助地方丰富的稀土资源优势及产业基础，联合优秀的科研力量和优质的企业资源，以新的体制和机制，加强产学研结合，为我国的稀土产业发展作出更大贡献。

08/ 科技成果转化的重大突破

庄恩岳：白院士，您之前提到，在促进科技成果转移转化方面，中科院近年来作出了一系列重要部署，面向国民经济主战场，全面深入实施“率先行动”计划，统筹全院力量，持续推进“促进科技成果转移转化专项行动”，加强科技成果供给侧结构改革，努力实现科技与经济深度融合。能否请您以2019年为例谈一谈中科院在科技成果转化方面的工作有哪些亮点？

白春礼：近年来，中国科学院在社会各界的大力支持下，在全院科研人员的共同努力下，重大科技成果不断产出，并持续通过成果转移转化以服务国民经济主战场。为进一步增进公众对中科院亮点工作的了解，同时促进院属各单位进一步加强对重大成果的传播推广，中科院于2017年开始启动“中科院科技创新亮点成果”“中科院科技成果转移转化亮点工作”筛选活动，每季度举行一次。

中科院发布的2019年度科技成果转移转化亮点工作共有六项：

第一项是我国首台国产碳离子治疗系统获批注册上市。2019年9月29日，由近代物理所及其控股公司兰州科近泰基新技术有限责任公司研制的碳离子治疗系统获批第三类医疗器械产品注册，随后会用于恶性实体肿瘤的治疗，填补了高端医疗器械国产化的空白，对于提升我国肿瘤诊疗手段和水平具有重大意义。碳离子束因其倒转的深度剂量分布和高的相对生物学效应，具有对正常组织损伤小、副作用低等优势，是目前肿瘤治疗最先进的放疗用射线。

第二项是百吨级无焊缝整体不锈钢环形锻件研制成功。巨型不锈钢环形锻件是四代核电机组的核心部件。2019年3月12日，在中核集团的大力支持下，金属所采用金属构筑成形技术，利用高纯净连铸板坯，在山东伊莱特重工公司成功制造了世界上直径最大、单重一百多吨的无焊缝整体不锈钢环形锻件。在国际上首次实现百吨级金属坯分级构筑成形，具有整体无焊缝、均质化程度高、组织均匀性好的特点，实现了低成本、高质量制造的目标。金属所团队通过变革大锻件“以大制大”的传统路线，开发出多向锻造、分级构筑等系列关键技术，开辟了大锻件“以小制大”的新途径。研究成果入选“壮丽70

年共和国发展成就巡礼”。

第三项是“中科发”系列水稻新品种选育成功获大面积示范应用。“中科发5号”等系列水稻新品种是种子创新研究院（筹）和遗传与发育生物研究所李家洋院士团队利用分子设计育种理念培育的标志性品种。2019年，“中科发5号”在吉林省吉林市几千亩示范田中脱颖而出，米质达国家优质二级米标准，在产量、抗稻瘟病、米质、抗倒伏、整精米率等方面均表现突出，成功实现了高产优质多抗等优良性状的有机结合及优良水稻品种的高效培育，对引领我国水稻品种升级换代具有里程碑式的意义。“水稻高产优质性状形成的分子机理及品种设计”相关成果荣获2017年度国家自然科学一等奖和2018年的未来科学大奖。

第四项是青蒿素实现绿色规模化生产。青蒿素作为目前治疗疟疾的特效天然药物，主要利用有机溶剂反复浸提黄花蒿叶生产，存在耗时长、能耗高、溶剂损失严重等问题，难以实现高效大规模生产。过程工程研究所通过逆流循环强化固液混合、薄膜蒸发–减压浓缩、多级萃取耦合、低温结晶纯化等新方法，解决了制约青蒿素规模化生产的关键技术及系统集成难题，为生产工艺绿色升级开辟了新路径。该工艺在河南省禹州市天源生物科技有限公司实现了较高的年产量，大幅降低了溶剂损失和能耗，显著降低了生产成本。2019年11月29日，该技术通过了中国石油和化学工业联合会组织的科技成果鉴定。

第五项是中国首台千吨级循环流化床煤气化装置交付使用。2019年12月，中国首台千吨级循环流化床煤气化装置在甘肃金昌正式交付使用。该装置采用工程热物理所研发的循环流化床煤气化技术，与兰石集团合作转化，用于向甘肃金化集团合成氨生产线提供原料气，替代了原有的固定床气化炉，不仅无废气废水排放，消除了固定床气化炉的污染，还可利用传统技术不易气化的当地劣质粉煤，使用煤成本下降，每年可为企业节约大量运行成本。这是我国首次将清洁高效的循环流化床煤气化技术应用于合成氨行业，有望为破解该行业的环保困局提供新途径。

第六项是煤经合成气直接制低碳烯烃技术完成工业中试试验。大连化物所与陕西延长石油（集团）有限责任公司合作，在榆林进行了“煤经合成气直接制低碳烯烃”（OX-ZEO）技术的工业性试验，催化剂性能和反应过程的多项重要参数超过设计指标，总体性能优异，进一步验证了该技术路线的先进性和可行性，从原理上开创了一条低耗水进行煤转化制烯烃的新途径，为我国实现煤炭清洁利用提供了一条全新的技术路线。大连化物所包信和和潘秀莲团队于2016年取得原创性基础研究成果后，与刘中民研究团队联合成立了技术攻关小组，并与企业合作迅速推进成果转化。该OX-ZEO技术从基础研究成果到工业中试仅用了三年多的时间，成功走出了一条从实验室基础研究成果到工业化应用开发的创新引领、协同攻关之路。

09/ 服务新冠肺炎疫情一线防控

庄恩岳：白院士，2020年对我们所有人来说都是极不平凡的一年，我们从新闻中看到中国科学家们为了战胜疫情，与时间赛跑，争分夺秒地攻坚克难，展现了科技报国、勇于担当、无私奉献的精神。国际医学界学术刊物发表社论说，新冠疫情在中国得到迅速遏制令人印象深刻，“为其他国家树立了鼓舞人心的榜样”。能否请您介绍一下2020年中科院在抗击新冠肺炎疫情方面，有哪些科技成果转移转化的亮点呢？

白春礼：自新冠肺炎疫情暴发以来，中国科学院发挥多学科创新优势，迅速启动“新型冠状病毒应急防控”攻关专项，产出了一批应用于新冠肺炎疫情一线防控的重要创新成果。其中有三项被评为2020年度中科院科技成果转移转化亮点工作：

第一项是中国科学技术大学“托珠单抗+常规治疗”进入新冠肺炎第七版诊疗方案。2020年3月3日，由中国科学技术大学生命科学与医学部和附属第一医院联合攻关团队研究提出的“托珠单抗+常规治疗”免疫治疗方案作为新冠肺炎重症、危重症治疗手段，被列入《新型冠状病毒肺炎诊疗方案（试行第七版）》向全国推广。研究团队发现，白细胞介素-6（IL-6）是诱发新冠肺炎患者体内炎症风暴的重要通路，进而提出“托珠单抗+常规治疗”全新治疗方案，对于双肺广泛病变者及重型患者且实验室检测IL-6水平升高者，可试用“托珠单抗”治疗。临床数据显示，该治疗方案可通过阻断炎症风暴进而阻止患者向重症和危重症转变，缩短患者住院和在ICU治疗的时间，改善患者预后。

第二项是中科院合作研发新冠重组蛋白疫苗及中和抗体进入临床试验。2020年12月10日，中国科学院微生物研究所和安徽智飞龙科马生物制药有限公司共同研发的新冠重组蛋白疫苗III期临床试验在乌兹别克斯坦正式启动。这是国内第一个获批临床试验的新冠重组蛋白疫苗，I期和II期临床试验结果显示出良好的安全性和免疫原性。微生物研究所拥有该疫苗的独立知识产权，该疫苗与基于RBD单体的疫苗相比，免疫原性大幅提高，与传统灭活疫苗相比，生产安全性好、成本低，更易于大规模生产。中和抗体是治疗新型肺炎的创新型特效药物。微生物所从新冠康复患者血清中筛选出多株高活性中和抗体，阐明抗体中和机制，申请了四项专利。上海君实生物医药科技有限公司获得一项专利实施许可授权，在2020年6月上旬获得国家药品监督管理局和美国食品药品监督管理局（FDA）的临床试验许可，2020年12月14日在美国进入III期临床试验。中和抗体是国内首个进入临床试验的抗体药物，也是全球第一个完成非人灵长类动物实验后开展健康人群临床试验的新型肺炎治疗性抗体。

第三项是中科院联合研发新冠病毒灭活疫苗进入III期临床试验。为有效预防和控制新型冠状病毒的扩散和流行，中国科学院武汉病毒研究所依托中科院武汉国家生物安全实验室与国药集团中生武汉生物制品研究所有限责任公司合作开展了灭活疫苗研发。武汉病毒所完成了灭活疫苗的免疫原性和保护效力的评价，结果显示灭活疫苗具有良好的保护效果。2020年4月12日，武汉病毒所和武汉生物制品所联合申报的新型冠状病毒灭活疫苗通过国家药品监督管理局特别审批程序，获得I和II期临床试验批件。2020年6月24日，该灭活疫苗获得阿联酋卫生部颁布的III期临床试验批准证书，成为全球第一款获批III期临床试验的新冠灭活疫苗。为满足临床应急使用需求，中科院武汉国家生物安全实验室进行了灭活疫苗的规模化应急生产。

10/ 构建院企合作桥梁

庄恩岳：白院士，2020年，全球半导体市场波动剧烈，芯片产业的角力全面展开。您作为中科院院长表示，为了解决“卡脖子”问题，中科院将对重点关键技术进行针对性研发，其中重点强调了光刻机这一当下热门技术。而就在中科院正式表态将光刻机列入研发清单的第二天，华为技术有限公司CEO任正非率队访问了中科院，与您进行了会面。这一次会谈在业内引起了较大的轰动。您能否介绍一下这次会谈的情况？

白春礼：2020年9月17日下午，华为技术有限公司CEO任正非一行来访中国科学院，与中科院的专家学者们举行了座谈交流会，就基础研究及关键技术发展进行了探讨交流。随后，我与任正非一行进行了工作会谈。

在工作会谈中，任正非简要介绍了华为公司近年来取得的进展及未来的发展战略。他表示，中科院作为国家在科学技术方面的最高学术机构，学科整体水平已进入世界先进行列，基础研究和综合交叉优势明显，为国家发展作出了重要贡献；建议科学家们继续保持对科研的好奇心，希望国家进一步加大对数理化和化学材料等基础研究的投入，推动产出更多重大科研成果；华为非常重视与中科院的合作，希望双方在现有合作基础上，针对新时期国内国际双循环相互促进发展的新格局，以更加开放的态度加强各个层面的科技交流，向基础性科学技术前沿领域拓展，共同把握创新机遇，推动科学家思想智慧和研究成果转化为经济社会发展的强大动力，共同为创造人类美好未来作出更大贡献。

在会谈中，我谈到中科院与华为公司有着广泛深厚的合作基础，已经开展了多层次、宽领域的务实合作，并产出了有显示度的成果。作为国家战略科技力量，中科院正在认真贯彻落实习近平总书记提出的“三个面向”“四个率先”要求，深入实施“率先行动”计划；当前已完成“率先行动”计划第一阶段的总结评估，并在紧锣密鼓地谋划第二阶段的工作，坚持问题导向、目标导向、成果导向，聚焦国家重大战略需求，为促进经济社会发展努力提供有力科技支撑。华为是中国的品牌，更是民族的骄傲，取得了非凡的成就。双方的紧密合作，可以充分集聚中科院科技创新资源和华为企业优质资源，围绕未来技术发展趋势，探索科技前沿，共同促进社会经济高质量发展。

第九章　交流与合作

交流与合作无处不在，
交流与合作是友谊的纽带，
交流与合作就是力量。
到处充满活力与信心，
和平合作、开放包容，
互学互鉴、互利共赢。
唯有开放才能进步，
唯有包容才能让进步持久。
文明在开放中发展，
民族在融合中共存。

——题记

01/ 对外合作与国际化发展总体成效显著

庄恩岳：白院士，2017年2月27日，在英国王子安德鲁（约克公爵）的邀请和安排下，中国科学院国际人才计划（PIFI）专场宣讲招待会在白金汉宫举行，您出席活动并发表了专题演讲。您在演讲中指出，中科院作为集科研、教育和智库于一身的国立科研机构，把加快建成国际一流的科研机构作为自己的发展目标，必须积极融入全球科技创新体系，才能与国际科技界一道共同有效地解决人类面临的各种科技挑战，推动和加快国际化发展是我们实现发展目标的必由之路。据了解，PIFI是中科院实现上述目标的重要抓手之一，至2017年已支持了包括诺贝尔奖获得者和英国皇家学会会士在内的几百名英国学者和专家到中科院开展科学研究和交流，旨在吸引更多的英国优秀学者和专家通过该计划的支持来华工作和交流，尤其欢迎英国的青年学生通过此计划到中科院攻读博士学位。2017年的那场活动是PIFI实施以来首次在国外举办的高层级专题宣讲活动，对中科院海外人才的引进工作和国际化推进战略的深入实施均具有重要意义。通过该活动，我们可以看出，中科院国际化发展的水平正在不断提升，开放创新的环境也越来越完善。您能否谈一谈，这些年来，中科院在对外合作与国际化发展方面取得了哪些成效？

白春礼：近年来，中科院对外合作与国际化发展工作始终以“三个面向”“四个率先”为指导，以服务国家科技创新和外交需求为导向，以创新驱动发展战略和“一带一路”构想的推进实施为契机，以“率先行动”计划为统领，按照院“十三五”科技发展规划的整体部署，坚持统筹内外两个大局，利用全球资源增强中科院科技创新能力，在全球范围内提升中科院国际影响力，在全球尺度上服务国家发展战略需求，以一流的对外合作，助力国际一流科研机构建设。

从2013年开始，中科院国际化推进战略的内涵不断丰富，布局不断完善，重点不断聚焦，逐步形成了以“平台—人才—项目—组织”为抓手的国际化发展资源布局，明确了“一体、两翼、多边”的推进方向，全院对外合作工作呈现出全新面貌，助力实现全院“四个率先”的阶段目标。

中科院对外交流合作的广度和深度不断扩大。一是全院对外交流规模不断扩大。近二十年来，中科院对外合作交流总体规模持续快速增长，2019年全院年出访突破2.3万人次，涉及97个国家和地区，连续五年实现快速增长。二是中科院对外科技合作网络快速扩展。中科院与全球60多个国家的100多家机构签署了院级协议，院属单位与130多个国家的科研机构、大学和创新企业开展了直接或间接的科研合作，已经形成了院所两级、覆盖全球的对外科技合作网络。三是实质性对外合作不断增强。与中科院每年合作发表论文超过100篇的国家由2011年的36个增加至2018年的近60个；自然指数年度榜单列出的中国最活跃、产出最丰富的10个双边机构合作关系中，中科院占有6席，反映出中科院对外合作的务实特点。

中科院国际化推进战略的成效正在不断显现。一方面，对外合作已经成为科研成果产出的重要渠道。过去十几年间，全院对外合作论文占全部论文产出的比例，由“十二五”期间的不足四分之一攀升到2018年的三分之一；全院发表的Top1%的论文中，对外合作论文占比超过一半。对外合作在助力全院重点领域的科技创新中发挥了重要作用。例如在基础前沿交叉领域，多国参与的大亚湾中微子实验中，发现了中微子新的振荡模态；通过参与国际最大规模的星系巡天项目，获得了大量观测数据，并在暗能量研究中作出开创性贡献；中意合作研发的硅条探测器不仅为“悟空”号提供了关键的传感器件，更为我国下一代暗物质探测卫星传感器的自主设计生产奠定了坚实的基础。而在能源、生命与健康、科技基础设施建设等重点领域中，这样的例子还有很多。另一方面，开放创新正在成为重大科技成果产出的显著特点和重要属性。

中科院国际化发展的水平不断提升，开放创新的环境逐步完善。一是人才队伍国际化水平稳步提高。截至2018年，在中科院开展实质科研工作的外籍人才超过1900人，约占全院科研人员队伍比例的3.2%，基本实现了2020年“四个率先”的阶段性目标。一批优秀的外国人才和关键岗位技术人才加入中科院。例如，我国第一位外国“973”首席和女首席均出自中科院；遗传与发育生物研究所的英国研究员约翰·斯彼克曼（John Speakman）在中科院的科研成果得到学术界认可并当选英国皇家学会会士；贵州500米球面射电望远镜项目从美国阿雷西博（Arecibo）望远镜技术团队中引进了急需的高端外国技术人才，大幅提升了它的巡天观测能力等等。二是吸引和服务全球创新人才的体系和环境正在形成。以PIFI为抓手，近3000名外国人才和1600余名外国研究生获得资助来到中科院访问、工作和学习，通过院所两级的多渠道支撑和服务保障，他们快速适应在华生活，了解中国文化，安心开展科研工作。调查显示，近八成的PIFI计划资助者愿意考虑在中科院长期工作，显示出中科院在国际的优质雇主形象。三是全院对外传播的能力建设不断增强，内容多源、渠道多样的国际传播体系初步成形。通过院所两级协同，中科院已经探索形成了针对科研成果、重大活动、典型人物、科研条件等多个系列的对外传播范式和渠道，国际同行对中科院的关注度不断提升。

中科院获取全球科研资源的能力显著增强。2013年以来，中科院先后在拉丁美洲、非洲和亚洲谋划建设院级海外科教合作中心10个，实现了我国科研机构率先走出去发展；中科院还在德国和葡萄牙建设联合实验室，探索与发达国家共建院级科教合作平台。据不完全统计，全院目前还建有所级境外平台70余个。院所两级境外平台的建设和运行，使中科院在境外具有独特和优质科技资源的地区实现研究和观测布局，实现全球资源的整合能力的跨越。例如，在多个关键地区部署遥感地面站，在南半球我国地理共轭区部署空间天气观测设施，极大地增强了卫星数据接收和空间观测能力；在全球最优质的天文观测地点建设天文研究中心，在印度洋和大西洋建设海洋研究平台，提升了我国天文学和海洋科学的研究能力；在生物多样性丰富、疾病传染病多发的东南亚和非洲设立研究中心，使中科院获取研究样本资源的能力显著提升。另一方面，依托海外平台，中科院一批先进适用的技术和科技创新能力实现了海外投送，提升了中科院的国际影响力。

中科院在全球科技创新中的领导力不断提升。从20世纪90年代参与人类基因组计划并承担1%的任务，到在国际热核聚变实验堆（ITER）计划中承担重要的核心部件的研制生产工作，再到代表国家深度参与平方公里阵列射电望远镜（SKA）计划，中科院在国际多边科技合作中发挥着越来越重要的作用。

02/ 持续拓展与发达国家一流科研机构的科技合作

庄恩岳：白院士，您于2007年当选为英国皇家化学会荣誉会士，成为获此殊荣的第一个中国人。2013年9月13日，中国科学院与英国皇家学会签署了联合声明，双方的科技合作进入新的发展时期。记得您曾说过，在国际合作的道路上，中国科学院经历了多个发展阶段。从建院初期率先打开新中国科技交流的局面，到改革开放全面开启与世界各国的科技交流，再到新世纪以来逐步从国际交流迈向实质性科技合作，国际合作的内涵、规模、层次都发生了深刻的转变。2014年，中科院启动实施“率先行动”计划，以您当选发展中国家科学院院长为契机，率先提出将科研机构国际化发展作为自身发展战略，使得全院国际合作进入了全新历史阶段。作为最大的发展中国家的一流科研机构，中科院在与发达国家一流科研机构的科技合作中，主要采取了哪些举措，取得了哪些成效？

白春礼：中科院已经与107个境外一流科研机构、研究型大学、创新型企业、国际科技组织以联合研究、科研网络、建立科教合作单元和机构等多种形式发展了多层次伙伴关系。

我们的举措主要在以下两个方面：

一是通过高层交流，巩固拓展同发达国家一流科研机构的合作。近年来，在高层互访的带动下，中科院进一步巩固、深化与美国能源部、德国马普学会、亥姆霍兹联合会、英国皇家学会、约翰·英纳斯中心、荷兰教科文部、奥地利交通创新技术部、澳大利亚联邦科学与工业研究组织、日本理化学研究所、日本学术振兴会、日本科学技术振兴机构、韩国科研理事会、加拿大研究理事会等境外科研（资助）机构的战略合作。连续多年组织召开中美前沿科学研讨会、中美两院专题研讨会、中美空间科学论坛、中德前沿科学研讨会、中德前沿探索圆桌论坛、中澳科技合作研讨会、中澳联合委员会会议、中日科技政策研讨会等。中科院与美国科学院、英国皇家学会在华盛顿联合召开峰会研讨人类基因编辑有关的科技伦理问题。中科院联合中国科协与美国物理学会共同召开中美物理学家高层研讨会。中科院与美国能源部围绕“钍基熔盐堆”战略先导专项开展合作，与美国橡树岭国家实验室、麻省理工学院签署了合作研发协议，取得实质性进展。中科院与意大利签署中意航天合作协议。中科院加强与日本科学技术振兴机构、新能源产业技术综合开发机构、理化学研究所、NTT DATA集团等日本主要科学基金会、国立科研机构、跨国大企业的学术交流和技术合作，在生命科学、材料科学、信息技术、核物理、生态环保、新能源等双方共同关注的学科和领域举办了一系列双边研讨会。

二是积极探索在协同创新、人才培养、联合项目等方面建立长效合作机制。

自“率先行动”计划实施以来，中科院努力优化同发达国家一流科研机构的合作模式，创新国际优秀人才引进范式，通过共同设立基金、建立联合研究机构等方式不断加强实质性的国际合作。

在建设联合机构方面，2014年，中科院与英国约翰·英纳斯中心（JIC）合作，成立了“CAS-JIC植物与微生物科学联合研究中心”，为提升在该领域的科技创新能力和国际影响力提供重要平台。

中科院在瑞典基律纳航天中心建立了我国第一个海外陆地卫星接收站（北极站）。2016年，中科院和日韩相关部门在新一代核能领域开展合作，并在中国科学院大学联合建立“中韩学院”。2017年，由丹麦工业基金会捐款建造的中国–丹麦科研教育中心大楼在中国科学院大学落成，这是丹麦唯一在国外投资建设的科教合作中心。2019年，中科院–亥姆霍兹联合会自由电子激光联合实验室成立，这是中科院与发达国家联合资助成立的第一个实验室。中葡星海联合研究实验室揭牌，并纳入中葡两国政府签署的进一步加强全面战略伙伴关系联合声明。中科院与日本东京大学建设的“中日结构病毒学与免疫学联合实验室”和“中日分子免疫学与分子微生物学联合实验室”自2005年投入使用以来已连续稳定运行十几年，促进双方高水平科研团队围绕新发和再发传染性疾病展开深入合作。2019年，中科院与山东省政府、日本科学技术振兴机构联合支持青岛生物能源与过程研究所、大连化物所、日本名古屋大学、日产公司等机构发起成立了电动汽车动力系统合作联盟。

在设立共同基金方面，中科院继续以“种子基金”方式，在前沿交叉及战略领域支持与发达国家开展合作项目，努力推动并帮助协调中科院的研究所与发达国家一流科研机构开展实质性合作研究。近年来共同设立13个科研基金，联合支持165个项目。例如，2015年，中科院积极推动中英牛顿基金的建立，并借此机会与英国皇家学会和研究理事会形成科学创新和人员往来合作计划。

在建立联合机制方面，中科院与多个国家的国际一流科研机构围绕热点前沿问题双边联合资助项目。与奥地利、荷兰、意大利、澳大利亚等国家的科研机构建立联合支持和工作机制，在纳米科技、干细胞、先进材料、脑科学和粒子物理等领域共同支持科研合作项目。与比利时、瑞士和英国等国家的科研机构和大学共同推进大科学合作计划和项目。牵头与法方协商建立中法新发传染病防控合作新机制。深化与欧空局的合作，共同支持太阳风-磁层相互作用全景成像卫星计划（SMILE）联合空间科学卫星任务。中科院与美国能源部共同成立中美核聚变联合研究中心。与美国通用空气公司、美国能源部实验室建立核聚变中美联合实验室。与日本新能源产业技术综合开发机构围绕建筑节能启动了技术示范合作项目，在上海高等技术研究院联合开展建筑节能技术集成示范。与日本学术振兴会建立联合资助机制，在生命科学、材料科学、生态环境、信息技术等领域共同支持科研合作和学术研讨。与以色列相关机构在高功率激光装置、声学设备、3D成像技术等方面开展合作。

这些措施的实施卓有成效，主要体现在以下两个方面：

一是不断融入全球创新网络，实质性国际合作量质齐升。近年来，中科院国际科技合作网络快速拓展，与全球几十个国家的相关机构新签或续签了100多个院级协议。2016年，组织“国家实验室国际研讨会”，邀请10多个国际知名国家实验室负责人参会并作报告，为我国建设国家实验室提出重要建议和有益经验。2017年，中奥两国科学院院长进行世界首次量子保密通信洲际视频通话。2018年，李克强总理和菲利普总理共同见证签署《中国科学院与法国国家科学研究中心合作协议》。2019年，中科院与德国科学院共同发表中德《北京宣言》，提高了中科院的全球声望和影响力。

二是聚焦重大任务、助力重大成果作用凸显。经过多年的发展，中科院国际合作已成为产出高水平科研成果的重要渠道，在支撑全院科技创新跨越发展的多个方面发挥着独特的作用。中科院和法国国家信息与自动化研究所合作提出首个深度学习处理器架构；中美研制

“发现”号深潜器，在多项关键探测仪器和取样设备上，突破了关键核心技术；中澳合作实现了FAST接收机性能的大幅提升，推动我国原始创新能力的提高；中法合建的武汉P4国家实验室通过国家评估论证，获科研活动资质，对提高中国乃至全球新发传染病防控能力均有重要意义。

03/ 推动与发展中国家的科教合作不断迈上新台阶

庄恩岳：白院士，2012年9月，您当选为发展中国家科学院（TWAS）院长，成为TWAS历史上首位担任该职务的中国科学家。由于任期内的成绩得到广泛认可，您于2015年成功连任至2018年届满。六年间，在您的直接领导和推动下，中科院积极调动各方资源，实施了一系列重大举措，激发合作热情，深化合作成效，前所未有地拓展了TWAS合作网络与全球影响力。与此同时，中国科学院抢占机遇，及时启动实施了国际“拓展工程”和国际化发展战略，深化与广大发展中国家的交流往来，推动国际科技合作工作再上新台阶。您能否谈一谈，在您担任TWAS院长的六年间，中科院为推动与发展中国家的科教合作做了哪些努力？

白春礼：作为世界上最大的发展中国家，我们始终重视与广大发展中国家的合作。首先，我想谈一谈推动TWAS的工作及其成效。

一是完善院士队伍。六年间，本着全球化、均衡化的原则，积极推动和加强TWAS院士队伍建设。TWAS院士来源国的数量大幅提升，从2012年的91个国家发展到2016年的104个。六年增选TWAS院士283人，吸收了更多来自发达国家的代表。2012年至2018年间，TWAS新增选女性院士67人，使其人数占比从9%提升至13%。TWAS院士来源区域、国别和性别更加均衡，使TWAS的发展更加符合“世界科学院”的组织定位。

二是发挥引领作用。我作为TWAS的院长，积极倡导并身体力行，推动TWAS院士以各种方式发挥作用，助力实现TWAS的使命。一大批TWAS院士为促进发展中国家的科研能力建设、南南和南北科技合作作出了卓越的贡献。比如，有位印度籍院士仅用短短几年时间就帮助巴拿马建立了一个现代化的生命科学研究所。郭华东院士一直致力于全球可持续发展的技术研发和推广，鉴于其杰出成就，2018年联合国秘书长聘任他为“联合国可持续发展目标技术促进机制十人组”成员。

三是激励青年学者。启动“TWAS青年通讯院士网络计划”，资助当选的TWAS青年通讯院士开展实质性合作交流。六年间，在不懈努力推动下，TWAS科学奖的规模和影响力均得到快速发展，科学奖项的数量从原来的15个增至19个，累计奖励资深科学家92人、青年科学家183人，激励他们在国际科技舞台上发挥重要作用。

四是培养后备人才。从2013年起，中国科学院与TWAS合作启动实施了CAS-TWAS院长博士生奖学金计划，每年招收200名来自发展中国家的优秀学生来华学习，迄今共录取69个国家的1085名留学生。同时，积极组织了一系列不同形式、不同领域的培训班和研讨会，培训了来自100多个发展中国家的1200余名科研骨干。此外，依托CAS-TWAS卓越中心，邀请了近100名发展中国家的访问学者开展短期科技合作。

五是打造合作品牌。经过顶层设计和战略布局，中科院重点建设五个CAS-TWAS卓越中心。近年来，这些中心围绕发展中国家的重大民生需求开展了卓有成效的工作，解决了一批民生挑战和需求的问题。比如，CAS-TWAS气候环境卓越中心向多个发展中国家转移推广了自主研发的气候模式及气象灾害预测系统；CAS-TWAS绿色技术卓越中心转移转化多项绿色技术，其中低品位硫化铜矿生物堆浸技术盘活了缅甸的大型企业，实现了巨大的经济效益和社会效益。CAS-TWAS水与环境卓越中心构建了“人才培养—科教援助—企业跟进”三位一体的合作模式，在斯里兰卡和柬埔寨等国开展的工作得到当地政府和人民的广泛赞誉和支持。

六是提升国际影响。经过中科院等单位的不懈努力，TWAS的国际影响力不断提升，在全球科学治理中的作用逐渐凸显，更广泛地参与到联合国和其他多边机制下重要议程的咨询工作。2016年，TWAS承办了联合国科技咨询委员会（UNSAB）会议，积极协调和参与全球科技决策的讨论。在卢旺达和厄瓜多尔政府的邀请下，TWAS为两国设立科学院提供了战略咨询和指导。与美国科技促进会和美国科学院合作，TWAS以“科技外交研讨会”的方式，为发展中国家的591名科技工作者提供了研讨和培训机会。2018年，在我的推动下，TWAS的合作伙伴国际理论物理中心在北京设立亚太地区分中心，拓展了国际合作方式和影响力。

此外，中科院在推动与广大发展中国家的科教合作方面也取得了可喜的成绩。

2012年9月，我当选TWAS院长，中科院及时启动了国际化推进战略，特别是深化了与广大发展中国家的科技交流与往来，使中科院国际合作和国际化水平达到了新的高度。

2013年以来，中科院累计资助“一带一路”科技合作专项75项，投入资金超过2.5亿元，涉及40多个国家，研究领域覆盖生物医药、疾病与健康、生物技术、水处理技术、清洁能源技术、灾害防控、气候变化及影响、环境生态保护等领域，形成了一批成效和影响显著的合作成果。

发挥中科院综合学科优势，为“一带一路”重大工程建设提供有效科技支撑，着力解决了一批重大工程建设中若干关键核心技术难题。比如，中巴经济走廊瓜达尔港项目建设和运行面临着附近海域平均每五十年左右发生一次大地震与海啸灾害的风险。中科院通过对该区域海底地震—滑坡—海啸灾害风险的系统科学研究，发现了多处大型海底滑坡现象，获得了历史地震与海啸事件的初步证据，为建立地震—海啸灾害模拟平台奠定了基础，有效提升了瓜达尔港的风险防控能力。中巴经济走廊尼鲁姆–杰卢姆水电工程被誉为巴基斯坦的“三峡工程”。该工程因高频次岩爆问题，建设进度缓慢。通过采用中科院引水隧洞岩爆预警与控制关键技术，每百米平均岩爆发生频次由二十一次降至两次，隧道开挖月进尺由192米增至318米，大大减低了岩爆地质工程灾害的风险和工程维护成本，保障了该工程顺利推进。在中巴喀喇昆仑公路（又称中巴友谊公路）堰塞湖应急处置工作中，中科院专家对堰塞坝溃决风险作了评估并提出了处置方案，指导中国路桥堰塞湖段公路改线工程设计和堰塞湖处置工程实施，缩短了改线公路20公里，大幅缩短修复工期，节约投资近2亿美元，消除了堰塞湖下游50万人面临的安全隐患，将堰塞湖及附近公路打造成有名的风景区。此外，针对中蒙俄经济走廊铁路建设和北极航道开发，部署了高寒冻土铁路路基工程技术研发和北极深海水文勘测项目；针对中南半岛经济走廊技术转移和产业开发，部署了北斗导航应用、卫星遥感技术、低成本医疗、绿色环保技术、现代农业技术等示范项目。针对中尼重要交通廊道建设和自然灾害风险，部署了中尼公路尼泊尔段山地灾害风险分析与减灾对策合作研究、中尼交通廊道灾害风险及其应对策略研究等项目。

创建政产学研合作机制，为“一带一路”沿线国家民生问题提供了一批科技解决方案。中科院发起实施了“一带一路”安全饮用水技术合作计划，引领一批水务企业“走出去”，为沿线国家水环境保护和饮用水安全保障贡献了我国成熟的技术方案。援建了“中-柬水与环境联合实验室”，帮助柬埔寨建成了第一座水质在线监测站。援建了“中-斯水技术研究和示范联合中心”。中科院将环保冶炼新技术向缅甸、俄罗斯、蒙古等国转移转化，取得了显著成效。其中，缅甸万宝矿产有限公司通过采用中科院生物冶金炼铜技术，产能扩大到10万吨/年，减少硫酸排放8万吨，投资17亿美元建设了亚洲最大的生物冶金系统，直接创造5000个就业岗位。中科院还向阿根廷转移转化了萃取法分离提取锂技术，在阿根廷建设年产2000吨萃取法分离提取锂中试车间和碳酸锂制备车间。

瞄准“一带一路”共性科学挑战，汇集空间天文、生态环境、海洋气象、生物多样性等领域的基础性、系统性、关键性数据和特色研究资源，服务我国重大科研计划需求。中科院牵头发起了“第三极环境研究计划”（TPE），成为汇聚“一带一路”乃至全球青藏高原环境问题研究顶尖力量的系统性科学计划，为发起“三极”（南极、北极、青藏高原）环境和气候变化大科学计划并占据学术引领地位奠定了坚实的基础。中科院依托TPE计划开展了中巴冰川资源调查研究，形成了印度河上游首个冰川观测网络，构建了巴基斯坦全境首个完整冰川编目，为巴基斯坦国家水资源开发利用、环境灾害评估和中巴经济走廊建设提供了极为重要的科学基础数据支持，巴方称赞该工作为巴基斯坦人民找到了“最重要的水源”。中科院牵头发起了“一带一路”自然灾害风险与综合减灾专项计划，已被国际科学理事会（ICSU）灾害风险综合研究计划（IRDR）正式列入“旗舰项目”，促进了“中国-巴基斯坦地球科学研究中心”的筹建，帮助斯里兰卡建设了海洋气象数值预报平台，帮助塔吉克斯坦制定了萨雷兹堰塞湖监测方案，促成“国际减灾科学联盟”的成立。中科院牵头发起了“数字丝路”国际科学计划，构建了有效的“一带一路”科学观测数据共享合作网络，已有53个国家、国际组织及国际计划参与合作，建设了“地球科学大数据平台”，设立了8个国际工作组，在农业和粮食安全、海岸带、环境变化、世界遗产、自然灾害、水资源、高山、极地寒区和城市环境方面开展了一批科学和应用研究合作，提升了“一带一路”地球大数据的科学发现和决策服务能力。中科院在东南亚、非洲、南亚、中亚全球生物多样性热点地区部署了一批生物多样性合作研究项目，在肯尼亚援建了一个综合植物园、一个传统药用植物圃，在乌兹别克斯坦建设了全球首个葱类植物园，连续组织了近100次联合科考，开展了动植物资源本底调查，采集和收藏了10多万份珍贵的动植物标本、分子材料、种质资源，发现近300个动植物新种，在研和出版了《肯尼亚常见植物》《非洲常见植物野外识别手册：肯尼亚山》《肯尼亚植物志》《泛喜马拉雅植物志》《缅甸特色蔬菜》《缅甸植物志》等系列专著，有助于提高我国在全球生物多样性领域的科学影响力，为“一带一路”生物多样性的保护和可持续利用提供了重要的基础信息和科学依据。中科院还牵头发起了“一带一路”生物安全合作计划，面向东南亚和非洲开展传染病防控合作研究，将科研和防控关口前移，目前已在东南亚和非洲搭建起坚实的合作伙伴网络，与国内外合作伙伴机构联合启动实施了“中非彩虹计划”（Asia-Africa Rainbow Initiative）和云南-大湄公河次流域“金矿计划”（Gold Mine Project），建设了“一带一路”沿线国家微生物组数据库和“澜湄次区域虫媒传染病联防联控信息化平台”。此外，依托中科院的大学、研究所，为“一带一路”沿线国家和地区培养了5200多名高层次科技人才。

中科院的国际合作和国际化得到前所未有的发展。中科院构建形成了集“项目、人才和平台”为一体的国际合作网络，极大提升了中科院参与全球科技治理的能力、国际影响力和软实力。以此模式为依托，中科院发起了旨在合作共赢的“一带一路”国际科学组织联盟（ANSO），得到积极的响应和支持。

04/ 成立ANSO，打造国际科技交流合作新平台

庄恩岳：白院士，您刚才提到，中科院发起了旨在合作共赢的“一带一路”国际科学组织联盟，如果我没有记错的话，您是该联盟的首任主席。几年来，在复杂多变的国际形势下，ANSO发挥了国际平台的重要作用，对外传递中国的科技成果，发出中国的声音，不断提升ANSO的国内外影响力，为应对百年未有之大变局、构建人类命运共同体作出了积极贡献。您能否跟我们讲一讲在您的带领下，中科院是如何推动ANSO成立的，并取得了哪些成果呢？

白春礼：习近平主席于2013年提出的“一带一路”倡议，得到

全球100多个国家和国际组织的积极响应和大力支持，并取得了重大进展。与此同时，因在自然环境、社会政治、经济、文化发展等方面存在的差异，沿线各国的自身建设依然面临着诸多从发展到可持续发展的重大挑战。我意识到科技创新和国际科技合作是解决这一系列挑战的“金钥匙”，能发挥基础性、前瞻性和引领性作用，为沿线国家的发展提供科学依据和政策参考。

2016年11月，“一带一路”科技创新国际研讨会在北京召开，我代表中国科学院联合俄罗斯科学院、巴基斯坦科学院、波兰科学院、国际山地综合开发中心、发展中国家科学院、联合国教科文组织等12家科研机构和国际组织联合发布《北京宣言》，一致认为科技创新应成为“一带一路”建设的优先合作领域，倡议成立国际科学组织联盟，共同致力于构建“一带一路”科技合作长效机制。

2017年7月，12家机构代表在巴基斯坦召开会议，讨论确定了“一带一路”国际科学组织联盟名称，制定了章程草案和发展规划。

2018年11月4日，第一届ANSO大会召开，ANSO正式宣布成立，习近平总书记专门发来贺信，刘鹤副总理出席成立大会。创始成员37家，包括中国科学院、俄罗斯科学院、巴基斯坦科学院、联合国教科文组织等来自亚洲、欧洲、非洲、南美洲32个国家的国家科学院、国立科研机构、大学和国际组织。我当选ANSO首届主席，带领ANSO积极推进国际科技合作与交流，贯彻落实习近平主席在贺信中的指示和刘鹤副总理的讲话精神，联合各国科学界携手并肩，共同努力，发挥好ANSO平台作用，加强科技创新政策和发展战略对接，开展重大科技合作，培养创新创业人才，提升科技创新能力，为促进民心相通和经济社会可持续发展，为推动建设健康之路、绿色之路、创新之路，为推动构建国际科技命运共同体作出积极贡献。ANSO的成立被纳入第二届“一带一路”国际合作高峰论坛成果清单，成为多边合作平台的代表性成果。

中科院积极推动ANSO各项建设，ANSO组织不断扩大，影响力不断攀升。截至2020年底，ANSO成员已由成立时的37家拓展到59家，覆盖了46个国家和地区。ANSO充分发挥我国科技力量，通过实施科学、技术、创新和能力建设战略行动，构建“一带一路”乃至全球科技合作新机制，促进“一带一路”国家的紧密合作。两年来，聚焦气候变化、人类健康等问题，围绕粮食安全走廊、健康走廊、绿色技术走廊、能源走廊的ANSO集成平台，截至2020年底共发起、组织和实施25项重大国际联合科学计划，设立面向全球的境外伙伴基金项目，资助匈牙利、土耳其、泰国、孟加拉、巴基斯坦、约旦、亚美尼亚等国科学家牵头的境外伙伴基金项目，参与合作的机构遍布70多个国家；设立19个专题联盟作为ANSO的抓手，不断扩大ANSO的国际影响力；与联合国贸发会等国际组织联合举办技术培训5场，学员来自30多个国家。

2020年，为配合ANSO人才培养与交流计划的推进，促进“一带一路”沿线及其他国家青年科技人才培养和科学能力建设，为我国和ANSO其他成员之间的科技合作奠定人才基础，ANSO设立了ANSO奖学金，与CAS-TWAS院长奖学金计划及“一带一路”硕士生奖学金合并。ANSO奖学金分为硕士和博士两类资助项目，每年拟招收硕士奖学金生200名，其中中科大55名，国科大145名；拟招收博士奖学金生300名，其中中科大110名，国科大190名。硕士奖学金生最长资助期限为36个月，博士奖学金生最长资助期限为48个月。

自2020年初新冠肺炎疫情在全球扩散以来，ANSO充分汇集科研力量，集成各方科研平台，推动全球科学抗疫，向多国及时捐赠医疗物资，将我国抗击新冠肺炎疫情的宝贵经验、科学措施、最新发现多渠道与全球共享交流。为贯彻落实习近平主席关于推进疫苗国际合作的重要指示，2020年8月起，ANSO秘书处联系包括来自乌兹别克斯坦、智利、菲律宾、巴西、南非、加纳、塞内加尔、斯里兰卡、巴基斯坦、哈萨克斯坦、土耳其等国在内的成员伙伴积极开展新冠肺炎疫苗国际合作，组织参与了20多场国际会议，重点推动中科院新冠病毒重组蛋白亚单位疫苗在海外的III期临床试验，并取得显著成果。乌兹别克斯坦政府已于2021年3月2日批准该疫苗在当地的使用，乌国评价该疫苗为世界上最安全、最有效的疫苗之一。

同时，ANSO联合国内外多领域知名智库共同发起“一带一路”创新发展智库，致力打造成为创新引领、国家倚重、社会信任、国际知名的高端科技智库，打造智库网络、创新发展论坛与平台以及区域中心等重要抓手，切实推动落实联合国可持续发展目标、服务“一带一路”倡议与构建人类命运共同体。截至2021年2月底，ANSO“一带一路”创新发展报告共印发11期，涉及粮食安全、疫情预测、疫情防控、青藏高原围栏工程、生物入侵防控、香港科技创新、黑土地保护、青藏高原生态型草种等主题。

05/“走出去”率先实现科研平台全球布局

庄恩岳：白院士，党的十八大提出“以全球视野谋划和推动科技创新”，在您的带领下，中科院适时提出“走出去”，在海外设立科教基地的设想，果断决策、积极布局、稳步推进，为中科院有效服务

“一带一路”重大倡议，快速提升科技创新水平和国际影响力，加快迈向国际一流科研机构开启了全新的广阔天地。能否请您谈一谈，在落实科技“走出去”战略上，中科院有哪些经验和举措？

白春礼：自2013年启动发展中国家科教合作拓展工程以来，中科院率先在全球布局建设10个海外科教合作中心，向海外投送我们的优势科研力量，充分利用全球特色及优势资源服务重大科研需求，培养和汇聚优秀人才服务全球开放合作；同时积极响应“一带一路”重大倡议，发挥科学技术在应对共性挑战、促进民心相通方面的独特作用，与沿线国家和地区深入开展科教合作，为“一带一路”建设提供重要科技支撑。2018年起，中科院在发达国家开始部署建设境外机构，先后成立中科院-亥姆霍兹自由电子激光联合实验室和中葡星海实验室。当前，国际科技合作形势日趋复杂，上述境外机构将为中科院新形势下推动科技创新持续国际合作发挥重要平台性作用。具体地说，中科院主要是通过以下措施来实现科研平台全球布局的：

第一，以共建共管共享模式，建设海外重大科技基础设施，面向全球开放合作，培养和汇聚优秀科研人才。

建设海外重大科技基础设施。依托中-非联合研究中心（以下简称“中非中心”）和中国-斯里兰卡联合科教中心（以下简称“中斯中心”），先后与斯里兰卡和埃塞俄比亚达成合作共识，在两国分别共建一座遥感卫星数据地面接收站。建成后既可显著提高我国获取全球卫星数据的时效性，也将为两国和地区经济社会可持续发展，如城市规划、农业、生态环保、防灾减灾等问题提供重要的科学数据支撑。依托南美天文研究中心（以下简称“南美天文中心”），利用智利独特的地理条件，为海外大型天文望远镜建设作了前期准备，与智利合作机构开展了可行性研究。智利政府给予南美天文中心国际科研组织待遇，将免除设备关税。依托南美空间天气实验室，利用我国和巴西地理位置共轭对称的互补优势，在巴西建设了空间环境地基综合探测平台，形成了中巴两国空间环境地基综合监测链。依托与德国同步加速器实验室中电子同步加速器（DESY）的合作，与德国亥姆霍兹联合会建立中科院–亥姆霍兹联合会自由电子激光联合实验室，并以此合作平台实现优势互补的大科学装置国际合作，成为中德在该领域人员交流、知识共享、资金合理配置的平台和接口。

面向全球培养和汇聚优秀科研人才。南美天文中心和南美空间天气实验室累计吸引和培养了30余名博士后，为合作各方空间和天文领域研究事业注入了新鲜血液，这批青年学者完成博士后阶段工作后多数走上了我国和合作国相关科研机构的高级科研岗位。依托中亚药物研发中心（以下简称“中亚药物中心”）引进的乌兹别克斯坦籍博士后托吉巴耶夫于2017年当选乌兹别克斯坦科学院院士，成为该国最年轻的院士。他积极促进中乌两院合作，依托中亚药物中心建设了全球首个“葱类植物园”。依托东南亚生物多样性联合研究中心（以下简称“东南亚中心”）一流的科研设施以及在周边国家构建的生物多样性合作网络，从英国、法国、德国、日本、西班牙、印度、爱尔兰、贝宁等国引进了30多名优秀科学家和青年学者，他们正逐渐成为国际生物多样性研究和保护领域的中坚力量。

第二，汇集空间天文、生态环境、海洋气象、生物多样性等领域的基础性、系统性、关键性数据和特色研究资源，服务我国重大科研计划及需求，为建设安全、绿色“一带一路”提供数据和资源保障。

空间天文方面，依托南美天文中心建设“中智天文大数据中心”，为我国科学家参与国际重大天文观测项目作出重要贡献。南美天文中心员工过去四年间获取的国际望远镜机时折算成运行费约合1550万美元。依托南美空间天气实验室建设“空间天气数据中心”。帮助我国科学家获取大量日地空间环境观测数据，填补了我国数据空白，促进中巴两国联合开展东西半球低纬地区日地空间环境的探测研究，构建了“国际子午圈大科学计划”的基本框架。与葡萄牙合作设立中葡星海实验室，集成双边优势资源，共同发展空海网络化立体观测与系统技术，以深空与深海交叉智能技术为抓手，促进人才培养和重大科学突破。

生态环境方面，依托加德满都联合科教中心（以下简称“加德满都中心”）、中国–巴基斯坦地球科学研究中心（以下简称“中巴地球科学中心”）、中亚生态与环境研究中心（以下简称“中亚生态中心”）、中斯中心等平台，发挥合作国地理区位优势，构建境外生态环境观测网络，与境内网络形成互补，针对泛第三极地区面临的气候变化、自然灾害、大气污染、生态退化等共性挑战，系统性汇集喜马拉雅南坡、热带印度洋、中巴经济走廊及中亚干旱地区的生态环境基础科学数据，建设地球科学大数据集，出版了《巴基斯坦冰川编目》《中亚环境概论》《中亚地质地貌》《“一带一路”自然灾害风险图集》《“一带一路”自然灾害风险评估报告》《中亚生态系统评估（2018）白皮书》等专著和报告。相关工作显著提升了中科院牵头发起的国际大科学计划——TPE计划、“一带一路”灾害风险与综合减灾计划的科学影响力和经济社会效应，提升了我国从区域和全球尺度掌握影响我国生态环境的数据的能力，帮助相关国家填补了生态环境数据空白，为其有效应对气候变化，制定可持续发展规划提供科学决策依据；同时也为我国与周边国家基础设施互联互通和生态“一带一路”建设提供了科学数据支撑。

海洋气象与生态方面，依托中斯中心，在印度洋长期开展全方位、综合性海洋科考，覆盖海域广、航程长，调查内容全面、数据积累丰富，并为斯里兰卡研发了首套“海洋气象灾害预报系统”，成功预报了多起印度洋热带风暴的强度与运动轨迹，服务于海洋渔业、防灾减灾及航海保障。以中葡星海实验室为平台，共同探讨大洋深层环流与全球气候变化、深海环境过程与特殊生态系统探测、海洋生态系统健康等重要问题；以发展海洋资源监测、保护与开发海洋技术为抓手，促进人才培养与交流，支撑重大科学突破与蓝色经济发展。

第三，创建政产学研合作机制，为“一带一路”沿线国家民生问题提供科技解决方案。

在水技术方面，依托中斯中心实施“一带一路”安全饮用水技术合作计划，援建了“中-斯水技术研究和示范联合中心”，斯里兰卡政府匹配项目经费19亿卢比（约合8000万元人民币）。该中心落成投入使用后，将成为南亚最先进的水生态与水环境研究设施之一。与此同时，引领一批水务企业“走出去”，针对不明原因慢性肾病和饮用水安全保障问题，已在斯里兰卡示范应用了3套地下水处理装置和20余套雨水利用装置，惠及当地社区5000多人。此外，依托中亚生态中心在吉尔吉斯斯坦援建了成套膜技术净化集中供水站，解决了当地5000人日常饮用水问题。

在生物技术方面，依托中非中心在埃塞俄比亚建设了绿色生物制造联合实验室，将世界领先的生物酶法制取骨明胶技术向埃塞转移转化，支持合作企业建设一条年产能2万吨的骨粒生产线和年产能3000吨的骨明胶生产线，创造500个就业岗位，解决大量废弃牛羊骨造成的环境严重污染问题。

在公共健康方面，依托中亚药物中心在乌兹别克斯坦建设“中乌医药科技城”，帮助中亚国家发展传统医药研究和开发能力，改变买药难、买药贵的局面，推动中医药产业“走出去”，建成后预计为当地提供约150个就业岗位。依托中非中心，在肯尼亚援建该国首个大型综合植物园和首个传统药用植物资源圃，引导企业和当地民众参与合作，促进非洲特色药用植物的规模化和可持续利用，助力当地经济发展。依托东南亚中心建设了“澜湄次区域虫媒传染病联防联控信息平台”，已在我国与老挝、缅甸边境地区部署，提升了我国边境地区和相关国家应对疟疾、登革热等虫媒热带传染病的防控能力。

06/ 主动引领并发起多边科技合作计划

庄恩岳：白院士，近年来，中国在自身不断发展的同时，秉持人类命运共同体理念，深度参与全球科技治理，推动科技创新，通过多种创新合作机制架设起国际科技合作的桥梁，以国际科技合作助力共建人类命运共同体。目前，中国参加的国际组织和多边机制超过200个，与10多个主要经济体建立创新对话机制，实施“一带一路”科技创新行动计划，积极参与国际大科学计划和大科学工程，在解决全球性问题中的参与度和影响力显著提升。这些成绩的取得，都离不开中科院的积极参与。您能否谈一谈，中科院主动引领并发起多边科技合作计划的情况？

白春礼：近年来，中科院积极参与如平方公里阵列射电望远镜（SKA）等国际大科学计划和工程建设，积极发挥中科院科研综合优势，在国内发挥了不可替代的作用。同时，积极引导和发起相关科学领域的国际科学计划，在相关国际科学计划话语权和规则制定领域占得先机。

2012年，国务院批准了以政府名义参与SKA建设准备阶段，授权科技部代表中国参加SKA国际组织。2019年3月，包括我国在内的7个创始国共同签署了SKA天文台公约。目前SKA已完成工程设计，转向工程实施。预计SKA于2028年将建成10%规模，开启科学观测。中科院一直高度重视SKA的各项工作，有关单位深度参与了SKA科学、工程、政策等各项工作，为我国进行SKA国际谈判并最终加入SKA国际组织提供有力支撑，作出了突出贡献。中科院科学家担任中国SKA首席科学家，领导组建了中国SKA科学团队，制定了中国SKA科学发展路线图，出版了《中国SKA科学报告》，成为我国参与并利用SKA开展科学研究的重要指导性文件。中科院工作人员领导了《中国参与SKA（第一阶段）综合论证报告》《SKA履约方案》等纲领性文件的编写和论证。首席科学家参加了由习近平主席启动的“中南科学家高级别对话会”，并发表《携手共建SKA，开辟认识宇宙新纪元》报告，推动中国SKA走向国际舞台。基于我国SKA“2+1”科学发展战略，中国SKA科学团队已确立了十大科学方向。在即将实施的SKA专项中，由国家天文台和上海天文台作为唯一责任单位分别牵头实施“2”（优先发展和重点支持）科学目标。我国各天文台与SKA台址国和成员国开展了多方面的深度合作。上海天文台先后与多个国际相关机构签署了合作备忘录，国家天文台与SKA另一台址国（南非）也签署了多项合作备忘录，这些协议对于深化射电天文学领域特别是SKA相关的合作研究及人才培养具有重要意义。上海天文台与国家遥感中心共同承办了2019年SKA工程大会，成为SKA历史上一个重要节点。中国科学院积极参加国际SKA区域中心的建设工作，推荐上海天文台专家担任国际SKA区域中心中方代表，参与了国际SKA区域中心的总体规划。上海天文台建成了世界上首台SKA区域中心原型机，为国际同行提供了“中国模式”。与此同时，上海天文台积极推进在上海建设未来中国SKA区域中心，每年举办中国SKA科学年度大会，并组织中国SKA系列暑期学校，成为国际和国内SKA科学和技术交流的重要平台。

TPE计划由中国科学院姚檀栋院士于2009年联合国际相关科学家共同发起，于2011年被列为联合国教科文组织（UNESCO）、联合国环境署（UNEP）等共同支持的旗舰项目。十多年来，在国际上围绕第三极地区“水—土—冰—气—生—人类活动”相互作用这一主题，揭示了第三极地区环境变化过程与机制及其对全球环境变化的影响和响应规律，提高了这一地区的灾害预警和防灾减灾能力，成为引领国际青藏高原研究的一面旗帜；已经建立了有来自30多个国家的科学家参与的国际合作体系，建设了国际旗舰观测网络，在中国北京、尼泊尔加德满都、美国哥伦布、瑞典哥德堡、德国法兰克福这些城市建立了5个实体科学中心，同时在筹划成立巴基斯坦伊斯兰堡、塔吉克斯坦杜尚别、伊朗戈尔甘等中心；已经成为世界气象组织（WMO）的合作伙伴，成功举办了2019全球高山峰会，在《世界气象组织公报》（*WMO Bulletin*）上发表了报告。TPE研究成果是习近平主席提出青藏高原生态屏障建设重要指示的科学依据，被评为2015年和2016年全球地学十大前沿领域第一方阵。目前，TPE正在与WMO联合推进亚洲水塔观测—模拟—预警集成研究，与UNESCO共同启动亚洲水塔图计划，与UNEP联合发布第三极环境变化科学评估；同时将在第二次青藏科考和丝路环境专项的支持下，进一步加强与国际组织和国际计划的合作，站稳科学制高点，主导第三极科学研究话语体系，拓展三极研究，为“一带一路”建设和全球生态环境保护服务。

国际子午圈大科学计划在国际和国内科学工作组共同努力下，已在该领域国内外科学团体中达成了共识，提炼了科学目标。同时进行了科学深化工作，总部大楼项目也获国家发改委支持。国际合作和推进方面，召开了国际子午圈论坛，得到了国际科学界的积极响应和支持。目前，已经成立了国际子午圈科学工作组，通过国际论坛、国际会议等形式，凝炼了国际子午圈科学目标，深化了关键科学问题。其中，中巴联合实验室运行良好。欧洲非相干散射雷达联合会（EISCAT）及相关的国际非相干散射雷达联合体负责大型雷达的规划和使用。国际超级双子极光雷达网络（SuperDARN）联盟负责相干性雷达全球网络与本计划的联合。俄罗斯负责大科学计划在高纬度和极区的延伸。我们与法国、英国等国开展跨越欧非子午线的欧非链的预先研究。我们与美国、加拿大、澳大利亚、巴西、俄罗斯、墨西哥、泰国等国家的相关机构及日地物理科学委员会（SCOSTEP）、EISCAT签署合作意向书，并获得法国巴黎天文台和米迪-比利牛斯天文台的支持信。

中科院脑智卓越中心牵头发起了“全脑介观神经联接图谱”国际大科学计划。围绕该国际大科学计划，脑智卓越中心已经开展了多项国际交流与合作。2018年2月，脑智卓越中心成立了国际灵长类脑研究中心。目前，国际同行高度评价全脑介观神经联接图谱的重大研究意义并同意加强国际合作，充分肯定了中国科学家在非人灵长类模型研究领域的技术优势。2019年12月，国务院常务会议审议通过“科技创新2030—脑科学与类脑研究”重大项目，将脑图谱研究列为核心内容，先行支持国际大科学计划相关研究工作。

07/ 加强与港澳台科技合作，助力区域协同发展

庄恩岳：白院士，2018年11月，您在广东调研时指出："中科院要面向粤港澳大湾区创新发展需求，进一步加强科教融合，统筹优化布局；加强中科院在港澳地区的科创平台建设，促进港澳与全球国际化创新资源对接；加强院省创新资源对接，形成发展合力，促进协同发展，为国家建设粤港澳大湾区国际科技创新中心提供核心支撑。"近年来，中科院作为国家战略科技力量，始终重视与港澳台科技界的合作。在您的领导下，中科院在贯彻落实中央对港澳台工作大政方针和决策部署，稳步推动与港澳台科技合作方面，取得了哪些积极进展？

白春礼：一直以来中科院高度重视与港澳台地区的科技合作，取得了一系列的成果，主要体现在以下方面：

第一，中科院与香港特区政府签署备忘录，积极推动香港创新研究院建设。

2018年8月15日，韩正副总理在粤港澳大湾区建设领导小组全体会议上，明确表示支持在香港建立中科院院属机构。同年11月8日，我与林郑月娥特首在港共同签署《关于中国科学院在香港设立院属机构的备忘录》。根据《备忘录》，机构建设初期将主要依托中科院广州生物医药与健康研究院和自动化研究所，在香港科学园分别落

户“医疗科技创新平台”及“人工智能和机器人科技创新平台”。在港机构将承担科研创新、成果转化、协调联络和科普教育的任务，充分利用中科院国家战略科技力量的骨干引领作用和香港“一国两制”的独特优势，是粤港澳大湾区国际科技创新中心的重要组成部分。为加快推动香港创新研究院筹建工作，确保各项工作进展顺利，院内已成立筹建工作领导小组，2019年以来，香港创新研究院建设取得积极进展，目前已完成在港机构注册，并获得香港特区政府InnoHK创新平台项目支持，获批香港科学园场地总面积3800平方米，2020年两个创新中心分别获得香港创科署1.28亿和0.78亿港元预算支持。中科院累计支持筹建经费1.15亿元人民币。

第二，中科院系统评估与香港地区联合实验室，对表现优秀和良好的联合实验室提供稳定的经费支持，加强联合实验室建设。

中科院与香港六所主要大学自1997年前后成立了一批联合实验室。前期，在经费投入有限的情况下，联合实验室强强联合、优势互补，开展了卓有成效的合作。为确保联合实验室的有效运行，中科院自1999年起，每五年组织一次联合实验室评估。2013年、2018年，中科院组织实施联合实验室第四次、第五次评估。在第五次评估工作中，中科院与香港地区高校充分协商，对评估办法进行完善调整，强调联合、突出管理，并引入内地和香港专家联合评议机制，采取自评与专家评议相结合的方式。参评的三十个联合实验室中，共有二十二个联合实验室获准列入中国科学院与香港地区联合实验室名单。为促进联合实验室的健康运行，中科院首次对评为优秀和良好类的12个联合实验室给予了连续五年稳定的经费支持。其中，优秀类资助160万元人民币/年、良好类资助80万元人民币/年。

联合实验室评估工作获得香港六所大学的高度认可和支持，中科院也积极推动香港特区政府对获得中科院认可的联合实验室提供经费支持。香港大学教育资助委员会（UGC）筹拨一次性资助3000万港元，支持联合实验室开展项目合作。2019年中科院发布《中国科学院与香港地区联合实验室建设及运行管理办法（试行）》，确保联合实验室建设有序开展，经费使用到位。

第三，积极开展科普教育活动，为香港学生提供实习机会，提升对祖国科技发展、创新成果的认识了解。

根据对港工作精神，中科院积极组织面向香港地区的科普宣传活动，尤其重视香港青年人才培养，加深香港各界对国家科技创新发展的认知，增强参与感和认同感。

比如：2017年，来自香港中文大学、香港工商总会、香港各界青少年活动委员会等多个重要团组累计500余人参观了“率先行动 砥砺奋进——十八大以来中国科学院创新成果展”。依托中国散裂中子源和FAST累计接待港澳团组超过3000人次。2018年11月，中科院首次在香港科学园举办“科技创新成果2018年度巡展”。林郑月娥特首应邀出席巡展启动仪式并致辞。巡展展出了中科院近几年最主要的科技创新成果，以及中科院与香港地区联合实验室的科研合作成果。同期，中科院还首次在港举办“中国科学院院士科普讲座”，我作为院长出席开幕式并致辞，3名中科院院士为香港高校和中学的200余名师生作科普报告，取得良好反响。2019年10月，中科院积极配合香港中联办组织国家探月工程“嫦娥四号”任务报告团访港，为4000余名香港师生举办9场科学讲座，效果良好，反响热烈。通过介绍国家探月工程的规划、实施过程及科研成果，在系列讲座中加入香港与国家关系的内容，激发了香港青少年学生的科学兴趣和爱国热情。韩正副总理批示，“这样的活动应常态化举办”。2018年起，中科院配合香港特区政府在京组织“中科院–香港青年实习计划”活动。首批22名香港大学生在自动化所、计算所、软件所等单位，围绕人工智能、信息科学等领域进行了为期6周的科研实习。香港财政司司长出席了开班仪式，林郑月娥特首出席结业典礼，取得良好成效。2019年参加内地实习计划的香港大学生增至49名，并增加了数学、物理和生命科学领域的实习。

第四，加强与澳门科技交流，积极开展与澳门各界多种形式的合作。

2014年中科院批准国家天文台在澳门科技大学设立月球与深空探测伙伴实验室，系中科院首个在澳门设立的院重点实验室伙伴实验室，获得澳门科技发展基金2000万澳元经费资助，实验室后续取得了一系列有显示度的科研成果。2018年该实验室获科技部批准升格为“月球与行星科学国家重点实验室”。2019年以来，澳门高校陆续与院属研究所签署合作协议，筹划共建联合实验室。

2017年底，中科院组织相关学者访问团赴澳门交流。在此次访问基础上，中科院微电子研究所团队与澳门大学模拟与混合信号超大规模集成电路国家重点实验室围绕智能驾驶GPS芯片等项目积极开展了实质性合作，获得中科院2019年度港澳台合作专项资助。澳门大学麦沛然教授入选2018年度“中科院海外评审专家”项目，为中科院科技创新和人才工作提供咨询评议，是中科院首位来自澳门的评审专家。

中科院与澳门科技发展基金长期保持友好伙伴合作关系，协助澳门推动青年人才培养和项目评审工作。自2016年起，双方共同在内地举办了四届澳门青年科技成果及产业化研修班，共有80余名澳门青年学员参加，培训主题包括科技成果转化、粤港澳大湾区科技创新发展等。

第五，贯彻落实中央对台工作精神，鼓励并推动与台湾地区科技交流与合作，做好台湾青年人才工作。

党的十八大以来，中科院深入贯彻落实习近平总书记对台工作重要思想，积极组织开展对台交流工作，认真研究新形势下有关工作部署，不断加强和提升对台工作，取得显著进步。

一是重点以台湾“中央研究院”、工业技术研究院为工作对象，推动与台湾地区一流研究机构开展制度化、常态化交流。2013年，中科院与台湾“中研院”签署了学术交流合作谅解备忘录，这是两岸最高科研机构之间首次签署协议。双方就定期共同举办院级论坛、建立稳定交流机制和促进双方高层互访形成合作共识。中科院与台湾“中研院”于2012年共同发起主办“海峡两岸生命科学论坛”，至今已成功举办了多届，每隔两年，两岸生命科学领域最顶尖的院士、学者们齐聚一堂，就共同关注的科技前沿问题进行研讨，共同分享学术成果。2011年，中科院与台湾工业技术研究院共同发起主办“两岸产业科技交流论坛”；为推动彼此在共同感兴趣的技术领域的合作，2014年底，双方在论坛基础上联合设立“两院合作计划”，资助双方有共同合作兴趣的项目之必要的人员交流。截至2019年，共有32个项目团队获得资助，为两院进一步开展实质性合作打下了良好的基础。院级论坛平台的确立和两院合作计划的实施，有效地促进了两院科技交流与合作。

二是实施“中国科学院台湾青年访问学者计划”（以下简称“台青计划”），做好台湾青年人才培养和吸引工作。通过设立“台青计划”，提供到中科院院属研究所和大学进行合作研究的机会，资助其来中科院开展中长期的科技合作或博士后研究工作，促进学术交流、两岸合作和人才培养。自2013年以来已吸引约80名台湾优秀青年来大陆工作，累计资助金额1300万元。在项目执行结束后，有获选者申请延期工作一年，还有获选者获聘留所工作。为进一步加大支持和吸引力度，2018年中科院对“台青计划”进行调整，新出台了《中国科学院台湾青年人才计划管理办法》，为台湾青年来大陆开展科研工作提供更多学习工作机会。该计划实施以来取得良好效果，培养和吸引了一批优秀的台湾青年科技人才，提升了台湾青年的科研自信和对大陆的认同，是中科院积极响应中央对台工作部署的一项重要举措。

三是积极鼓励两岸学者不断加强往来，形成两岸系列性品牌学术研讨会。中科院支持院属单位在大陆举办两岸学术活动，每年资助十至十五个项目，累计约700万元，形成具有一定学术影响力的系列性两岸会议三十余个。以定期轮流举办系列性两岸学术会议为平台，每年吸引台湾学者五百余人次来大陆参会，在交流分享最新学术成果的同时，与会的两岸学者还通过实地考察深入交流，增进彼此理解，结下友谊；帮助台湾学者了解大陆发展理念和最新政策，有效促进了两岸科技界的往来与合作。

08/ 努力推动中美间的大国科技合作

庄恩岳：白院士，您2016年4月20日当选美国艺术与科学院外籍荣誉院士，这是美国科学界对您本人科技影响力的认可。20世纪80年代您在美国留学，担任中科院领导以后，又多次访问美国，中科院与美国科研机构的国际合作交流也比较多。如果我没记错的话，您曾于2010、2011、2015年先后访问美国。您能跟我们聊一聊，在这几次美国之行中，有哪些让您印象深刻的事吗？

白春礼：2010年2月27日，我带队圆满完成了对美一周的访问。此行我参加了美国科学促进会（AAAS）2010年年会，访问了加州大学洛杉矶分校、佐治亚理工学院、爱默里大学及美国国家标准与技术研究院，共作了三场报告——在AAAS年会“国家科学院在社会上的作用”分会上，我作了“从六十年的发展历程看中国科学院的功能和作用”的报告；在加州大学洛杉矶分校和爱默里大学，作了两场“纳米科学与技术：机遇与挑战”的报告，当时有大批学者参加了报告会。

此行我还会见了加州大学洛杉矶分校校长布洛克（Gene Block）、佐治亚理工学院副校长加里·舒斯特（Gary Schuster）、爱默里大学副校长大卫·斯蒂芬斯（David Stephens），以及美国国家标准与技术研究院院长塔特里克·盖勒格（Patrick Gallagher）等，与他们就加强合作、科学发展和科研管理等事宜进行了探讨。上述机构均表示希望加强和推动与中科院实质性的学术交流与合作。我与塔特里克·盖勒格院长就加强在材料与纳米科技标准制定和人才培养合作事宜深入交换了意见，双方均认为在此方面有很大的合作潜力。

之后，我还访问了上述机构的多个实验室和研究所，其中，加州大学洛杉矶分校的加州纳米系统研究所正与制药企业和信息企业联合开展纳米技术应用的研究工作，以及佐治亚理工学院和爱默里大学联合共建生物医学工程系、联合共建纳米医学中心的做法，给我留下了深刻印象。

2011年4月25日至5月1日，我应美国能源部等机构的邀请率团访问了美国科学院、能源部、基金会、明尼苏达大学、康宁公司、3M公司、提赛（TSI）公司等机构和企业，与在美优秀留学生及华人专家学者座谈，在明尼苏达大学和康宁公司分别作特邀报告，并接受了明尼苏达大学授予的荣誉博士学位。此行既加强了与美国科技界、学术界、企业界高层之间的交流，又促进了中科院与上述科研学术机构、科研资助机构、研究型大学和科技创新型企业的合作，还增进了相互了解、信任和友谊，巩固、深化了双边合作关系，并有针对性地加强了吸引海外优秀人才的工作。可以说，这次访问取得了丰硕的成果，达到了预期的目的。

在华盛顿，我们先后会见了美国科学院院长拉尔夫·赛瑟罗（Ralph J. Cicerone）、工程院院长查尔斯·威斯特（Charles Vest）、能源部副部长斯蒂文·库宁（Steven Koonin）和科学基金会主任苏布拉·苏雷什（Subra Suresh）等。

在与美国科学院院长和工程院院长的会谈中，我们双方肯定了近年来共同开展的清洁能源与可持续发展战略研究、中美前沿科学研讨会等活动对于促进两国科学家广泛深入合作的意义，并就加强在合成生物学、科技伦理和知识产权问题等领域的交流合作交换了意见。中方建议两国科学院领导人应保持定期会晤机制，就涉及两国科技社会可持续发展的一些重大战略问题进行沟通，并介绍了2011年5月在北京召开的第二届中美科技战略政策研讨会暨知识产权管理研讨会的筹备情况。随后，我也祝贺了拉尔夫·赛瑟罗连任美国科学院院长，并邀请他出席2011年11月初在华举行的第十四届中美前沿科学研讨会。

在与美国能源部副部长斯蒂文·库宁的会谈中，我回顾了三十多年来中美高能物理合作和中美大亚湾中微子试验合作项目，称赞其为中美科技合作的典范，高度评价了2011年1月双方机构签署的能源科学合作议定书，指出该议定书为促进双方科学家开展更多互利双赢合作奠定了基础。代表团还与美国能源部就能源科学各领域包括高能物理、核物理（包括核聚变和先进核裂变）、基础能源科学、生物能源与环境管理等领域的合作进展和未来合作重点交换了意见和信息，探讨了可能的联合行动方案。双方初步约定2011年11月下旬在华召开第一届中国科学院–美国能源部（CAS–DOE）能源科学合作联委会。

在与美国科学基金会主任苏布拉·苏雷什的会谈中，我们回顾了近年来在中美青年学者交流、全球科教数据网络基础设施建设以及天文科学、暗物质、纳米科学等领域的合作，并就美国对华科技政策走向交换了意见。最后，我还热情邀请他于合适时间访问中国科学院。

代表团还访问了位于纽约州北部的康宁公司和位于明尼苏达州的提赛、3M等纳米高技术企业，参观了其主要实验室，并与其研发人员进行了座谈。我应邀在康宁公司作了关于“中国科技回顾与展望”的报告。

后来，我们还应明尼苏达大学和提赛公司的邀请，在明尼苏达大学作了题为“中国纳米科技：机遇与挑战”的报告，来自提赛公司、3M公司、美敦力公司（Medtronics）、巴斯夫股份公司（BASF）、唐纳森公司（Donaldson）、希捷公司（Seagate）、道格拉斯机器公司（Douglas Machine）、古德里奇公司（Goodrich）、嘉吉公司（Cargill）等纳米高科技企业的研发人员和明尼苏达大学的师生共400余人参加了报告会。在数千人参加的明尼苏达大学研究生毕业典礼上，我接受了该校授予的名誉科学博士学位。

在明尼苏达大学，我见到了数百名来自中国科技大学以及中国科学院各研究所、当时在该校学习或工作的学生和学者，回答了他们所关心的各种问题，对中科院的发展战略、吸引海外人才回国和为国服务的政策、举措等作了宣传和解释工作，激励海外学子学人勤奋学习、努力工作，以各种形式为祖国服务。

在旧金山，代表团与来自斯坦福大学、加州大学伯克利分校、旧金山分校、戴维斯分校以及劳伦斯伯克利国家实验室的杰出华人专家学者十余人举行座谈，就我国和中科院未来科技发展、人才战略、研究生培养、国际合作等问题进行了深入的讨论。我向大家介绍了中科院“创新2020”的发展目标、战略先导专项和吸引海外人才的计划，鼓励他们回国或以多种形式为祖国服务。

2015年9月22日，我作为中国科学院院长在哈佛大学访问期间，应邀在该校作了题为“中国的科学技术与创新”的演讲。在这次的演讲中，我不仅介绍了中国科技创新取得的进展和成效，也谈到了一些关于中美国际合作方面的话题。

我首先简要介绍了中国科技创新方面的成果。随后，我分析了在短短二十多年的时间里，中国的科技创新会发生如此大的变化、取得如此令人瞩目的进展的原因。我认为，在诸多原因中，有一点很重要——不断扩大国际交流与合作。改革开放以来，我们立足中国国情和发展需要，学习借鉴包括美国在内的先进国家经验，不断深化科技体制改革，不断扩大国际科技交流与合作，积极鼓励和支持各种形式的人员交流，积极参与人类基因组、国际热核聚变实验堆计划（ITER）等国际科学计划和大科学工程建设，积极支持和参与发展中国家科学院等国际组织，努力在学术交流与合作中向国际同行学习，不断提高创新能力和水平。

在演讲的最后，我提出：中美两国都是具有全球影响力的创新大国，面对日益严峻和复杂的共同挑战，迫切需要推进全方位、高水平、深层次、重实效的科技与创新合作。哈佛大学是中美两国文化交流与科技合作的桥梁纽带。早在1928年，哈佛大学就与中国燕京大学合作成立了哈佛—燕京学社，成为两国大学交流合作的典范。1955年，费正清先生在哈佛大学创立了著名的中国研究中心，他本人作为美国近现代中国学研究的先驱，在中国广为人知、备受尊敬。哈佛的这一传统源远流长，延续至今。比如，丘成桐教授就一直致力于促进中美两国的科技合作，对中国的数学研究与人才培养给予了非常热情的支持和十分宝贵的帮助。哈佛大学化学系的查尔斯·利伯（Charles M. Lieber）教授是国际纳米科技领域的开创者之一，他的研究小组里就有不少来自中国的科学家和学生，他与我本人及我国的国家纳米科学中心都有着密切的科研合作。中国科学院作为中国科学技术方面的最高学术机构，与包括哈佛大学在内的美国大学和科研机构有着良好的合作交流关系，是我国与美国学术交流合作最频繁、最密切、时间最长、成果最多的机构。我们愿意通过多种方式，进一步巩固和加强科技交流与创新合作。我也希望双方携手努力，在合作中不断创新，在创新中深化合作，共同为两国繁荣发展和人类社会文明进步不断作出新的更大贡献。

这次演讲，现场效果非常好。原定200人规模的报告会吸引了该校400多名师生参加。演讲结束后，我还与现场听众互动，回答了他们提出的问题，气氛十分热烈。

09/ 中俄两国科技合作提到新高度

庄恩岳：白院士，据我了解，中国科学院与俄罗斯科学院双方交流很多，这些年来，您不仅多次出访俄罗斯，还于2008年当选为俄罗斯科学院外籍院士，消息传到国内的时候，我们都为您感到骄傲。关于中俄两国科学院的交流合作成果，您能与我们分享一下吗？

白春礼：中国科学院与俄罗斯科学院的交流很多，双方互视对方为自己最重要的合作伙伴之一，中俄两国科学家长期保持着良好的合作关系。

2003年9月19日，我作为中国科学院副院长，在俄罗斯新西伯利亚科学城访问。亚太材料学会主席、俄罗斯科学院院士库兹涅佐夫向我颁发了亚太材料学会副主席证书。

我是在2003年6月2日举行的亚太材料学会全体大会上当选该学会副主席的。与此同时，我国十二位材料学科学家被选为亚太材料学会会员。这既反映了国际学术界对中国科学家个人学术水平的认可，也反映了中国科学事业的快速发展得到了国际学术界的肯定。我此次访俄是应俄罗斯科学院的邀请，于当年9月17日至25日率中国科学院材料科学代表团到俄罗斯科学院进行学术交流。俄科院副院长普拉德院士、俄科院副院长兼西伯利亚分院院长多布列佐夫院士分别会见了我们。访问期间，我参观了俄罗斯科学院西伯利亚分院无机化学研究所、催化研究所、半导体物理研究所、固体化学和力学化学研究所、核物理研究所等科研单位，还参加了于9月22日在俄罗斯喀山市召开的第十七届门捷列耶夫普通和应用化学国际会议，并在大会上作了特邀学术报告。

2011年6月19日至23日，我作为中国科学院院长，应俄罗斯科学院的邀请，率团访问了俄科院及其相关研究所——化学物理问题研究所、普通物理所、空间研究所、冶金与材料学研究所等，出席了中俄两院共同举办的第二届“新材料与技术研讨会：可再生能源材料”，并访问了俄罗斯纳米公司。

6月20日，在中俄新材料与技术研讨会开幕式上，我代表中国科学院对会议的召开表示祝贺，并谈到，中国科学院和俄罗斯科学院互视对方为自己最重要的合作伙伴之一，在双方共同不懈的努力下，两院的合作交流形式日趋多样，合作领域日渐拓展，合作成果日显丰富。中俄新材料与技术研讨会的召开促进了双方在材料领域的深入交流，为推进实质性的科研合作奠定了基础。

6月21日，俄科院主席团为我举行了隆重的外籍院士证书颁发仪式，俄科院主席团成员及前任院领导40余人出席了该仪式。俄科院主席团学术副秘书长伊万诺夫首先宣读了2008年5月俄科院全体大会选举我为俄科院外籍院士的决定，随后俄科院常务副院长涅基别洛夫为我颁发了外籍院士证书和证章。在接下来的发言中，我陈述了俄罗斯科学院对世界科技发展和人类文明进步所作出的杰出贡献。我还对20世纪五六十年代苏联科学院在中国科学院组织和建设中所给予的无私帮助表示感谢，并表达了将身体力行推进中俄科技合作持续深入发展的意愿。

在这里，我想跟大家分享一个让我感触特别深的事情。自改革开放以来，尤其是党的十八大以来，中国的科技步入快速发展轨道，受到国际科学界的高度重视，我也先后当选为发展中国家科学院院士（1997年）、美国国家科学院外籍院士（2006年）、英国皇家化学会荣誉会士（2007年）、俄罗斯科学院外籍院士（2008年）等。当选这些科学院的外籍院士让我深感自豪，因为这不仅是授予我个人的荣誉，更是中国科学技术力量逐渐强大的象征。

2019年7月，为落实习近平主席6月访俄成果，发展中俄新时代全面战略协作伙伴关系，我再次访问了俄罗斯。俄联邦副总理戈利科娃会见了我，她代表俄联邦政府祝贺中科院成立七十周年，并指出，加强科技创新合作是俄中新时代全面战略协作伙伴关系的重要内容，也是双方着眼于长远作出的战略性选择。俄方将积极落实两国元首达成的有关共识，办好“中俄科技创新年”，推动两国在大科学装置和科技创新人才交流等方面的合作。俄方重视中科院提出的有关加强双边科技合作的建议，将从政府层面给予支持。我建议将中俄两国科学院的合作提升到“新时代战略科技合作伙伴”的新高度，在此框架下推动院级双边专题研讨会机制化，并建立联合资助项目的长效合作机制，得到戈利科娃的积极回应。

此次访俄期间，我同俄罗斯科学院院长谢尔盖耶夫签署了《中国科学院和俄罗斯科学院科学、科研创新合作路线图》，明确了未来五年内两院合作的重点方向，为加强两院实质性合作、推动两院关系提质升级奠定了基础。我还访问了俄科院列别捷夫物理研究所，并见证了中科院长春光学精密机械与物理研究所与该所签署关于共建空间光学探测联合实验室的合作备忘录。

10/ 新形势下深化国际科技合作面临的困难和挑战

庄恩岳：白院士，在近年来贸易摩擦、科技竞争加剧的背景下，中国科学院作为国家科研机构，一直积极、主动地充分利用国际资源，加快“走出去”的步伐，积极融入国际创新网络，努力提升中国在国际科技方面的影响力、竞争力和话语权。您认为，中科院在国际科技竞争中要实现突围，有哪些可供借鉴的经验，又存在哪些困难呢？

白春礼：世界正在经历新一轮的技术和产业变革，革命性的科学发现正在加速孕育之中。以信息技术快速发展为驱动，科技创新的范式将发生深刻变革，科学发现的速度将空前加快。加快打造原始创新策源地，加快突破关键核心技术，努力抢占科技制高点，必将依赖更加多元的思想碰撞、依赖全球领先的尖端科研平台、依赖多边的共同研发投入、依赖全球范围的数据和资源获取能力。可以说，深化国际科技合作比以往任何时代都更重要、更有必要。

当前，全球格局正面临百年未有之大变局，国际科技合作的外部环境正发生一系列变化，新挑战、新问题不断出现，不确定性不断增多。同时，在多边科技舞台中，世界各国普遍期盼我国能发挥更加重要的作用。在此大背景下，全球科技合作和治理格局正在发生深层次变化，我国参与国际科技合作与竞争的格局也在发生转变，中科院开展国际合作的模式也需要从单一关注我方“获利”，转向更关注合作各方“共赢”。

从外部环境看，中科院国际科技合作的外部竞争和压力正在不断增强。一是全球各机构对人才等科技资源的竞争更加激烈，世界上主要科技国家均从战略对策、机构布局、资源配置等层面，出台全球范围竞争人才等科技资源的具体举措，使得中科院面临的国际竞争加剧。二是国内的创新企业、行业部门、科研机构和大学国际化步伐加快，人才吸引和海外布局工作提速，中科院在科研机构国际化中的先发优势虽然存在，但差距正在缩小，特别是在人才资源丰富的发达国家的布局仍显滞后。

从中科院国际合作发展看，虽然取得了一系列的成绩，并保持快速稳步发展的整体态势，但也面临着新的挑战。我们与世界一流科研机构相比，仍存在着明显的差距。院所两级同频共振、相互协同、互相支撑、共同促进全院国际合作和国际化发展“一盘棋”的态势仍未形成。具体表现在以下六个方面：

一是外部局势变化对中科院国际合作交流的冲击和影响仍在不断显现。境外恐怖主义活动范围扩大，对中科院开展全球范围的科研考察活动造成了威胁。另一方面，近几年，外国人才来华交流和合作的意愿也呈现下降趋势，这值得我们高度警惕，我们需要尽快拿出有效应对方案。2020年新冠肺炎疫情在全球范围蔓延，造成中科院国际科研合作和人员交流受到全面冲击。

二是中科院国际合作对整体创新的贡献度仍然偏低，国际合作网络的效率和水平仍待进一步优化。以国际合作论文产出为例，中科院与北大、清华等国内一流大学相比仍有一定距离，与法国科研中心、马普学会等国际一流科研机构相比，差距则更加明显。一方面，虽然中科院已经与绝大多数国际一流科研机构和大学建立了院级和所级的合作关系，或者形成了交流机制，但另一方面，与中科院合作最密切的外国机构与产出最多的外国机构的重合度不足40%，说明全院合作网络有待进一步优化和提升。

三是中科院国际化发展水平仍偏低，多元创新文化集聚效应仍不明显。中科院整体外籍人才比例与国际一流科研机构相比仍偏低，兼职（不足九个月）在中科院开展科研工作的外籍人员仍占近一半，全院仅有四个研究所外籍人才比例超过10%，外籍人才在研究所创新队伍中仍属于“绝对少数”，国际化人才聚集的多元创新环境尚未有效形成。

四是开放创新的环境和理念仍存短板。应该看到，中科院外国人才在华工作仍面临着“孩子、妻子、房子、圈子”等现实问题，国际化创新环境建设仍有待加强，有些现实问题仅仅依靠中科院努力，暂时也无法解决。但更重要的是，院属单位对强化人才队伍国际化建设对科技创新重要性的认识还不到位，普遍存在畏难心理，在外国人才的科研支撑和保障方面供给不足，在主动对接、吸引外国人才方面不敢主动作为。中科院对国家引进外国人才资源的利用一直处于较低水平，甚至出现过零申报的现象，显示院属单位引进外国人才的内生动力严重不足；有些单位外国人才人事制度仍不完善，合同不规范，存在一定的管理风险。

五是中科院国际影响力和吸引力，与科技创新实力和地位相比仍不匹配。中科院已经连续七年蝉联自然指数年度榜单全球排名第一，产出影响力也在不断攀升，但中科院在全球科研人才中的影响力、吸引力和美誉度仍亟待提升。与此同时，随着我国科研实力和创新能力的不断增强，因意识形态差异而形成的负面舆论压力也在逐渐增加，给中科院开放创新合作带来了新的挑战。

六是中科院在深度融入全球创新过程中面临着新问题，亟须高度重视。国际科技合作中的安全、伦理、知识产权等新问题不断出现。如何在推进科技合作中保障国家利益不受损失，基本科学伦理不去违背，各方合法利益不受侵害等，成为下一步中科院国际化发展面临的新课题，需要院所两级高度重视，认真研究，并提升应对能力。

第十章　展望未来

展望未来，未来是无限美好的，
未来将属于创新和勤劳的人。
在奔向未来的科技赛跑中，
我们站在同一起跑线上。
科学的未来属于勤奋而谦虚的年轻人，
科技强国必须从青少年抓起。
不能满足于当下的科技成绩，
以发展的眼光放眼未来，不懈努力。
我们赞美科技强国的现在，
更赞美祖国强盛的未来。

——题记

01/ 青出于蓝胜于蓝

庄恩岳：白院士，展望未来，少不了新时代的青少年们。您对新时代的人才充满期望，经常与年轻的科研人员和国科大的学子们作交流，并为国科大新生讲授开学第一课，可见您对青年人才的关怀。您怎样看待新一代人才的培养？您有什么话想对他们说？

白春礼：2020年是特别的一年，一场突如其来的抗击新冠肺炎疫情阻击战全面打响。在以习近平同志为核心的党中央坚强领导下，全国人民团结一心，奋力搏战，创造了无法复制的“战疫”奇迹。无数逆行天使义无反顾奔向救护生命的战场，无数“战疫”先锋全力以赴投身科研攻关的一线，无数平凡英雄默默无闻坚守各自的岗位。

我在当时调研中得知，疫情发生以来，国科大数百名同学和导师一起，夜以继日，奋战在科研攻关前线，为病毒溯源以及疫苗、抗体、药物等研发工作贡献了重要力量。我很欣慰地看到，在祖国和人民需要的时候，我们国科大的同学能勇敢坚定地站出来，展现了科研尖兵的本领和锐气、成长和担当。可见我们新一代青少年的潜能与责任感。

今天，我们站在比历史上任何时期都更接近实现中华民族伟大复兴目标的新起点。我国科技事业也实现了历史性、整体性、格局性的跨越。从“两弹一星”到哥德巴赫猜想，从人工合成牛胰岛素到世界首例体细胞克隆猴，从全球最远距离的量子保密通信网络，到全世界功能最强大的超级计算机“曙光7000”，中科院始终屹立在我国科技创新的潮头，发挥了科技创新国家队中流砥柱的作用，助力中国科技实现从跟跑、并跑到领跑的历史跨越。

这些重大的创新成果，也凝聚了一代又一代国科大师生们的聪明才智和辛勤付出。比如说，国科大地球与行星科学学院的张弥曼院士，在学生时代就立志投身中国近乎空白的古生物学和古脊椎动物研究，用一个甲子的时光解密远古化石谜团，重构了陆地四足动物起源理论。中科院计算所陈云霁研究员，主持研发的全球首款商用深度学习处理器“寒武纪”，得到了上百个国际学术机构和商业公司的关注；国科大2019届博士生钟钊和何睿，毕业即入选华为公司顶尖学生年薪计划；国科大2016级博士生郭玉婷的开创性工作荣登“2018年中国十大科学进展”。他们靠实力攀登、用能力说话。

历史的接力棒又交到了新一代青年的手上，这是一个伟大的时代，一个机遇和挑战无处不在的时代。新科技革命和产业变革正在重构全球创新版图、重塑全球经济结构。科学技术从来没有像今天这样深刻影响着国家的前途命运，从来没有像今天这样深刻影响着人民的生活福祉。科学的世界有着无尽疆域等着新一代青年去拓展，有着无限可能等着他们去创造。2019年，国科大在本科新生的录取通知书里特意嵌入了一枚“龙芯3号”处理器。2020年，国科大送给本科新生的是一张黑胶光盘，光盘上刻录了“来自宇宙深处的声音”，这其实源自“中国天眼”FAST捕获的15颗脉冲星信号，国科大师生将其进行转换和小限度处理，以音频的形式呈现给新生朋友们。送这些

“硬核”的入学礼，其实是希望新一代青年能够读懂身上将要承担的历史使命。

我希望新一代青年能真学苦干，练就高强过硬的工作本领。科学研究没有诀窍，就是钱穆先生说的“能人肯下笨功夫”。时间是科技创新不能缺少的变量，更是积淀科研真本领的根本保证。向国科大教育基金会捐赠150万元设立学生奖学金的郑儒永院士曾说过：“科研工作者，最不应该害怕的，就是吃苦；最应该习惯的，就是吃苦。”现在，我们还有很多“卡脖子”技术要攻关，还有很多未知的领域等待探索。希望大家在科研学习中，能耐得住寂寞、坐得了冷板凳。希望大家在各自的专业领域，坚持“从复杂中求简单，从紊乱中求秩序”，肯下笨功夫、练就真本领、精通真功夫，储备科技创新的硬核竞争力。

我希望新一代青年能厚积薄发，涵养敢为人先的创新精神。科学的本质是创新，是突破旧的思维定式和旧的条条框框，是对前人的超越。因此，无论是理论创新还是实践创新，都需要有敢为人先的创新精神。大家可能都知道FAST——“中国天眼”，老百姓习惯将它比喻成一口“大锅”，这口锅很大，直径500米，有30个足球场那么大。在“天眼”设计之初的20世纪90年代，当时中国最大的射电望远镜口径只有30米，从30米到500米，曾有人认为这是一个不可能完成的任务。但是FAST团队的首席科学家南仁东先生，他敢为人先，用二十余载的时光筑成了这个奇迹。而新一代青年将成为科技创新主战场的中坚力量，希望他们在学习和科研实践中，始终保持年轻人的闯劲、钻劲和干劲，善于洞察先机，敢于试错“无人区”，去领略科学险峰的无限风光。

我希望新一代青年能诚实自律，形成严谨求真的学术品格。本科生和研究生是科研人员的储备军，也是从事科学研究的重要新生力量。大家一定要认识到追求真理的道路从不平坦也绝无捷径。一旦开始从事科研工作就要培养严谨的学习态度、端正良好的学术规范、作出正确的价值判断，逐渐养成严谨求实、潜心钻研的治学态度和学术品格，系好科研道路上的“第一颗纽扣”，实现做人、做事和做学问的统一。

我希望新一代青年能朴实沉毅，淬炼素位而行的处世态度。今天我们所处的时代，环境和形势日新月异，充满了太多的机遇和选择。希望大家秉持顺势而为的人生哲学，顺境时竭力追梦、拼劲奋斗，逆境中笃定气韵、抱朴守拙。为人亦张亦合、接物能收能放，摒弃臆想、铿锵前行，坚守“素位而行”方可牢记初心、锚定方向，保持志气不改、锐意不衰。也希望大家不为名利所惑，不为浮华所扰，真正静下心来，刻苦钻研、不懈追求，为我国科技事业发展贡献智慧和力量。

无论走到哪里，作为中国人，我们的前途和命运都将与国家和民族休戚与共。“爱国，是人世间最深层、最持久的情感，是一个人立德之源、立功之本。”我希望新一代青年在今后的学习和工作中，能全情投入、主动创新，敢啃硬骨头、敢于涉险滩，保持精益求精、追求卓越的专业精神，恪守做人、做事、做学问的价值标尺。“凡百事之成也，必在敬之。”希望他们走出校门后，能将“爱国、创新、求实、奉献、协同、育人”的新时代科学家精神带入社会，融入新的工作岗位，将个人追求和价值选择，与国家和民族命运紧紧相连，以新时代奋斗者的姿态，融入时代发展的洪流。

科学知识的用途，不但在书本中，也在实践中，在改变个人、民族、国家命运的进程中，在人与自然生死存亡、和谐共处的博弈中。

17世纪，是显微镜的发明，让人类得以观察和描述细菌、真菌，从而敲开了微生物世界的大门。如今，人类已经可以分析纳米尺度的微生物结构。正因为有了几百年科学和技术的积淀，才使得100纳米大小的新型冠状病毒突然来袭时，人类能迅速锁定真凶、看清它的模样，逐步明晰它的致病机制、制定干预对策。虽然新冠病毒疫苗的全面使用仍需一些时间，但这已经是有人类文明以来，在与自然界凶险搏斗中，作出的最快速反应。

新冠病毒的出现，让人类放慢脚步，重新审视自己、敬畏自然、敬畏生命。全世界人民正缔结为命运共同体，共同迎接认知挑战、对策挑战和科技创新的挑战。我相信，新一代的青年才俊能肩负起这份责任，带着人们对科学的信任与崇敬，用毕生努力去追求真理、捍卫科学，推动现代科技奔涌向前，让被疫情打乱的生活，重新焕发生机和活力。

02/ 探索全球能源的未来动向

庄恩岳： 白院士，推动能源转型是人类文明可持续发展的必由之路，您怎么看待未来的能源问题？如果在未来的某一天，地球上不再有煤、石油和天然气等化石燃料，人类文明将依靠什么能源驱动？您觉得全球能源的未来将何去何从？

白春礼： 在能源领域，全球新一轮革命正在兴起，在可再生能源、第四代核能、大规模储能以及动力电池、智慧电网等方面，都取得了一些突破性进展，推动能源技术加速向绿色、低碳、安全、高效的方向转型。新材料领域正在向个性化、复合化和多功能化的方向发展，石墨烯、柔性显示材料、仿生材料、超导材料、智能材料等新型材料层出不穷。

在化石燃料枯竭的未来，液态阳光可能是解决问题的关键。“液态阳光”源于丰富的阳光、二氧化碳和水，属于可再生绿色液态燃料。

在过去的两个世纪，化石燃料为人类的经济带来了指数级增长，而如今我们面临着这一增长带来的后果——气候变化、环境恶化以及在未来大约一百年的时间内，因化石燃料的枯竭所带来的一系列问题。受世界人口增长和发展中国家工业化进程的推动，人们对能源的渴求程度与以往相比，已攀升到了一个空前的高度。展望下一个世纪，人类只能将主要的能量来源寄希望于太阳。

阳光是地球上最丰富的能量来源，可谓无处不在。一个小时的太阳能可以满足全世界一年的能量需求。然而，若希望对太阳能的使用像拨动开关般自如轻松，我们需要开发出一套系统，将来自太阳的能量转化为稳定可用的能量形态，以便于储存、运输并配送至终端使用者。

与此类似，水资源管理及水库系统通过收集、储存和配送水资源以满足供给需求，人们对此已经习以为常。事实上，正是得益于水库及供给系统的支持，人类才实现了由最初的傍水而居，逐步发展为如今的城市聚居。类似地，我们开发可以获取并储存太阳能的能量供应系统，也将会对发展以阳光作为驱动力的未来世界大有裨益。

将阳光转化为可储存、可运用的形式可谓是挑战重重，诸多被视为潜在的解决方案都面临着技术、社会及经济等多方因素的制约。大自然为我们指明了更为智慧且简洁的方法，植物可以获取阳光并将其转化为葡萄糖，葡萄糖既能承载能量又能将其储存，并通过水溶液的形式输运。同样，获取、储存及供给太阳能的方法，关键在于如何将其转化为稳定、可储存、高能量的化学燃料，如绿色醇类燃料。液态燃料的运输和配送并不困难，在对现有的基础设施和供应链进行一些改良后，便可广泛地加以运用。绿色醇类燃料以阳光为原料，其生产和利用将有助于满足人类在交通、工业和材料等终端应用领域的能源需求，有助于保持生态平衡，对可持续发展起到至关重要的作用。

当今世界的发展离不开化石燃料，而"液态阳光"将可能成就未来世界。绿色燃料来源于阳光，是可再生的不竭能源，在保护环境的同时，对未来多种现代化应用及服务都起到至关重要的作用。然而，这需要以全球通力协作、在相关科技领域取得进步为前提。

经济增长和环境可持续是中国乃至全世界的共同目标，为构建"人类命运共同体"，中国将会与其他国家一道，为人类世界的共同发展推动绿色燃料的技术进步。"液态阳光"可为世界提供一条兼顾经济可持续增长和应对气候变化、环境恶化的途径，有助于实现联合国可持续发展目标。

03/ 信息科技发展影响和改变未来世界

庄恩岳：白院士，2020 年 11 月 12 日，作为中国科学院学部主席团执行主席，您在主题为"预测与战略"的《财经》年会上表示人工智能、大数据、区块链等新技术的加速发展将会为人类带来广阔的前景，能否谈一谈您对信息科技领域的分析与展望?

白春礼：大家都知道也都切身感受到，世界科技发展日新月异，在各个方面都深刻影响和改变了我们的生活。最近几年，关于科技创新讨论最多的、各方面都非常关心的，就是新一轮科技革命和产业变革以及可能带来的深远影响。欧盟、经济合作与发展组织（OECD）、麻省理工学院（MIT）、兰德公司等，都对此发布了一系列分析报告。中国科学院也组织了一批高水平院士和科技专家，系统分析了若干重大领域创新的主要趋势和重点突破方向。

我主要对信息科技这个重点领域的进展和趋势作一些分析和展望，因为信息科技领域是全球研发投入最大的两个领域之一。

信息化、数字化、网络化、智能化是引领当前科技变革的时代大潮，半导体产业是顺应这一时代潮流的根基性、战略性和先导性产业，是衡量一个国家科技发展水平乃至综合国力的重要指标。芯片与元器件、超级计算、新一代信息网络技术的广泛发展，为人工智能、大数据、区块链等新技术加速发展带来广阔的前景，由此也引发了新一轮的创新创业热潮，对全球经济发展格局产生深远影响。

一是以芯片和元器件、计算能力、新一代信息网络为核心的技术加速发展，推动加快进入万物互联时代。

硅基芯片和元器件是信息技术发展的基石，其制程工艺不断提高，处理速度越来越快、存储能力越来越强、能耗越来越低。近年7纳米芯片已开始应用，5纳米芯片已经开始试产，3纳米芯片也正在研发。但硅基芯片的制程工艺已经逼近物理极限，摩尔定律面临失效。碳基纳米材料，特别是石墨烯和碳纳米管材料，被认为是最有希望取代硅、延续摩尔定律的半导体材料之一。碳基器件相比传统硅基器件具有5—10倍的速度和能耗优势，可以实现5纳米以下的半导体技术节点，满足新型半导体芯片的发展需求。

超级计算是信息技术发展的重要基础。2018年，美国发布新一代超级计算机“顶点”（Summit），运算能力每秒20亿亿次，超过我国曾经连续5年排名世界第一的“神威太湖之光”。下一代E级超算（每秒百亿亿次）的研制是全球超算强国的新目标。量子计算也是各国高度关注的战略制高点。一台操纵50个微观粒子的量子计算机，对特定问题的处理能力可超过“神威太湖之光”超级计算机。中国科技大学研制出了世界上第一台超越早期经典计算机的光量子计算机。2020年初，IBM也研发出可以脱离实验室环境运行的量子计算机。谷歌开发出54量子比特数的量子芯片，该芯片支持的量子计算机完成一个随机数字采样100万次的任务只需要200秒，而世界最强超级计算机Summit需要1万年。当然，对于这一成果各方面还有不同的看法，实现真正意义上的通用量子计算机还有很长的路要走。

新一代网络通信技术发展进入快车道。2012年6月6日，全球IPv6网络正式启动。IPv6的地址长度为128位，是IPv4的4倍，其地址数量近乎无限。5G移动通信技术已经开始大规模应用，其数据速率是4G的百倍以上，传输延迟在1毫秒以下，能够支持在一平方公里内连接100万台设备。由于这些明显的技术优势，可以随时随地实现万物互联。

进入万物互联时代，人类社会（人）、信息空间（机）、物理世界（物）实现无缝智能融合，为各种工作和生活需求作出全方位及时的智能响应，将全面重塑世界发展格局，使人类文明继农业革命、工业革命之后迈向新的智业时代。

二是人工智能作为引领带动新一轮科技产业变革的战略性技术，

将对产业结构、产业形态以及社会生活带来决定性影响。

谷歌阿尔法围棋在深度学习方面的关键性突破，掀起了人工智能发展的新一轮热潮。全球人工智能产业进入高速增长期后，麦肯锡公司预测，到2030年，约70%的公司将采用人工智能，人工智能新增经济规模将达到13万亿美元。

随着材料、制造、动力、传感、控制等相关技术的不断发展，硬件的成本大大降低，人工智能已经进入工厂和普通消费者周围。各种智能终端、智能服务、可穿戴设备不断推陈出新，各种家政机器人、情感陪护机器人、娱乐机器人等已经走进我们的生活。

通用人工智能总体发展仍处于起步阶段，也是下一代人工智能重点突破的方向。通过将人的作用或认知模型引入到人工智能系统中，人机协同可以更加高效地解决复杂问题，逐步实现人机混合智能。通过大幅提高机器智能对环境的自主学习能力，逐步实现自主智能系统。2015年，中科院成立了"脑科学与智能技术卓越创新中心"，主要研究认知科学、人工智能等，其已成为我国在该领域的研究高地。

三是大数据作为信息社会的战略性资源，成为科技和产业竞争发展的制高点。

越来越多的人认识到，大数据具有可以反复使用、不断增值的特点，蕴藏着巨大的价值和潜力，是与自然资源、人力资源一样重要的战略资源。据国际数据公司统计，全球数据总量每年都以倍增的速度增长。一方面，大数据作为新兴产业，数据采集、数据分析、数据服务已经成为信息产业中极具活力、发展迅速、潜力巨大的细分市场，相关的硬件制造和软件开发也吸引了更多的资金和研发投入。另一方面，大数据与现有产业实现深度融合，几乎应用到每个产业领域，加快推动了相关产业的转型升级，使得生产更加绿色智能、生活更加便捷高效。

围绕大数据应用的研究，形成了新的、多样化的创新生态链，推动了共享经济的蓬勃兴起和发展，重塑了传统产业的结构和形态，催生了众多的新产业新业态新模式，也给我们的衣食住行带来了根本改变。麦肯锡预测，医疗领域将会因为采取大数据技术，减少三分之二的医疗开支。大数据在人工智能与先进制造、自动驾驶、金融与商业服务、医疗与健康管理、科学研究等领域都有着广泛的应用前景；在社会保障、突发事件监测预警、信用评估、城市管理等方面，发挥越来越重要的作用。

四是区块链作为信息技术发展的新方向，将为经济社会数字化转型提供强大动力。

区块链技术作为比特币的底层技术被大众所熟知，是分布式数据存储、点对点传输、共识机制、加密算法等多种技术的集成应用，可以实现信息的公开透明、不可篡改、不可伪造、可追溯，无需第三方背书，其广泛应用将显著降低整个社会的交易成本、提升运行效率，因而受到各国的高度重视。

围绕区块链技术，共识算法、加密算法等底层核心技术不断取得突破，与人工智能、大数据、物联网等技术深度融合，则进一步提高了其技术性能和可用性、安全性，使其逐步进入大规模商业化应用阶段，成为数字经济进一步深化发展的重要增长点。比如在供应链管理方面，区块链技术保证了交易可追溯和数据不可篡改，可以有效避免交易纠纷，提升整体运行效率。在税务管理方面，应用区块链技术构建的“税链”网络，能够真正实现“交易即开票”“开票即报销”，可以大幅降低税收征管成本，有效解决数据篡改、一票多报、偷税漏税等问题。

我国在区块链的发展和应用方面具有自己的特点和优势，我们移动互联网用户数量巨大、在线支付等应用普及范围广，在数字货币、供应链、数字政务、社会公共服务等多个领域已经有一定的应用基础，未来有很大的应用前景。中央政治局曾就区块链技术发展现状和趋势进行了集体学习。习近平总书记在主持学习时强调，要把区块链作为核心技术自主创新的重要突破口，明确主攻方向，加大投入力度，着力攻克一批关键核心技术，加快推动区块链技术和产业创新发展。

04/ 重视生命健康领域方面的科学研究与未来发展趋势

庄恩岳：白院士，我注意到，您在关注信息产业领域的同时，对于生命健康领域方面的科学研究颇有心得，您怎样看待基因编辑等新技术的出现与未来发展趋势，能否与我们分享一下？

白春礼：有人说21世纪是生命科学的世纪。在*Science*创刊125周年公布的125个最具挑战性的科学问题中，46%属于生命科学领域。生命与健康领域逐步走向“定量检测解析”“预测编程”和“调控再造”，孕育了一批具有重大产业变革前景的颠覆性技术，给药物研发、基因治疗、生物育种、生物安全、现代农业等领域带来深远的影响。我认为，生命与健康领域的发展显示的趋势有以下几点：

一是基因组学、脑科学成为生命科学领域备受关注的前沿热点。

基因组学是生命科学最前沿、影响最广的领域之一。人体细胞

DNA分子大约有10万个基因，由这些基因控制10万种人体蛋白质的合成。基因工程就是要寻找目的基因，通过对其进行剪切、剔除、连接、重组等操作，实现对生命体的调控。近年来，基因测序成本以超过信息领域摩尔定律的速度下降。2003年，全球完成人类基因组测序花了13年、耗资30亿美元，目前只要几百美元、数小时就可完成，这对基因组研究、疾病研究、药物研发、生物育种等具有巨大的推动作用。

有人将基因编辑技术比喻为“上帝的手术刀”，因为基因编辑就是对DNA序列进行精准的“修剪、切断、替换或添加”。自20世纪80年代出现以来，基因编辑技术不断改进和发展。2020年获得诺贝尔化学奖的CRISPR/Cas9技术，已成为基因编辑最有效、最便捷的工具，广泛应用于生命科学研究和临床研究。

脑科学被看作是自然科学研究的“最后疆域”。科学家已经绘制出全新的人类大脑图谱，还通过脑机接口实现了对智能机器、义肢等的直接控制，为发展新一代神经及精神疾病的诊断、治疗技术方法奠定了坚实的基础。此外，人脑重大疾病诊治也取得重要进展，对帕金森、阿尔茨海默病、抑郁症等重大疾病机理的研究不断深入，新的治疗手段和药物不断涌现。2019年底，中科院研发的抗阿尔茨海默病新药获批上市，填补了该领域全球十七年无新药上市的空白。

此外，类脑智能研究也是生命科学领域的研究热点，类脑计算芯片、类脑学习与决策等算法软件已取得重要进展。

二是生命科学研究新技术新方法加速走向临床应用，推动医学向“个性化精准诊治”和“关口前移的健康医学”新阶段发展。

细胞免疫疗法被认为是最有前景的肿瘤治疗方式之一。2017年，诺华推出了世界首个CAR-T基因疗法，经美国FDA正式批准上市，用于治疗急性淋巴细胞白血病。我国也有CAR–T疗法，当然，细胞免疫疗法价格还比较昂贵（FDA批准上市的两个产品价格分别为47.5万美元和37.3万美元），也存在不良反应、细胞产品的质量控制等问题。

干细胞和再生医学为有效治疗心血管疾病、神经退行性疾病、严重烧伤、脊髓损伤等难治愈疾病，提供了新的途径，有望成为继药物治疗、手术治疗后的第三种疾病治疗途径，引发新一轮医学革命。比如，中科院基于干细胞技术制备出引导脊髓组织损伤再生的生物材料，已开展修复脊髓损伤的大动物（狗）实验168例，显示出良好的临床前景，已经进入临床阶段。2018年，中科院完成世界上首例脐带间充质干细胞复合胶原支架材料治疗卵巢早衰临床研究，成功地让一名卵巢功能衰竭的患者诞下健康婴儿。

2015年，美国政府提出“精准医学计划”，目标是“为每个人量身定制医疗保健”，在世界范围内掀起了精准医学的热潮。精准医疗在癌症等重大疾病的预防和治疗方面，已经取得了多项突破。美国《科学家杂志》评选的2018年十大科技进展中，两项与精准医学有关：一项是中科院的基于自组装的DNA折纸技术，构造出携带凝血酶的纳米机器人系统，在遇到肿瘤特异蛋白时释放出凝血酶，选择性切断血液供应来“饿死”肿瘤；另一项是通过人工智能处理海量数据，可发现医生无法诊断的疾病模式。

生命健康领域的技术进步也极大地提高了传染病的预警、预防、诊断和治疗水平。在抗击新冠肺炎疫情中，我国科研人员快速分离鉴定出病毒毒株并与世界卫生组织共享了病毒全基因组序列，为全球科学家开展药物、疫苗、诊断研究提供了重要基础，为打赢疫情科技攻坚战作出了重要贡献。

三是合成生物学、人造光合作用、分子模块育种等新技术、新方法不断涌现，推动生物经济蓬勃发展。

合成生物学被誉为是继DNA双螺旋结构和人类基因组测序之后的“第三次生物学革命”，也被认为是改变世界的颠覆性技术。科学家已经能够设计多种基因控制模块，组装具有更复杂功能的生物系统，甚至创建出“新物种”。比如，可以培养出用于诊断早期癌症与糖尿病的细菌，合成出抗疟药物青蒿素、抗生素林可霉素等药物，更简单高效地生产生物燃料，很有可能引发相关领域的产业革命。

人造光合作用技术发展迅速，科学家已经能够采用硅太阳能电池和钴、镍基催化剂等可广泛获取的材料，研制出可以模拟光合作用的人造树叶，其在无需外部电路控制和操作的情况下，可利用太阳能将水分解为氢气和氧气。美国科学家研发出新型人造光合作用系统，效率是植物系统的10倍。2018年，中科院科学家发现了一种单核锰催化剂，能够利用阳光，将水高效分解成氢气和氧气，为实现“液态阳光”构想迈出关键一步。

分子模块育种通过基因的直接选择和有效聚合，能够克服传统育种周期长、偶然性大和育种效率低等缺点，实现量身定制、精确育种。比如，针对糖尿病人等特殊人群，可以设计研制低糖的水稻。利用分子模块育种技术，中科院研发出嘉优中科、中科804等系列水稻新品种，对我国农作物品种的升级换代和粮食安全具有重要意义。

05/ 未来更应重视基础研究工作

庄恩岳：白院士，当人们被科技创新中的重大发明如半导体、计算机等所惊艳时，您经常呼吁大家重视基础研究，还特地撰文《创新驱动发展战略靠什么支撑——从科学、技术、工程的概念说起》，引起强烈的社会反响。为什么您会如此重视基础研究，能否请您谈一谈如何推进基础研究的建设？

白春礼：大家常常讨论“基础研究有什么用”这样的话题。明代徐光启说的“无用之用，众用之基”，法拉第说的“问基础研究有什么用就好像问一个初生的婴儿有什么用”，都是很好的回答。基础研究的“用”，首先体现在它对经济社会发展无所不在的作用，在现实生活中广泛使用的半导体、计算机、激光技术等，都是基础研究成果的实际应用。

基础研究体现了人类不断追求真理、不懈创新探索的精神，也培育了创新人才，是现代社会文明、进步、发展的重要基石。

要认识基础研究，就要厘清“科学”“技术”“工程”三者的概念。从本质上讲，科学、技术和工程三者是不同类型的创造性活动，有着不同的发展规律，体现着不同的价值，需要不同的评价标准和支持政策。

“科学”源于拉丁文scientia，本义是知识和学问的意思。通常认为，科学以探索发现为核心，主要是发现、探索、研究事物运动的客观规律。科学发现，特别是纯科学的原始性创新突破，也就是纯基础研究，在于人们对科学真理的自由思考和不懈探索，往往不是通过人为的计划和组织来实现的。

“技术”一词从词源学角度来看，由希腊文techne（工艺、技能）和logos（词，讲话）构成，意为工艺、技能。一般认为，技术以发明革新为核心，着重解决“做什么、怎么做”的问题。

“工程”一词，最早产生于18世纪的欧洲，其本义是兵器制造、军事目的的各项劳作，后扩展到许多领域，如制造机器、架桥修路等。一般认为，工程着重解决“做出了什么”的问题。

从世界科技革命的发展进程看，在人类经济社会发展的强大需求和知识与技术体系的内在矛盾运动这两大驱动力量下，一系列重大科学发现和深刻技术变革，从根本上改变了人类的生活和生产方式，极大地解放和发展了社会生产力。每一次重大科学发现，往往成为后来重大技术突破的基础；每一次技术革命都以一定的科学理论为基础，反过来也影响和推动着新的科学理论的探索与发现。

基础研究是整个科学体系的源头，是实现重大技术突破、抢占知识产权高地的基础，也是体现一个国家科技综合实力的重要标志。基础研究的发展源于两个动力，一个是人类与生俱来的好奇心，另一个是经济社会发展需求。

根据基础研究、应用研究和开发试验三者的不同特征和发展规律，世界各国都有适当比例的经费投入。根据国家2019年科技经费投入统计公报，2019年我国共投入研究与试验发展（R&D）经费达到22143.6亿元，其中基础研究、应用研究、试验发展占比分别为6.0%、11.3%和82.7%，基础研究投入相较以往有所提升，但差距仍然很大。因此，仍需要继续推进基础研究建设。

在我国，要推进基础研究建设，需做到以下几点：

第一，增进认知、分类管理、统筹推进，确定科学、技术与工程在社会生活中的不同的地位和作用。

在我国科技事业的发展进程中，无论是“973”计划、“863”计划、“两弹一星”工程还是载人航天工程、“嫦娥”探月工程等，都攻克了一系列关键技术难关，带动了一大批高新技术和产业发展，促进了我国诸多领域科学技术的进步。但是，除了“两弹一星”、探月工程等举全国之力组织实施的重大任务外，多数工程都不同程度存在着评价导向单一、普遍重论文轻实用、科研项目布局结构不合理与重复交叉分散等现象。

特别是，社会在看待和处理科学、技术和工程三者关系方面，存在不少混淆性的错误认识。例如，“科技与经济‘两张皮’”“科技对经济发展贡献太少”之类看法，针对的是技术研发和生产实际之间脱节的问题，不应误导成科学发现与生产实际之间的脱节；而“科技工作不能以SCI论文为导向、成果被束之高阁”的争议，主要也是为了呼吁大家重视技术和工程活动的成果，而科学发现的成果恰恰主要体现在高水平的学术论文等方面；“科技工作者要潜心致研，‘板凳要坐十年冷’”，主要说的是科学家，特别是像陈景润那样不懈探索的纯基础研究工作者，而技术发明家、工程师等则要通过致力于对人类立竿见影的应用研究成果来体现自身价值；“科技工作原始创新能力不足”，主要说的是科学发现方面的问题，而不是针对技术研发工作所作的要求，因为科学方面的重大成果很大程度上都是来源于新现象、新规律的原始性发现。只有从理论概念上有了比较清晰的认知，逐步矫正上述模糊认识，才能在团队组织、成果评价、政策支持等具体实施中有的放矢。

我们要适应我国实施创新驱动发展战略的新要求，进一步总结组织实施重大科技任务等方面的经验，充分认识科学、技术和工程各自的不可替代性、各自特殊的规律、各自承担的责任，厘清科学、技术和工程的基本概念，并逐步落实到相关文件、讲话以及法律法规、政策措施等方面，加强基础研究、应用研究、开发试验的统筹布局和顶层设计，坚持分类管理、分类评价、分类制定支持政策，促进三者协调发展，促进价值链、创新链、产业链的有机贯通。

第二，充分认识科学的价值，逐步加大对基础研究的支持力度，积极发挥科学在致力于原始创新、引领经济社会长远健康发展中的关键作用。

在统筹推进科学、技术和工程的过程中，要充分考虑应用研究和开发试验对基础研究的“挤兑效应”。有些人可能会认为，我国毕竟还是发展中国家，不应该支持暂时没有什么效益的基础研究，而应更多采取“拿来主义”。但现实反复表明，关键核心技术是“拿不来”“买不到”的。我国经济社会发展到现在，主要的制约因素就是缺乏原创性重大成果、缺乏核心知识产权。

一方面，基础性科学研究在一开始时往往凭好奇心和兴趣驱使，并不一定马上以实用为目的，但是很多的科学研究成果，往往成为之后一些重大技术突破的基础。比如，若20世纪初没有量子论、相对论的发现，就没有今天的半导体产业、纳米科技、航空航天技术等的广泛应用；没有DNA双螺旋结构模型的建立，也就没有今天生物工程、生物技术的不断突破和发展。而且，现代技术的核心知识产权，往往赶在向公众发布之前，是在基础研究活动中，在实验室的新发现还没有成为技术的时候，就开始申请专利加以保护了。

另一方面，基础性研究工作往往发挥着养兵千日、用兵一时之功效。比如，动植物分类、小语种如阿富汗语以及历史、宗教等研究，在国家检验检疫、国际仲裁、阿富汗危机研判等方面就发挥了独特的作用。在冠状病毒等流行性病毒的基础科研中，我国内地受竞争性科研经费体制等影响，对病毒基础研究的稳定性支持不足，相关研究学者纷纷转到热门领域，因此当SARS突袭时，很难找到一个权威的冠状病毒学者，迟迟研究不出SARS为何物。结果还是香港大学医学院凭借以往长期积累的基础研究经验和成果率先揭示的。

基础研究也是培养创新人才的平台。我国“两弹一星”功勋奖章获得者中的彭桓武、周光召等就是搞理论物理研究的。显然，基础研究对锻炼、培养人的科学态度、科学精神、科学思维至关重要。我国这样一个泱泱文明古国，如果缺乏像纯理论物理、天文、数学等较高水平的基础研究和基础学科，缺乏培养科学精神、科学思维的土壤，是很难想象的。

要解决这些问题，我们一方面要参考发达国家的成功做法，着眼长远发展，充分认识基础研究、科学发现在致力于原始创新、引领经济社会长远健康发展中的关键作用，逐步加大中央财政对基础研究的持续、稳定支持力度。另一方面，要建设良好的创新生态，不急功近利，同时要大力倡导科学精神。梁启超说过，“有系统之真知识，叫做科学，可以教人求得有系统之真知识的方法，叫做科学精神”。相关科研人员不能把基础研究仅仅当作一个谋生的方式、一种职业的选择，满足于搞点项目、拿点经费、写写论文、报报奖，而是要淡泊名利、孜孜以求，弘扬“板凳宁坐十年冷”的精神；科研人员应求实、求真，敢于质疑和批判、敢于探索，勇于提出新的科学问题、开拓新的科研方向，攻坚克难、追求卓越，为创造我们的自主知识产权奠定坚实基础。

在基础研究方面仍存在的较大问题是科研人员满足于追逐国外科研活动的热点，逐渐忘记致力于原始创新，提出新理论，创立新观点、新领域，取得有重大影响的新发现；影响人类认知的重大原创性研究成果太少。在这方面要摒弃单纯的“论文多少论英雄”的弊端，建立起重大产出导向的评价体系。国家科研机构的定位也不能都以科学家个人的兴趣为导向，要有效整合资源，致力于重大产出。

第三，大力发展以企业为主体的技术创新体系。应积极促进技术、工程与经济社会紧密结合，发挥技术创新在支撑经济转型和持续发展中的核心作用。

近年来，我国企业研发投入占全国R&D总投入的比例很高，企业技术创新的意识和能力都有较大提升。但是，从总体上看，我国的高技术企业还很少，多数企业还没有真正成为技术创新的主体，还很难发挥市场对科技资源配置的决定性作用，很难实现通过产业链部署创新链。

因此，必须进一步发挥企业在技术创新决策、研发投入、科研组织和成果转化中的主体作用，使应用研究、开发试验和产业需求、经济社会发展要求紧密结合。通过财税金融政策引导企业和社会加大研发投入，让技术创新真正成为企业内生动力，提升企业自主创新的意识和能力。加强产学研合作，推动科研院所、大学与企业共建技术研发平台、创新联盟，打通创新链与产业链，集中力量突破关键核心技术。加强知识产权保护力度，提高全社会的知识产权意识，完善科技成果转移转化的法律和政策。要采取多种切实有效的举措，综合施策，努力通过技术创新支撑当前经济转型增效，通过创新驱动打造经济升级版。

第四，应面向国家经济社会重大需求，与科技前沿有机结合，大力组织应用性基础研究和市场竞争前关键共性技术研究。

许多未知的重大科学问题和科技需求孕育在人类生存发展过程中，孕育在诸多技术的集成创新中。比如，大气灰霾的预测与治理是社会各界高度关注的问题，已被党中央、国务院提升到国家生态文明的战略高度。中国科学院依托战略性科技先导专项“大气灰霾追因与控制”，建设灰霾与空气污染研究卓越创新中心，整合院内相关科技力量，联合北大、清华、中国环科院等院外研究资源协同创新，研究灰霾形成机理、空气污染成因与影响、污染预警预报与控制等重大科学与技术问题。

又如，近年来信息安全、网络安全作为国家安全的重要领域，被世界各国广泛关注。量子通信不会被破译、被干扰，可以说是目前最保密的通信技术。为此，中国科技大学的潘建伟院士、郭光灿院士及其科研团队，在国家和中科院的支持下，长期以来致力于量子纠缠的基础研究和量子通信技术的应用，在取得一系列科学和技术突破的同时，直接为国家举办的重要活动、重要会议建立了保密的量子通信体系，提供了有效的通信安全保障。像这样的研究领域，既是国家重大需求，也是科技前沿，值得高度重视、加强布局。

强化科技面向经济社会发展的导向，面向未来高技术和我国新兴产业发展需求，还需要我们积极适应初现端倪的新科技革命和产业革命趋势，整合创新资源，加强物质、生命、信息、地球等可能出现革命性突破的科学前沿及交叉领域方向布局，加强在信息、生物、能源、空天、海洋、网络等关键技术领域的前瞻系统布局，努力抢占未来科技制高点，不断增强我国经济社会持续发展、长远发展的后劲。

中国科学院作为国家战略科技力量，在基础研究的推进过程中，应不断深化对科学、技术与工程的辩证认识，在深化科研管理体系改革、统筹推进三者发展方面发挥“率先”示范作用。

伴随国家对科技工作的高度重视，中科院各项事业发展很快，但也不同程度地存在着规模扩张、资源分散、重复布局、同质化竞争等现象。为此，我们需要从院的层面到各研究所进一步发挥优势、明晰定位、聚焦重点、突出不可替代性，坚持有所为有所不为，坚持面向需求和瞄准前沿的统一，充分认识科学、技术和工程的辩证关系，既努力保持和发展在基础研究方面的传统优势，致力于原始创新突破，又更加注重应用性基础研究，注重面向重大需求的技术创新和成果应用。比如，2011年实施“创新2020”以来，中科院从院的层面组织实施国家重大需求导向的战略性科技先导专项，从所的层面深入实施“一个定位、三个重大突破、五个重点培育方向”的“一三五”规划，在统筹推进改革创新发展方面加大了力度。2013年5月，按照理顺关系、强化协同、提高效能的目标，中科院对院机关进行了较大力度的科研管理改革，特别是按照创新价值链新组建设置了前沿科学与教育局、重大科技任务局、科技促进发展局，既贯彻落实了中央关于深化科技体制改革的一系列要求，也充分反映了科学、技术和工程三者不同的发展规律。

中科院将全面贯彻落实习总书记提出的“四个率先”的要求，发挥集科研院所、学部和教育机构“三位一体”的优势，继续认真实施《中国科学院“率先行动”计划暨全面深化改革纲要》，到2030年左右，根据不同性质科技创新活动的特点和规律，对院属研究所进行较大力度的系统整合和精简优化，建立分类管理的制度体系和运行机制，打破跨机构、跨学科协同创新的障碍，促进价值链、创新链和产业链的贯通，着力建设一流科研机构、产出一流科研成果，有效服务支撑创新驱动发展战略，为建设世界科技强国、实现中华民族伟大复兴的中国梦，不断作出应有的创新贡献。

06/ 化学深刻影响我们的生活

庄恩岳：白院士，您是著名的化学家，在2011年“国际化学年在中国”报告会上，您谈到了化学未来的发展趋势以及对于广大化学工作者的期望，尽管时间已经过去十年，但那段阐述仍然具有指导意义。能否再请您谈一谈当年的观点？

白春礼：2011年，我谈到化学未来的发展，有四点趋势。化学会向更广范围、更深层次的方向延伸；新工具的不断创造和应用促进化学创新发展；绿色化学将引起化学化工生产方式的变革；化学在解决战略性、全局性、前瞻性等重大问题中将继续发挥更大的作用。

化学向更广范围、更深层次延伸体现在几个方面：对原子、分子的认识将更为深入；多层次分子研究更为系统；在创造新分子、新材料的基础上更加注重功能性。超分子是分子结构与宏观性能的关键纽带，是产生更高级结构的基础。如何设计超分子结构和材料、对复杂生命体系的理解和模拟及调控都是前沿的课题。这是化学向更深层次、更复杂方向的延伸。

新工具的创造和应用会促进化学的发展。随着技术能力和仪器设备的不断进步，空前准确和灵敏的仪器不断被创造和应用，科学家不仅能在原子、分子甚至电子层次观察并研究微观世界的性质，而且能够对其物质结构和能量过程进行操控。1981年，人类实现了观察单个原子的愿望，成功移动了单个原子和单个分子，促进了化学的创新和发展。同步辐射及各种实验方法和技术的改进，使同步辐射光源在化学研究领域中发挥重要的作用，比如真空紫外辐射光可以在量的水平上观察化学共振态，原位气固反应X射线吸收精细结构谱实验新方法。各种应用促进了化学向更深层次的发展。

绿色化学会促进化学化工生产方式的变革。未来化学的研究将更加注重绿色产品设计的理念。绿色化学将注重经济、高效，制备与人类生活相关的物质，绿色化学不仅能创造可持续的化学产品，还可以变废为宝，将今天的废弃物变为明天有用的资源，这将引起化学化工的变革。世界各国也陆续提出了绿色化学发展的计划。美国在1995年设立了“总统绿色化学挑战奖”，2007年通过了绿色化学研究和发展法案。日本在20世纪90年代为防止全球气候变暖，在21世纪开始实施重建绿色地球的新阳光计划，主要内容为能源和环境技术研究开发。1997年德国提出为环境而研究的计划。

通过原子经济学、计算化学与绿色化学的结合，从合成方法学的角度上进行绿色化学的研究。80%化学品的生产需要催化剂，如何通过发展新型的高效催化剂提高稳定性，使化学品在制造的过程中对环境无害，使用后可以回收再利用，从而不污染环境也是一个非常重要的方面。70%以上的化学化工过程要使用溶剂，我们要采用绿色的溶剂，例如离子液体、聚乙二醇等使之更加清洁和可持续。绿色化学还需要变废为宝，对引起气候变暖的二氧化碳转化利用，通过开发新的技术进行转化应用。我们曾经在宝钢与新西兰研究一个新的技术，利用钢厂的尾气对二氧化碳进行转化研究。不仅要创造新一代的可持续的化学产品，还要考虑如何变废为宝，这是绿色化学发展的重要方面。

化学在解决全局性、前瞻性、战略性的重大问题中会发挥重要的作用。社会的发展不断对化学发展提出新的需求，比如能源危机要求我们像光合作用那样高效地利用太阳能；环境保护方面需注意控制降解驱除污染；资源利用方面必须做到合理高效地利用资源，材料方面要达到绿色化及智能化，可再生循环利用……有很多工作需要化学家发挥更大的作用。

我当时对广大化学工作者提出了几点期望。化学家要挑战自身的原始创新能力，培养造就杰出的化学家，争取在未来百年化学的发展史上更多地刻上中国人的名字。化学家要挑战自身的创造能力，提出绿色、高效、智能的解决方案，提出变革性的技术，开展一场绿色革命，使我们的化学与化工产生革命性的变化，实现化工化学的转型。化学家要勇于承担社会责任，引导公众关注化学，了解化学，创造更加绿色、安全的化学产品，创造更加美好的未来。

化学引导着发现与创造，化学是最具有创新性的一个学科。化学是唯一能够合成稳定存在的新物质的学科。化学是带来重大发明创造的学科，支撑了人类社会可持续发展，引领了科学与技术进步，化学将向更广度、更深度的方向延伸，必将促进能源、环境、材料、生命等战略领域的发展。化学的发展是无限的，人类的认知创造能力是无限的，衷心地祝愿我国的化学家能够以更强的创新意志，更崇高的责任感和使命感共同迎接新一轮的黄金时代。

07/ 认清趋势、顺势而为

庄恩岳：白院士，当今，全球新一轮科技革命和产业变革方兴未艾，科技创新正加速推进，并深度融合、广泛渗透到人类社会的各个方面，成为重塑世界格局、创造人类未来的主导力量。我们只有认清趋势、前瞻擘画，才能顺势而为、抢抓机遇。白院士，您认为当今世界科技正朝着什么样的方向发展？

白春礼：正如雨果所说："与有待创造的东西相比，已经创造出来的东西是微不足道的。"科技创新的前沿永无止境，科技创新的未来激动人心。我们要准确把握世界科技发展新趋势，树立创新自信，抢抓战略机遇，实施创新驱动发展战略，加快建成世界科技强国，为实现中华民族伟大复兴的中国梦提供强有力的科技支撑。我认为，当今世界科技发展呈现着以下十大新趋势：

一是颠覆性技术层出不穷，将催生产业重大变革，成为社会生产力新飞跃的突破口。

作为全球研发投入最集中的领域，信息网络、生物科技、清洁能源、新材料与先进制造等正孕育一批具有重大产业变革前景的颠覆性技术。量子计算机与量子通信、干细胞与再生医学、合成生物和"人造叶绿体"、纳米科技和量子点技术、石墨烯材料等，已展现出诱人的应用前景。先进制造已经朝着结构功能一体化、材料器件一体化的方向发展，极端制造技术向极大（如航母、极大规模集成电路等）和极小（如微纳芯片等）方向迅速推进。

人机共融的智能制造模式、智能材料与3D打印结合形成的4D打印技术，将推动工业品由大批量集中式生产向定制化分布式生产转变，引领“数码世界物质化”和“物质世界智能化”。这些颠覆性技术将不断创造新产品、新需求、新业态，为经济社会发展提供前所未有的驱动力，推动经济格局和产业形态深刻调整，成为创新驱动发展和国家竞争力的关键所在。

二是科技更加以人为本，绿色、健康、智能成为引领科技创新的重点方向。

未来科技将更加重视生态环境的保护与修复，致力于研发低能耗、高效能的绿色技术与产品。以分子模块设计育种、加速光合作用、智能技术等研发应用为重点，绿色农业将创造农业生物新品种，提高农产品产量和品质，保障粮食和食品安全。基因测序、干细胞与再生医学、分子靶向治疗、远程医疗等技术将大规模应用，医学模式将进入个性化精准诊治和低成本普惠医疗的新阶段。

智能化成为继机械化、电气化、自动化之后的新“工业革命”，工业生产向更绿色、更轻便、更高效的方向发展。服务机器人、自动驾驶汽车、快递无人机、智能穿戴设备等的普及，将持续提升人类生活质量，提升人的解放程度。科技创新在满足人类不断增长的个性化多样化需求、增进人类福祉方面，将展现出超乎想象的神奇魅力。

三是“互联网+”蓬勃发展，将全方位改变人类生产生活。

新一代信息技术发展和无线传输、无线充电等技术实用化，为实现从人与人、人与物、物与物、人与服务互联向“互联网+”发展提供丰富高效的工具与平台。随着大数据普及，人类活动将全面数据化，云计算为数据的大规模生产、分享和应用提供了基础。

工业互联网、能源互联网、车联网、物联网、太空互联网等新网络形态不断涌现，智慧地球、智慧城市、智慧物流、智能生活等应用不断拓展，将形成无时不在、无处不在的信息网络环境，对人们的交流、教育、交通、通信、医疗、物流和金融等各种工作和生活需求作出全方位及时的智能响应，推动人类生产方式、商业模式、生活方式、学习和思维方式等发生深刻变革。互联网的力量将借此全面重塑这个世界和社会，使人类文明继农业革命、工业革命之后迈向新的“智业革命”时代。

四是国际科技竞争日趋激烈，科技制高点向“深空、深海、深地、深蓝”拓进。

空间进入、利用和控制技术是空间科技竞争的焦点，天基与地基相结合的观测系统、大尺度星座观测体系等立体和全局性观测网络将有效提升对地观测、全球定位与导航、深空探测、综合信息利用能力。海洋新技术突破正催生新型蓝色经济的兴起与发展，多功能水下缆控机器人、高精度水下自航器、深海海底观测系统、深海空间站等海洋新技术的研发应用，将为深海海洋监测、资源综合开发利用、海洋安全保障提供核心支撑。

地质勘探技术和装备研制技术也不断升级，将使地球更加透明。人类对地球深部结构和资源的认识日益深化，为开辟新的资源能源提供条件。量子计算机、非硅信息功能材料、第五代移动通信技术（5G）等下一代信息技术向更高速度、更大容量、更低功耗发展。

五是前沿基础研究向宏观拓展、微观深入和极端条件方向交叉融合发展，一些基本科学问题正在孕育重大突破。

随着观测技术手段的不断进步，人类对宇宙起源和演化、暗物质与暗能量、微观物质结构、极端条件下的奇异物理现象、复杂系统等的认知将越来越深入，把人类对客观物质世界的认识提升到前所未有的新高度。合成生物学进入快速发展阶段，从系统整体的角度和量子的微观层面认识生命活动的规律，为探索生命起源和进化开辟了崭新途径，将掀起新一轮生物技术的浪潮。

人类脑科学研究将取得突破，有望描绘出人脑活动图谱和工作机理，这有可能揭开意识起源之谜，极大带动人工智能、复杂网络理论与技术发展。前沿基础研究的重大突破可能改变和丰富人类对客观世界与主观世界的基本认知，不同领域的交叉融合发展可望催生新的重大科学思想和科学理论。

六是国防科技创新加速推进，军民融合向全要素、多领域、高效益深度发展。

受世界竞争格局调整、军事变革深化和未来战争新形态等影响，主要国家将重点围绕极地、空间、网络等领域加快发展“一体化”国防科技。信息化战争、数字化战场、智能化装备、新概念武器将成为国防科技创新的主要方向。大数据技术将使未来战争的决策指挥能力实现根本性飞跃，推动现代作战由力量联合向数据融合方向发展，自主式作战平台将成为未来作战行动的主体。军民科技深度融合、协同创新，在人才、平台、技术等方面的界限日益模糊。

随着脑科学与认知技术、仿生技术、量子通信、超级计算、材料基因组、纳米科技、智能机器人、先进制造与电子元器件、先进核能与动力技术、导航定位和空间遥感等的重大突破，将研发更多高效能、低成本、智能化、微小型、抗毁性武器装备，前所未有地提升国防科技水平，并带动众多科技领域实现重大创新突破。

七是国际科技合作重点围绕全球共同挑战，向更高层次和更大范围发展。

全球气候变化、能源资源短缺、粮食和食品安全、网络信息安全、生态环境污染、重大自然灾害、传染性疾病疫情和贫困等一系列重要问题，事关人类共同安危，携手合作应对挑战成为世界各国的共同选择。太阳能、风能、地热能等可再生能源开发、存贮和传输技术的进步，将提升新能源利用效率和经济社会效益，深刻改变现有能源结构，大幅提高能源自给率。据国际能源署（IEA）预测，到2035年可再生能源将占全球能源的31%，成为世界主要能源。

极富发展潜能的新一代能源技术将取得重大突破，氢能源和核聚变能可望成为解决人类基本能源需求的主要研究方向。人类面临共同挑战的复杂性和风险性、科学研究的艰巨性和成本之高昂，使相互依存与协同日趋加深，将大大促进合作研究和资源共享，推动高水平科技合作广泛深入开展，并上升到国家和地区层面甚至成为全球的共同行动。

八是科技创新活动日益社会化、大众化、网络化，新型研发组织和创新模式将显著改变创新生态。

网络信息技术、大型科研设施开放共享、智能制造技术提供了功能强大的研发工具和前所未有的创新平台，使创新门槛迅速降低，协同创新不断深化。创新生活实验室、制造实验室、众筹、众包、众智等多样化新型创新平台和模式不断涌现，科研和创新活动向个性化、开放化、网络化、集群化方向发展，催生越来越多的新型科研机构和组织。

以“创客运动”为代表的小微型创新正在全球范围掀起新一轮创新创业热潮，以互联网技术为依托的“软件创业”方兴未艾，由新技术驱动、以极客和创客为重要参与群体的“新硬件时代”正在开启。这些趋势将带来人类科研和创新活动理念及组织模式的深刻变革，激发出前所未有的创新活力。

九是科技创新资源全球流动形成浪潮，优秀科技人才成为竞相争夺的焦点。

一方面，经济全球化对创新资源配置日益产生重大影响，人才、资本、技术、产品和信息等创新要素全球流动，其速度、范围和规模都将达到空前水平，技术转移和产业重组不断加快。另一方面，科技发达国家强化知识产权战略，主导全球标准制定，构筑技术和创新壁垒，力图在全球创新网络中保持主导地位，新技术应用不均衡状态进一步加剧，发达国家与发展中国家的“技术鸿沟”不断扩大。

发达国家利用优势地位，通过放宽技术移民政策、开放国民教育、设立合作研究项目、提供丰厚薪酬待遇等方式，持续增强对全球优秀科技人才的吸引力。新兴国家也纷纷推出各类创新政策和人才计划，积极参与科技资源和优秀人才的全球化竞争。

十是全球科技创新格局出现重大调整，将由以欧美为中心向北美、东亚、欧盟“三足鼎立”的方向加速发展。

随着经济全球化进程加快和新兴经济体崛起，特别是国际金融危机以来，全球科技创新力量对比悄然发生变化，开始从发达国家向发展中国家扩散。

虽然以美国为代表的发达国家目前在科技创新上仍处于无可争议的领先地位，但优势正逐渐缩小，中国、印度、巴西、俄罗斯等新兴经济体已成为科技创新的活化地带，在全球科技创新“蛋糕”中所占份额持续增长，对世界科技创新的贡献率也快速上升。全球创新中心由欧美向亚太、由大西洋向太平洋扩散的趋势总体持续发展，北美、东亚、欧盟三个世界科技中心将鼎足而立，主导全球创新格局。

08/ 不断向科学技术广度和深度进军

庄恩岳：白院士，为应对百年未有之变局和构建新发展格局，党的十九届五中全会作出了系统的战略部署，并提出了“坚持创新在我国现代化建设全局中的核心地位”，可以说是把科技自立自强上升到“国家发展的战略支撑”的战略高度，且在会议召开前夕，习近平总书记就科技创新工作开门问策，与来自科研院所、高等院校和企业的科学家代表座谈并发表重要讲话，向科技界发出“不断向科学技术广度和深度进军”的号召。能否请您解读这一战略部署背后的深远意义？

白春礼：1956年，党中央发出“向科学进军”的号召，制定并组织实施《1956—1967年科学技术发展远景规划》，在全国营造学科学、用科学的浓厚氛围，推动我国科技事业迎来一个蓬勃发展的高潮，催生了以“两弹一星”为代表的一批重大科技成果。此后，从“科学的春天”到“科学技术是第一生产力”，从确立科教兴国战略到建设创新型国家，从实施创新驱动发展战略到建设世界科技强国，在国家发展的每一个关键历史时期，党中央都对科技工作作出重大战略部署，推动科技事业不断迈上新台阶。

党的十八大以来，以习近平同志为核心的党中央高度重视科技创新工作，把科技创新摆在国家发展全局的重要位置，将创新作为引领发展的第一动力，全面部署实施创新驱动发展战略，推动我国科技事业取得历史性成就、发生历史性变革。科技创新为确保如期打赢脱贫攻坚战、全面建成小康社会提供了有力支撑、作出了重大贡献。我国将逐步进入创新型国家前列，科技实力正在从量的积累迈向质的飞跃、从点的突破迈向系统能力提升。

“十四五”时期是我国全面建成小康社会、实现第一个百年奋斗目标之后，乘势而上开启全面建设社会主义现代化国家新征程、向第二个百年奋斗目标进军的第一个五年。在这一关键时期，经济社会发展和民生改善比过去任何时候都更加需要科学技术解决方案，更加需要增强创新这个第一动力。

党的十九届五中全会提出了《关于制定国民经济和社会发展第十四个五年规划和二〇三五年远景目标的建议》。在会议召开前夕，习近平总书记向科技界发出“不断向科学技术广度和深度进军”的号召，对我国科技事业发展作出战略性部署，这是加快向科技强国进军的冲锋号和动员令。不断向科学技术广度和深度进军，一方面要加强科学技术对全面建设社会主义现代化强国的全方位、系统性战略支撑，坚持面向世界科技前沿、面向经济主战场、面向国家重大需求、面向人民生命健康，深入推进科学技术发展和创新；另一方面要提高科技发展的质量和效率，在拓展科研深度、提升科研水平上下更大功夫，取得更多引领性、原创性重大突破，加快推动我国从科技大国向科技强国的战略性转变。

加快解决制约科技创新发展的一些关键问题，习近平总书记指出，“关键是要改善科技创新生态，激发创新创造活力，给广大科学家和科技工作者搭建施展才华的舞台，让科技创新成果源源不断涌现出来”，并提出六项重点任务，明确了向科学技术广度和深度进军的方向和战略重点。

一是坚持需求导向和问题导向。习近平总书记指出："科研选题是科技工作首先需要解决的问题。""研究方向的选择要坚持需求导向，从国家急迫需要和长远需求出发，真正解决实际问题。"近年来，我国科技事业发展取得很大成就，科技创新能力显著提升，但我国科技发展水平特别是关键核心技术创新能力同国际先进水平相比还有很大差距，同全面建设社会主义现代化强国的要求还很不适应。广大科技工作者要切实增强紧迫感和危机感，从国家急迫需要和长远需求出发选择研究方向、确定科研选题，真正做到把论文写在祖国大地上，把科技成果应用在实现社会主义现代化的伟大事业中。

二是整合优化科技资源配置。习近平总书记指出："对科技创新来说，科技资源优化配置至关重要。"解决科技资源配置中存在的分散、低效、重复问题，需要从人才和创新体系两个方面着手。人才方面，在已经拥有世界级规模的科研人员和工程师队伍的基础上，培养造就一批帅才型科学家，充分发挥其有效整合科研资源的作用。创新体系方面，进行优化组合，充分发挥我国社会主义制度能够集中力量办大事的优势，优化配置优势资源，推动重要领域关键核心技术攻关；发挥好企业技术创新主体作用，推动创新要素向企业集聚，促进产学研深度融合；强化以国家实验室为核心的实验室体系建设，加强高校和科研院所建设，加快构建和强化国家战略科技力量。

三是持之以恒加强基础研究。要遵循科学发现的规律，强化以好奇心驱动探索性研究；做好重大科技问题带动的应用研究，从中抽象出理论问题，进而探索科学规律，使基础研究和应用研究相互促进。持之以恒加强基础研究，还要加大对基础研究的持续投入和稳定支持，建立多种形式的投入渠道；创造有利于基础研究的良好科研生态，建立健全科学评价体系、激励机制，加强学术期刊和学术平台建设等，为基础研究创造良好的软硬件环境。

四是加强创新人才教育培养。习近平总书记指出："人才是第一资源。国家科技创新力的根本源泉在于人。"不断向科学技术广度和深度进军，离不开一支规模宏大、结构合理、素质优良的科技创新人才队伍。要加强现有科技人才队伍建设，同时立足于我国科技事业长远发展需求，加强对青年创新人才的培养。把教育摆在更加重要位置，全面提高教育质量，注重培养学生创新意识和创新能力。加强基础学科拔尖学生培养，在学科设置、培养模式、教学研究基地建设等方面作出全面部署，吸引最优秀的学生投身基础研究。

五是依靠改革激发科技创新活力。习近平总书记指出："我国科技队伍蕴藏着巨大创新潜能，关键是要通过深化科技体制改革把这种潜能有效释放出来。"党的十八届三中全会以来，党中央系统部署和推进科技体制改革，国家创新体系整体效能显著提升。进一步激发科技创新活力，需要落实科技体制改革任务，加快科技管理职能转变。科技管理部门要把更多精力从分钱、分物、定项目转到定战略、定方针、定政策和创造环境、搞好服务上来。加快推进科研院所改革，赋予高校、科研机构更大自主权，坚决破除"唯论文、唯职称、唯学历、唯奖励"的人才评价方式。整合财政科研投入体制，加强科技力量统筹。

六是加强国际科技合作。当前，国际环境日趋复杂，不稳定不确定性明显增多，加上新冠肺炎疫情全球蔓延，使国际科技合作受到严重影响。习近平总书记指出："国际科技合作是大趋势。我们要更加主动地融入全球创新网络，在开放合作中提升自身科技创新能力。"这为在新形势下开展国际科技合作指明了方向。在工作重点上，一方面，要坚持把自己的事情办好，通过不断提升能力、建立优势，夯实合作的基础；另一方面，要结合新形势，着力推动全球疫情防控和公共卫生领域国际科技合作，聚焦气候变化、人类健康等人类社会共同关注的问题加强联合研发。同时，逐步放开在我国境内设立国际科技组织、外籍科学家在我国科技学术组织任职，使我国成为全球科技开放合作的广阔舞台。

身为科研人员的我们要肩负起新时代赋予国家战略科技力量的历史使命，把自己的科学追求融入建设社会主义现代化国家的伟大事业中去。我相信广大科学家和科技工作者有信心、有意志、有能力登上科学高峰。习近平总书记的殷切期望和鼓励，让科技界深受鼓舞、倍感振奋，必将激励广大科技工作者在建设世界科技强国的征途上奋勇前进。

09/ 掌握科技前沿的宏观发展态势

庄恩岳：白院士，2020 年 12 月 26 日下午，十三届全国人大常委会第二十四次会议在人民大会堂闭幕。闭幕会以后，栗战书委员长主持举行了十三届全国人大常委会第二十一讲专题讲座。您作为中国科学院院士、中国科学院原院长、全国人大民族委员会主任委员作了《世界科技前沿发展态势》的讲座，反响很大，特别是提到了科技前沿的宏观方面，能否请您具体谈一谈？

白春礼：习近平总书记要求我们“不断向科学技术广度和深度进军”。科学技术的广度和深度，深刻揭示了世界科技前沿不断向宏观拓展、向微观深入的趋势和特征。爱因斯坦也曾预言："未来科学的发展，无非是继续向宏观世界和微观世界进军。"

宏观世界大至天体运行、星系演化、宇宙起源，微观世界小至基因编辑、粒子结构、量子调控，都是当前世界科技发展的最前沿，而宏观和微观世界的科学研究成果，又会深刻影响和有力推动事关人类生存与发展的科技进步。

向宏观领域拓展，意味着追寻宇宙起源演化的脚步。探究宇宙的本质，既是一个古老的话题，又是当代科技的重要前沿。早在两千多年前，伟大诗人屈原就曾在《天问》中对宇宙发出疑问："天何所沓？十二焉分？日月安属？列星安陈？"直到文艺复兴时期发明了望远镜，人类才逐步打开了科学认识、深入研究宇宙的大门。射电望远镜的出现，让人类观测宇宙的尺度拓展到150亿光年左右的时空区域。随着观测手段日益丰富和技术不断提高，对宇宙的研究也从定性描述发展到了精确时代，可以对宇宙物质组分的演化分布进行更精确的计算和分析。

当前，宏观宇宙学的研究焦点主要是"两暗一黑三起源"，其中"两暗"是指暗物质、暗能量，"一黑"是指黑洞，"三起源"是指宇宙起源、天体起源和生命起源。这些方面一旦取得重大突破，就将使人类对宇宙的认识实现重大飞跃，可能引发新的物理学革命。

首先是暗物质、暗能量研究成为各国关注焦点。

20世纪20年代，美国科学家哈勃发现了"红移"现象，说明宇宙正在膨胀。之后，又进一步发现宇宙在加速膨胀。引起宇宙加速膨胀的主要原因，主流观点认为，在宇宙可观测到的物质之外，还存在暗物质、暗能量。宇宙中可见物质仅占4.9%，而暗物质占到26.8%，暗能量占到68.3%。暗物质不发光，不发出电磁波，从来没有被直接

“看”到过。暗物质和暗能量，被称为是21世纪物理学的两朵新“乌云”，世界科技大国都在积极布局开展这方面的探测和研究。

探测暗物质的方式主要分为三类：一是对撞机探测，如欧洲核子中心的大型强子对撞机；二是在地下进行的直接探测，如我国在四川锦屏山地下实验室中开展的相关实验；三是间接探测，主要在外层空间进行，通过收集和分析高能宇宙射线粒子和伽马射线光子寻找暗物质存在的证据。2008年美国发射了费米太空望远镜，探测暗物质就是其重要任务之一。2011年，美国“奋进”号航天飞机最后一次飞行任务，专门为国际空间站运送阿尔法磁谱仪，主要任务也是探测暗物质、反物质和宇宙射线。

2015年，中科院成功研制发射了“悟空”号暗物质粒子探测卫星，搭载了当时国际上最高分辨、最低本底的空间高能粒子望远镜，比阿尔法磁谱仪和费米太空望远镜观测能量上限高10倍。“悟空”号已经服役五年多了，获得了国际上精度最高的电子宇宙射线探测结果，发现能谱上存在一处新的结构可能与暗物质有关，一旦被后续数据确认，这将是天体物理领域的突破性发现。2020年，由中科院科研人员参与的国际上最大规模的星系巡天项目——深场重子声波振荡光谱巡天（eBOSS），成功测量了宇宙背景膨胀及结构增长率，这也是迄今为止依托星系巡天得到的最强暗能量观测证据。

其次是宏观宇宙学中的黑洞研究打开了宇宙和天体起源的新视野。

黑洞是密度极大、体积极小的天体，具有强大的引力，连光都无法逃脱。1964年，人类用观测方法发现了第一颗恒星级黑洞。之后，科学家又陆续发现了更多的黑洞。2015年，由中国科学家领衔的国际研究小组宣布，发现了一个距地球128亿光年、质量为太阳120亿倍的超大质量黑洞，这是目前已知最大质量的黑洞。

2019年4月，分布在全球八个不同地区的射电望远镜组成的观测阵列网络，经过近两年观测和后期海量数据分析处理，全球六地同步直播发布了距离地球5500万光年、质量为太阳65亿倍黑洞的照片，这是人类首次看到黑洞的“面貌”，引起社会广泛关注，我国天文学家也参与了这项研究和观测工作。

对黑洞的形成、性质、结构及其演化规律进行研究，对于更深入认识宇宙的演化具有重要的意义。国际上很多重要的天文设施，如美国激光干涉引力波天文台（LIGO）、意大利“室女座”（Virgo）引力波天文台等，都把探测研究黑洞作为一项重要任务。2020年的诺贝尔物理学奖就颁发给了关于黑洞的一项研究工作，让人们的目光又一次聚焦黑洞研究。

中国科学院计划在2022年底发射具有高灵敏度加大视场特性的“爱因斯坦探针”卫星，核心科学目标就是探索黑洞等致密天体及沉睡中的黑洞。此外，我国还将实施“黑洞探针”“天体号脉”等探测计划，这将有力推动我国在黑洞研究方面取得一批重大原创成果。

值得注意的还有，引力波开辟了探究宇宙起源的新途径。

探索宇宙演化和宇宙结构起源的过程是一项长期性、基础性的任务。长久以来，科学家试图通过高能粒子、宇宙射线等多种方式探究宇宙的起源和演化。

早在1916年，爱因斯坦就基于广义相对论预言了引力波的存在，但直到2015年，美国激光干涉引力波天文台（LIGO）才探测到引力波信号，标志着引力波天文时代的开启，为研究宇宙起源与演化开辟了新的途径。LIGO项目和发现引力波成果获得了2017年的诺贝尔物理学奖，并在全球兴起了引力波探测热潮，如欧盟实施了欧洲空间引力波计划（eLISA），美国推出“后爱因斯坦计划”（BBO计划），日本启动实施DECIGO计划等。2020年9月发现的首个中等质量黑洞，就是借助引力波探测取得的成果。

我国近年来先后启动了“太极计划”“天琴计划”。我国建设的阿里原初引力波观测站，主要也是用于探测原初引力波，目标是给出北天最精确的宇宙微波背景辐射极化天图。

另外，还有深空探测成为科技竞争的制高点。

各航天大国积极开展载人航天、月球与深空探测等重大航天工程，在全球范围内掀起新一轮空间探索热潮。比如，美国的“勇气”号登陆火星，朱诺探测器抵达木星，“旅行者1号”飞出太阳系，欧洲空间局的“菲莱”着陆器登上彗星。日本的“隼鸟一号”探测器首次将小行星样本带回地球；“隼鸟二号”在“龙宫”小行星上投放了着陆器，并把采集的密封在返回舱中的首个来自小行星的地下物质样本抛到澳大利亚南部沙漠地带的伍麦拉火箭试验场。在2020年，阿联酋“希望”号、中国的“天问一号”、美国“毅力”号先后奔赴火星开展探测。我国的“嫦娥”探月工程也取得一系列重要进展。2019年的“嫦娥四号”成为世界首个在月球背面软着陆和巡视探测的航天器，2020年发射的“嫦娥五号”，则帮助人类时隔四十四年再一次采集月球样品并带回地球。

围绕深空探测和研究，一批大科学装置发挥了重要作用。2019年，美国的哈勃太空望远镜公布了最新的宇宙照片“哈勃遗产场”（HLF），这是迄今为止最完整、最全面的宇宙图谱，记录了从宇宙大爆炸后五亿年到当代宇宙不同时期约265000个星系，其中有些已至少一百三十三亿岁“高龄”，展现了一部壮丽的宇宙星系演化史。

2016年，由中科院建设运行的500米口径球面射电望远镜

（FAST）——“中国天眼”正式启用。这是目前世界上最大单口径、最灵敏的射电望远镜，接收面积达到25万平方米，灵敏度是第二名的单口径射电望远镜的2.5倍，将在未来十年内保持世界领先地位。

一批性能更为先进的大科学装置正在加快建设。比如，多国正在共同建设平方公里阵列射电望远镜（SKA），由位于澳大利亚西部的低频阵列和位于南非的中频阵列两部分组成，接收面积约1平方公里，这是人类有史以来建造的最大的天文装置。预计2030年前后投入使用，将开辟人类认识宇宙的新纪元。我国是SKA的创始成员国之一，积极参与承担了反射面天线、低频孔径阵列、信号与数据传输、科学数据处理、中频孔径阵列等研究和建设工作。

10/ 探究物质世界和生命的终极奥秘

庄恩岳：白院士，您提到“宏观世界大至天体运行、星系演化、宇宙起源，微观世界小至基因编辑、粒子结构、量子调控”，解读了宇宙的奇妙，而在微观世界的科技研究方面，您曾提出“向微观深入，是探究物质世界和生命的终极奥秘”，您认为，世界科技前沿的微观领域研究，对人类的未来将有怎样的影响呢？

白春礼：从微观结构探究物质世界和生命的本质及运行活动规律，是世界科技前沿的另一个发展方向。从17世纪开始，随着显微镜、光谱分析、X射线、加速器、核磁共振等仪器和方法的出现，让科学家可以探索和解释越来越深层的物质结构和物理规律。原子内部的电子、质子、中子以及多种基本粒子相继被发现。量子力学的发展让科学家可以对基本粒子作出精确的描述。在生命科学方面，1953年，沃森和克里克发现了DNA双螺旋的结构，开启了分子生物学时代，使生命体的研究进入到分子层次。

首先是对微观粒子及其新物态的研究不断深入。

在粒子物理学里，标准模型描述了强力、弱力及电磁力这三种基本力，及组成所有物质的基本粒子，而且能够对实验进行精确预言，并接受实验的精确检验。2013年，科学家依靠大型强子对撞机（LHC）发现了希格斯粒子，完成了标准粒子模型确认工作的最后一环，由此，标准粒子模型预言的61种基本粒子已经全部被发现。

粒子标准模型取得了巨大成功，是人类认识微观世界的一个重要里程碑，推动了天体物理、宇宙学和核物理等学科的重大发展，诞生了新的交叉学科如粒子宇宙学、高能天体物理学等。

中科院的科学家们利用大亚湾中微子实验装置，发现了一种新的中微子振荡模式，被认为是该领域最重要的突破之一。该项成果获得了国家自然科学一等奖，以及国际“基础物理学突破奖”。中科院微尺度国家研究中心发现了标准模型以外的一种全新的自旋—物质相互作用方式，这是一种与现有标准模型框架下已知的相互作用都不相同的相互作用形式，可以说是标准模型之外的全新物理，为研究暗物质打开了一个全新的窗口。

其次，量子调控成为物质科学与信息技术的重要前沿。

理论和实验手段的进步，已经可以让科学家能够观察和定位单个原子，且在低温下可以利用探针尖端精确操纵原子。微观物质结构研究开始从“观测时代”走向“调控时代”，也为能源、材料、信息等产业发展提供了新的理论基础和技术手段。2012年，诺贝尔物理学奖就授予了测量和操纵单个量子系统的突破性试验方法。

我国在这一领域具有很强的理论和技术储备，取得了一批重大研究成果。比如，铁基高温超导、多光子纠缠、量子反常霍尔效应等，这三项成果都获得了国家自然科学一等奖。此外，我国科学家在拓扑绝缘体、外尔费米子、马约拉纳束缚态等方面，也取得了具有世界影响的重大成果。

作为量子调控领域最重要的应用方向，量子通信和量子计算是当前的研究热点，国际竞争非常激烈。2018年，欧盟启动了“量子科技旗舰项目计划”，美国正式颁布了“国家量子计划法”，日本也发布了“量子飞跃旗舰计划”。美国白宫又于2020年2月发布了《美国量子网络战略构想》，10月发布了《国家量子信息科学战略投入的量子前沿报告》。

我国目前在量子密钥通信方面处于世界前沿地位。2016年，中科院成功发射了世界首颗量子通信科学实验卫星“墨子”号，在国际上首次实现千公里级星地双向量子密钥传送和量子隐形传态，并成功实现洲际量子密钥保密通信，为构建覆盖全球的量子密钥保密通信网络奠定了坚实的基础。中科院牵头建设的“京沪干线”量子密钥通信骨干网，已于2017年正式开通，这是世界上第一条量子密钥通信保密干线，标志着我国已构建出全球首个天地一体化广域量子密钥通信网络雏形。

量子计算也是各国高度关注的战略制高点。超级计算机的研究具有重大社会和经济价值，如密码破译、大数据优化、材料设计、药物分析等。中国科学技术大学与中国科学院上海微系统研究所、国家并行计算机工程技术研究中心等合作，构建了76个光子的量子计算原型机“九章”，实现了具有实用前景的“高斯玻色取样”任务的快速求解，比目前最快的超级计算机快一百万亿倍。谷歌、微软、IBM等跨国企业都在这方面投入巨资，可以预见未来围绕量子计算机的国际竞争将更加激烈。

此外，还值得我们关注的是对生物大分子和基因的研究进入精准调控阶段。

随着对基因、细胞、组织等的多尺度研究不断深入，以及基因测序、基因编辑、冷冻电镜等新技术的进步，大大提升了生物大分子结构研究的效率，生命科学领域研究正在从“定性观察描述”向“定量检测解析”发展，并逐步走向“预测编程”和“调控再造”。分子生物学、基因组学、合成生物学等领域成果不断涌现，全面提升了人类对生命的认知、调控和改造能力。

谷歌DeepMind的AlphaFold算法在国际蛋白质结构预测竞赛（CASP）上击败了所有的参赛选手，在原子水平上精确地基于氨基酸序列预测了蛋白质的3D结构，解决了困扰生物圈五十年之久的“蛋白质折叠问题”。传统上基于X射线晶体学、核磁共振、冷冻电镜等实验技术解析蛋白质3D结构需要花费数年时间，而AlphaFold仅需数天时间。这一成果被*Nature*评价为“可能改变一切”，对更好地理解人类生命形成机制、加快药物发现速度、重大疾病治疗等具有非常重要的意义。

附录1

白春礼院士个人简介

白春礼，男，满族，1953年9月出生于辽宁丹东，化学家和纳米科技专家，研究领域包括有机分子晶体结构、扩展X射线吸收精细结构（EXAFS）和分子纳米结构、扫描隧道显微镜。

现任“一带一路”国际科学组织联盟（ANSO）主席，第十三届全国人大常委会委员、全国人大民族委员会主任委员，中国科学院学部主席团名誉主席，中国科学技术大学名誉校长，中国科学院大学名誉校长。曾任中国科学院院长、党组书记、学部主席团执行主席，发展中国家科学院院长。中共十五届、十六届、十七届中央委员会候补委员，十八届、十九届中央委员会委员。

中国科学院、发展中国家科学院、美国国家科学院、美国艺术与科学院、英国皇家学会、欧洲科学院、俄罗斯科学院等多个国家科学院、工程院院士或外籍院士。兼任国家纳米科技指导协调委员会首席科学家。国务院学位委员会副主任委员，国家科技奖励委员会副主任委员。担任《国家科学评论》、*Nanoscale*主编，以及若干化学和纳米科技领域重要国际学术刊物的共同主编或国际顾问编委等。

1970年9月—1974年9月，内蒙古生产建设兵团二师十八团机运

连司机、文书

1974年9月—1978年1月，进入北京大学化学系催化专业学习

1978年1月—1978年10月，中国科学院长春应用化学研究所研究实习员

1978年10月—1981年12月，中国科学院化学研究所结构化学专业硕士研究生、研究实习员

1981年12月—1985年9月，中国科学院化学研究所结构化学专业博士研究生、助理研究员

1985年9月—1987年11月，美国加州理工学院博士后和访问学者

1987年11月—1992年7月，中国科学院化学研究所助理研究员、副研究员、研究员、研究室主任（其间：1991年10月—1992年4月，日本东北大学金属材料研究所客座教授）

1992年7月—1996年3月，中国科学院化学研究所副所长，党委委员

1996年3月—2004年12月，中国科学院副院长，党组成员

2004年12月—2011年2月，中国科学院常务副院长、党组副书记（正部长级）

(其间：1995年6月—2003年12月，任第三、四届欧美同学会副会长；1995年7月—2000年7月，任全国青联副主席；1996年5月—2006年10月，任中国青年科技工作者协会会长；1999年—2006年任中国化学会理事长；2001年—2011年任中国科学技术协会副主席)

2011年2月—2020年12月，中国科学院院长，党组书记，学部主席团执行主席（2011年3月起）

（其间：2013年—2018年，任发展中国家科学院院长；2019年，

入选“中国海归70年70人”榜单）

2018年3月至今，任第十三届全国人民代表大会民族委员会主任委员

2018年11月至今，“一带一路”国际科学组织联盟（ANSO）主席

附录2

强化国家战略科技力量

党的十九届五中全会通过的《中共中央关于制定国民经济和社会发展第十四个五年规划和二〇三五年远景目标的建议》（以下简称《建议》），深刻把握当前国内外形势变化和新时期我国经济社会发展对高质量科技供给的迫切需要，坚持目标导向和问题导向相结合，对强化国家战略科技力量作出全面部署，为“十四五”和今后一个时期做好科技创新工作指明了前进方向，提供了行动指南。我们要坚持以习近平新时代中国特色社会主义思想为指导，深入学习领会、全面准确理解强化国家战略科技力量的重要意义、基本要求和重点任务，切实把《建议》的各项重大决策部署落到实处。

一、国家战略科技力量建设取得历史性成就，引领带动我国科技事业整体实现跨越式发展

党中央历来高度重视国家战略科技力量，把建设一支体现国家意志、服务国家需求、代表国家水平的战略科技力量作为科技事业发展的重中之重。党的十八大以来，以习近平同志为核心的党中央把科技创新摆在国家发展全局的核心位置，深入实施创新驱动发展战略，以

前所未有的力度强化国家战略科技力量，推动国家创新体系整体效能显著提升，引领带动我国科技创新事业发生历史性变革，取得历史性成就。

整体科技实力显著增强。2019年，我国研发经费支出达到2.21万亿元，研发强度约为2.23%，超过欧盟平均水平。国内发明专利授权量连续多年位居世界首位，通过《专利合作条约》（PCT）途径提交的专利申请量跃居世界首位，国际科技论文和高被引论文数量均位居世界第2位，成为全球科技创新的重要贡献者。在国际上最有影响的几个国家创新能力评价排名中，我国均已处于发展中国家前列，成功跻身创新型国家行列。

重点领域和前沿方向实现重大突破。基础研究整体实力显著提升，化学、材料、物理、工程等学科整体水平进入国际先进行列，在量子信息、铁基超导、中微子、干细胞、脑科学等前沿方向上取得一系列重大原创成果。载人航天与探月、北斗导航、大型客机、载人深潜、国产航母、高速铁路、5G移动通信、超级计算、特高压输变电、第三代核电等一大批战略高技术领域取得重大突破，为培育经济发展新动能、推动产业转型升级、保障国家安全作出重大贡献。此外，科技创新在抗击新冠肺炎疫情、打赢脱贫攻坚战、保障和改善民生、建设美丽中国等方面也发挥了不可替代的重要作用。

创新能力建设成效显著。启动了首批国家实验室建设任务，加快推进重组国家重点实验室体系工作。中科院深入实施“率先行动”计划，高等学校加快推进“双一流”建设，创新能力和国际影响力不断增强。布局建设500米口径球面射电望远镜（FAST）、散裂中子源、P4实验室、上海光源、全超导托卡马克核聚变实验装置等一批国之重器；建设了20个国家科学数据中心、31个国家生物种质与实验材料资源库以及98个国家野外科学观测台站，为我国重大基础前沿研究和高技术发展提供了有力的技术和平台支撑。

科技创新空间布局持续优化。北京、上海、粤港澳大湾区国际科技创新中心建设深入推进，加快构建具有全球影响力的科技创新高地和驱动高质量发展的核心引擎。北京怀柔、上海张江、安徽合肥等综合性国家科学中心建设全面启动。国家自主创新示范区、国家高新区等重点区域创新能力持续提升，引领带动周边区域创新发展水平加速跃升，各具特色、协同发展的区域创新格局正在加快形成。

二、在新的起点上深刻认识强化国家战略科技力量的重大意义

当今世界正经历百年未有之大变局，创新成为影响和改变全球竞争格局的关键变量。我国已转向高质量发展阶段，积极应对各种风险挑战和瓶颈制约，对科技创新提出了更高、更迫切的要求。我国科技发展在进入创新型国家行列的基础上，2035年要进入创新型国家前列，并乘势而上在本世纪中叶建成世界科技强国。要结合国际国内新形势和党中央的新要求新部署，深刻理解强化国家战略科技力量的重大意义。

强化国家战略科技力量，是应对国际经济科技竞争格局深刻调整、把握新一轮科技革命和产业变革机遇的必然选择。一方面，新冠肺炎疫情影响广泛深远，经济全球化遭遇逆流，全球产业链供应链因非经济因素而面临冲击，国际科技交流合作受到阻断，我国经济和科技发展的外部形势更加复杂。另一方面，新一轮科技革命和产业变革加速演进，各学科、各领域间深度交叉融合、广泛扩散渗透，呈现出多点突破、群发性突破的态势。主要国家聚焦可能取得革命性突破的

重大创新领域和颠覆性技术方向持续加大投入，. 力图在新的竞争格局中抢占先机、赢得主动。强化国家战略科技力量，有助于充分发挥多学科、建制化优势，加快在关键核心技术领域取得重大突破，加快抢占科技制高点，加快实现我国科技自立自强发展，将创新主动权、发展主动权牢牢掌握在自己手中；同时更好地代表国家参与国际科技竞争合作，为世界科技发展和进步贡献更多中国智慧、中国力量。

强化国家战略科技力量，是催生新发展动能、支撑经济社会高质量发展的客观要求。创新是引领发展的第一动力，无论是培育新动能、发展新兴产业、改造提升传统产业，还是改善人民生活、保护生态环境、保障国家安全，都离不开科技创新的战略支撑。但要深刻认识到，我国创新能力还不适应高质量发展要求，基础研究和原始创新能力不强，关键领域核心技术受制于人的格局没有从根本上改变。面对国内外环境深刻变化带来的一系列新机遇新挑战，党中央作出加快构建以国内大循环为主体、国内国际双循环相互促进的新发展格局的重大战略抉择，而科技创新是构建这一新发展格局的关键。强化国家战略科技力量，有助于更好地发挥社会主义市场经济条件下新型举国体制优势，整合各方面力量开展协同攻关，加快提升自主创新能力，为走出一条更高质量、更有效率、更加公平、更可持续、更为安全的高质量发展道路，实现更多依靠创新驱动的内涵型增长提供更强有力的科技支撑。

强化国家战略科技力量，是优化国家创新体系布局、引领带动科技创新综合实力系统提升的重要抓手。国家战略科技力量是科技创新的“国家队”，代表了国家科技创新的最高水平，是国家创新体系的中坚力量。考察近代以来主要科技强国的发展历程可以发现，培育和发展建制化的国家科研机构、高水平的研究型大学，建立完善支撑科技发展的重要条件平台，组织实施重大科技项目和工程等，在推动国家科技创新能力的快速提升和保持持续竞争优势中发挥了重要作用。在我国当前的发展阶段下，强化国家战略科技力量，让重点机构、重点区域、重点领域率先实现高质量发展，有助于优化国家创新体系整体布局，引领带动国家创新体系中其他主体、其他单元能力的提升，最终实现国家综合科技实力和创新体系整体效能的提升。

三、切实做好强化国家战略科技力量各项任务举措的贯彻落实

我们要以习近平新时代中国特色社会主义思想为指导，按照《建议》的要求和部署，加强前瞻性思考、全局性谋划、战略性布局、整体性推进，全面落实好强化国家战略科技力量的各项任务举措，加快推进创新型国家和科技强国建设，不断开创我国科技事业发展的新局面。

（一）强化顶层设计和系统布局。要制定科技强国行动纲要，在完成科技强国建设“三步走”战略目标第一步、成功进入创新型国家行列的基础上，着眼于科技强国建设总体目标，系统谋划到2035年和2050年的发展思路和重点任务，形成科技强国建设的时间表和路线图，明确科技创新的主攻方向，为加快推进科技强国建设提供有力指导。要进一步完善面向新时期发展需求的国家创新体系总体布局，强化国家战略科技力量与市场主体的统筹协同和融通创新，协同部署产业链和创新链，畅通创新价值链的关键环节，加快推进科技成果转移转化，形成各类创新主体功能互补、良性互动的协同创新新格局，提高创新链整体效能。

（二）组织实施好重大科技任务。组织实施体现国家战略意图的

重大科技任务，是优化科技资源配置的重要方式，也是充分发挥社会主义市场经济条件下新型举国体制优势的重要途径。要集中力量打好关键核心技术攻坚战，加大重点领域科技投入力度，采取“揭榜挂帅”等方式，谁能干就让谁干，引导和组织优势力量下大力气解决一批“卡脖子”问题，加快突破基础软硬件、先进材料、核心零部件等方面的瓶颈制约，努力实现关键核心技术自主可控。要着眼长远系统谋划重点领域的重大项目布局，瞄准人工智能、量子科技、集成电路、生命健康、脑科学、生物育种、空天科技、深地深海等前沿领域，实施一批具有前瞻性、战略性的国家重大科技项目，超前部署前沿技术和颠覆性技术研发，为解决事关长远发展的“心腹之患”问题提供战略性技术储备。要制定实施战略性科学计划和科学工程，推进科研院所、高校、企业科研力量优化配置和资源共享，构筑面向未来发展的新优势，显著提升我国在相关领域的国际竞争力和影响力。

（三）加强基础研究、注重原始创新。基础研究是创新的源头活水，是事关我国科技长远发展的根基。要着力优化学科布局和研发布局，加强数学、物理等重点基础学科建设，推动基础学科与应用学科均衡协调发展，鼓励开展跨学科研究，强化不同学科的深度交叉融合，积极开辟新的学科发展方向。要引导广大科研人员树立创新自信，瞄准重大前沿科学问题，在独创独有上下功夫，勇于挑战最前沿的科学问题，在原创发现、原创理论、原创方法上取得重大突破。要完善共性基础技术供给体系，紧紧围绕经济社会发展的重大需求，从中发现重大科学问题，从科学原理、问题、方法上集中进行攻关，积极探索开辟新的技术路线，为解决“卡脖子”问题提供更多源头支撑。

（四）强化引领发展的高水平创新主体建设。高水平的创新主体是开展高水平科技创新活动的重要载体，也是科技强国的重要标志。要在明确国家目标和紧迫战略需求的重大领域，在有望引领未来发展的战略制高点，依托最有优势的创新单元，整合全国创新资源，推进国家实验室建设，构建围绕国家使命，依靠跨学科、大协作、高强度支持开展协同创新的研究基地。要加快重组国家重点实验室体系，通过调整整合，做强、做大、做优国家重点实验室，强化多学科交叉融合，提升承担和完成国家重大科技任务的能力。要深入推进事业单位改革，进一步强化国家科研机构的体系化能力和集群化优势，加快推进“双一流”高校建设，提升服务国家战略需求、支撑经济社会高质量发展的能力。

（五）优化国家战略科技力量空间布局。要遵循创新区域高度集聚规律，加快推进北京怀柔、上海张江、安徽合肥等综合性国家科学中心和粤港澳大湾区综合性国家科学中心先行启动区建设，布局建设空间分布上集聚、功能方向上关联的国家重大科技基础设施集群，集聚世界一流人才开展多学科交叉前沿研究，打造重大原始创新策源地，支持北京、上海、粤港澳大湾区加快形成国际科技创新中心，推动京津冀、长三角、珠三角等重点区域率先实现高质量发展。围绕国家重大区域战略布局，推动国家自主创新示范区、高新区等重点区域高质量发展，打造一大批各具特色的区域创新高地，引领带动其他区域加快走上创新驱动发展道路。

（六）夯实支撑科技创新高质量发展的能力基础。科技创新的高质量发展，离不开完善的基础性制度体系和高水平条件平台的支撑保障。要完善国家质量基础设施，加强标准体系建设，提升标准的有效性、先进性和适用性；加强计量测试技术研究，完善国家计量基标准和量值传递与溯源体系；加强检验检测技术、方法和装备研发，提升检验检测认证能力。要深入实施国家知识产权战略，完善重点领域知识产权布局，在关键领域形成一批高价值核心专利，持续提升知识产权创造、运用、保护和管理能力。要加快构建国家科研论文和科技信息高端交流平台，充分利用大数据、人工智能等新技术，促进科研信息数据的高效开放共享和广泛传播利用，全面提升对科研活动的服务保障水平。

［此文为学习贯彻党的十九届五中全会精神中央宣讲团成员白春礼同志所写辅导材料，印发于《〈中共中央关于制定国民经济和社会发展第十四个五年规划和二〇三五年远景目标的建议〉辅导读本》（第194—201页，人民出版社），发表于2021年第1期《求是》杂志］